Les autres rendez-vous de *l'éléphant*

L'hippocampe et l'éléphant

LE DUEL

Vous souvenez-vous d'avoir exploré les confins de la mer en compagnie des vikings avant de voguer vers un monde aussi vaste que le rêve, celui des littératures de l'imaginaire ? Sauriez-vous distinguer les notions de puissance et de pouvoir, et celles de quotient intellectuel et de quotient émotionnel ? Comme chaque trimestre, il est temps de faire appel à votre hippocampe, organe cérébral majeur dans le rappel des connaissances mémorisées.

Balzac le prolifique

***Combien de romans écrits par Honoré de Balzac composent cet ensemble littéraire intitulé* La Comédie humaine ?**

○ 18 ○ 92
○ 33 ○ 105

Lecture fantastique

Reliez ces titres de livres à leur auteur.

1. *Histoires extraordinaires*
2. *Le Voyageur imprudent*
3. *La Planète des singes*
4. *La Morte amoureuse*

A. René Barjavel
B. Pierre Boulle
C. Théophile Gautier
D. Edgar Allan Poe

La citation

***Qui est l'auteur de cette citation issue de son ouvrage* Retour de l'URSS ?**

« Dictature du prolétariat, nous promettait-on. Nous sommes loin du compte. Oui : dictature, évidemment ; mais celle d'un homme, non plus celle des prolétaires unis, des soviets. Il importe de ne point se leurrer, et force est de reconnaître tout net : ce n'est point là ce qu'on voulait. Un pas de plus et nous dirons même : c'est exactement ceci qu'on ne voulait pas. »

Terre en crise

Combien d'agriculteurs vivent aujourd'hui sous le seuil de pauvreté ?

○ 3 % ○ 22 %
○ 12 % ○ 45 %

Rivalité baroque

À Rome, où naît le mouvement baroque au début du XVIIe siècle, deux artistes nés en 1598 et 1599 imposent leur style. Le premier est Le Bernin. Le second est l'architecte de l'église Saint-Charles-aux-Quatre-Fontaines et de l'oratoire des Philippins. Retrouvez le prénom et le nom de cet artiste rival du Bernin.

R O N R C O I N B F A E S R O C I M

_ _ _ _ _ _ _ _ _   _ _ _ _ _ _ _ _ _

Vocabulaire médical

D'après plusieurs études, 20 % de la population française souffrent d'alexithymie. Comment cette pathologie se caractérise-t-elle ?

○ L'alexithymie, dont l'étymologie signifie « absence de mots », se manifeste par des crises de mutisme sévères, pouvant durer plusieurs jours et même semaines.

○ Elle correspond à une incapacité à identifier et à exprimer verbalement ses émotions et celles d'autrui.

○ Elle se traduit par l'apparition de tics moteurs et sonores provoqués par un événement ou un stress passager.

○ Elle se caractérise par une dépréciation de toutes les personnes se prénommant Alexis, Alexia ou encore Alexandre.

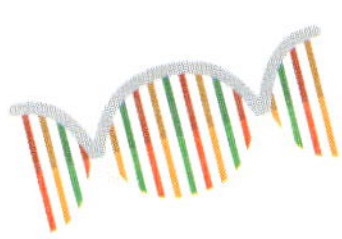

LE CONSEIL MÉMOIRE

D'AUDRIC MAZZIETTI

Notre docteur en psychologie cognitive vous livre un secret.

Au cas où vous ne l'auriez pas remarqué, le monde dans lequel nous vivons est de plus en plus un univers digital ; au point que nous sommes devenus plus habiles avec un clavier qu'avec un stylo ! Nous sommes certes plus rapides, mais sommes-nous plus efficaces ? Eh bien non ! C'est ce que Pam Mueller, de l'université de Princeton, et Daniel Oppenheimer, de l'université de Californie à Los Angeles, ont montré en 2014. En comparant des étudiants ayant pris leurs notes de cours avec un ordinateur à ceux qui les avaient écrites sur papier, ils se sont aperçus que, si la mémorisation du contenu est sensiblement la même, la compréhension du cours est bien meilleure dans le groupe ayant pris ses notes sur papier. Pourquoi ? La comparaison des notes prises par les deux groupes révèle une différence intéressante. En effet, celui qui a écrit sur papier a beaucoup plus reformulé son cours que le groupe ayant utilisé l'ordinateur : ce dernier a davantage retranscrit à l'identique ce qu'il entendait. Cela s'explique probablement par le fait que, l'écriture étant plus lente, les étudiants ont été obligés de réfléchir à ce qu'ils entendaient pour en extraire l'essentiel, ce qui a bénéficié à leur apprentissage. Comme quoi, c'est bien dans les vieilles casseroles qu'on fait les meilleures soupes ! ●

Balzac le prolifique : *La Comédie humaine* est un ensemble de quatre-vingt-douze romans dont l'ambition est de représenter la société tout entière.
Lecture fantastique : 1-D, 2-A, 3-B, 4-C.
La citation : c'est André Gide. L'écrivain exprima sa sympathie pour le communisme au début des années 1930 avant de rompre son engagement en 1936, après un voyage de deux mois et demi en URSS.
Terre en crise : en 2017, ce sont 22 % des agriculteurs qui vivaient sous le seuil de pauvreté.
Rivalité baroque : Francesco Borromini s'impose à Rome en virtuose de la ligne et du mouvement.
Vocabulaire médical : l'alexithymie, pathologie formalisée par le psychiatre Peter Sifneos, correspond à une incapacité à identifier et à décrire verbalement les sentiments et les émotions. Les personnes souffrant de cette pathologie ont souvent un mode de pensée opératoire tourné vers les aspects concrets de l'existence.

Précédemment dans le monde

LE MONDE DE LA RECHERCHE S'ANIME

La ministre Frédérique Vidal. VILENATH

Le 24 septembre 2020 a été votée à l'Assemblée nationale la loi de programmation de la recherche, dont l'objectif est de restaurer l'attractivité d'une recherche française « dos au mur », selon les mots de la ministre de l'Enseignement supérieur, de la Recherche et de l'Innovation Frédérique Vidal. Elle prévoit, entre autres, l'injection de 92 millions d'euros par an pendant sept ans pour revaloriser les salaires des chercheurs. La répartition de cette enveloppe a été discutée le 12 octobre à Matignon entre les syndicats, les présidents d'organismes de recherche et l'exécutif. Elle repose sur l'octroi de primes aux chercheurs et la facilitation du passage d'un grade à un autre. Malgré ces efforts, la loi reste critiquée par la communauté scientifique : loin de rendre la recherche française attractive, elle ne ferait que tenter de rattraper son retard tout en maintenant les salaires français en deçà de la moyenne de ceux des pays de l'OCDE. À cela s'ajoute la nomination, contestée par de nombreux parlementaires et enseignants-chercheurs, de Thierry Coulhon à la présidence du Haut Conseil de l'évaluation de la recherche, un poste resté vacant depuis plus d'un an. Il avait reçu, quelques mois auparavant, les premiers prétendants à cette fonction en tant que conseiller de l'Élysée, avant de se porter lui-même candidat : proche de l'exécutif, il est soupçonné de manquer d'indépendance.

ALGÉRIE : UN RÉFÉRENDUM « DE FAÇADE » SUR LA CONSTITUTION ?

Signe du début d'une « nouvelle ère » selon le gouvernement algérien, la nouvelle Constitution est un projet largement partagé si l'on en croit les résultats du référendum du 1er novembre 2020, date anniversaire du début de la guerre d'indépendance : 66,8 % des Algériens y sont favorables. Ce vote avait pour but de répondre au Hirak, un mouvement de contestation populaire né en février 2019 s'opposant à un cinquième mandat du président Abdelaziz Bouteflika et réclamant une refondation complète du système politique actuel. Pourtant, beaucoup d'opposants ont dénoncé un référendum de façade et ont appelé à son boycott. Le taux de participation a ainsi été de seulement 23,7 %, un niveau exceptionnellement bas, jamais atteint depuis l'indépendance en 1962. De fait, la nouvelle Constitution présente une série de droits et de libertés, mais elle maintient l'essentiel du régime actuel, fondé sur une présidentialisation du pouvoir et sur l'armée. La « nouvelle Algérie » promise par le régime ne semble pas avoir conquis l'opinion populaire.

Le Haut-Karabagh, un conflit latent depuis plus de trente ans

Une guerre sans fin. Le 27 septembre 2020, l'offensive lancée par l'Azerbaïdjan a réveillé un conflit de plus de trente ans dans le Haut-Karabagh, région montagneuse enclavée en Azerbaïdjan disputée avec l'Arménie. L'espoir d'un règlement rapide du conflit et d'une désescalade de la violence a rapidement été balayé. En six semaines d'affrontements, trois cessez-le-feu ont été violés. Le conflit a fait 5 200 morts. Le 9 novembre, un « cessez-le-feu total » a été annoncé par les Russes, soulevant la colère de nombreux Arméniens. Et pour cause, le texte entérine la victoire militaire azerbaïdjanaise et prévoit que les belligérants gardent les territoires conquis. « J'avais dit qu'on chasserait [les Arméniens] de nos terres comme des chiens, et nous l'avons fait », s'est réjoui Ilham Aliev, le président azéri. Accusé de traîtrise, le Premier ministre arménien Nikol Pachinian a défendu une décision « douloureuse » mais nécessaire face aux avancées azerbaïdjanaises.

Conflit interethnique et régional

Petit territoire de 4 400 kilomètres carrés enclavé, sans ressources naturelles, le Haut-Karabagh est un « jardin noir » – *kara* et *bagh* signifient « noir » et « jardin » en persan – où dominent des conflits depuis la fin des années 1980, qui trouvent leurs racines à l'époque soviétique. Attribuée en 1921 par Staline à l'Azerbaïdjan, à majorité chiite, la région, peuplée aujourd'hui surtout d'Arméniens chrétiens, fait sécession en 1988, avant de se prononcer en faveur d'un rattachement à l'Arménie. En 1991, à la faveur de la dislocation de l'URSS, le Haut-Karabagh proclame son indépendance, qui n'est toujours pas reconnue par la communauté internationale. S'ensuivent des années de guerre causant la mort de trente mille personnes. En 1994, un cessez-le-feu est négocié par une médiation russo-franco-américaine baptisée Groupe de Minsk, sous l'égide de l'OSCE

Sur le tee-shirt de cet homme est écrit : « Le Karabagh est azerbaïdjanais ». Dans la ville de Barda le 8 novembre 2020.
AHMED MUKHTAR/AP/SIPA

(Organisation pour la sécurité et la coopération en Europe), mais sans aboutir à un accord de paix. Fragile, le cessez-le-feu est ponctuellement remis en cause tout au long des années 2000. Conflit ancien, jamais gelé, souvent attisé, les hostilités entre séparatistes et Azerbaïdjanais, Erevan et Bakou, capitales respectives d'Arménie et d'Azerbaïdjan, s'épanouissent en 2020 dans un nouveau contexte géostratégique.

Deux puissances extérieures

Plus qu'un jardin noir, le Haut-Karabagh est une poudrière exaltée par des puissances extérieures. En août, Turquie et Azerbaïdjan ont mené des manœuvres militaires conjointes. Le soutien turc est autant matériel qu'humain. Plusieurs témoignages, démentis par le président Erdoğan, évoquent la présence de milliers de mercenaires syriens ou libyens envoyés et payés par Ankara. L'intervention de Moscou dans ce conflit est plus ambivalente. La Russie vend des armes aux deux pays et possède des bases militaires en Arménie, son alliée officielle au sein de l'Organisation du traité de sécurité collective. Bien que partageant avec Ankara la volonté d'écarter les Occidentaux de ce conflit, la Russie et la Turquie ont des stratégies et des intérêts divergents. Une concurrence militaire et impérialiste dans le Caucase qui éloigne davantage toute perspective de résolution durable du conflit azéro-arménien, en quête d'épilogue. ●

LE CHILI SE RÉÉCRIT

Le 25 octobre 2020, le gouvernement chilien organisait un référendum capital, proposant aux citoyens de changer de Constitution pour remplacer celle datant d'Augusto Pinochet. Le vote s'est soldé par une très large victoire du oui, 78 % des votants ayant approuvé la rédaction d'un nouveau texte. Organisé par la coalition de droite au pouvoir depuis 2017, ce scrutin avait été motivé par la contestation populaire massive qui avait secoué le pays en octobre 2019. Depuis plusieurs années, le modèle économique néolibéral institué au temps de Pinochet était en effet critiqué par une grande partie de la population, qui s'insurgeait notamment contre la privatisation des systèmes de santé, éducatif et de retraite, et la précarisation des classes moyennes qui en avait résulté. L'avènement d'une nouvelle Constitution se présente ainsi comme un événement historique, marquant une nouvelle fois la rupture avec l'ère du dictateur Pinochet. Lors du référendum, les électeurs ont également pu désigner le type d'assemblée qui serait chargée de rédiger le nouveau texte. C'est une assemblée constituante, composée uniquement de citoyens et appliquant la parité femmes-hommes, qui a été choisie. Ses cent cinquante-cinq membres seront élus lors d'un nouveau scrutin prévu en avril 2021. Et c'est symboliquement sur la plaza Italia, à Santiago, rebaptisée « place de la Dignité » après les manifestations de 2019, que les habitants de la capitale sont venus par milliers célébrer cette grande victoire populaire.

CHASSERESSE UN JOUR…

La sépulture d'une chasseresse découverte en 2018 au Pérou a conduit les scientifiques à se pencher davantage sur le rôle des femmes au Paléolithique. Vieux de neuf mille ans, le squelette était accompagné d'un ensemble d'outils destinés à la chasse au gros gibier. Cette première découverte venant contredire les rôles de genres jusqu'alors attribués aux individus préhistoriques – les hommes à la chasse et les femmes à la cueillette – a poussé les chercheurs à réexaminer leur position. Une étude publiée le 4 novembre 2020 dans la revue *Science Advances* atteste ainsi de la présence, parmi les quatre cent vingt-neuf tombes découvertes sur le continent américain et datant de cette période, de vingt-sept individus enterrés avec des outils de chasse au gros gibier, dont onze femmes et seize hommes. L'étude conclut que, au Paléolithique, 30 % à 50 % des chasseurs étaient de sexe féminin. Dans une interview pour *Atlantico,* l'historienne Claudine Cohen explique notre faible connaissance des rôles de genres à la préhistoire notamment par l'influence des préjugés contemporains. « L'homme de Menton », par exemple, découvert à la fin du XIXe siècle, a été identifié un siècle plus tard comme étant une femme : son squelette robuste et entouré d'offrandes avait conduit les scientifiques de l'époque à penser qu'il s'agissait forcément d'un homme…

Illustration de femmes préhistoriques. SCIENCE PHOTO LIBRARY - JOSE ANTONIO PENAS

L'agenda prévisionnel

2021 : UNE MESURE AFFINÉE DE LA QUALITÉ DE L'AIR

La qualité de l'air constitue l'un des premiers sujets de préoccupation écologique des Français : la pollution serait responsable de 48 000 décès prématurés par an. Pour répondre à cela, le ministère de la Transition écologique a indiqué la mise en œuvre, à partir de janvier 2021, d'un nouvel indice ATMO, créé en 1994. L'indice valable jusqu'en 2020 calculait chaque jour la qualité de l'air dans les agglomérations de plus de 100 000 habitants ; il pourra désormais être appliqué aux plus petites villes. Il se fondait sur la mesure de quatre polluants réglementaires : dioxyde de soufre (SO_2), dioxyde d'azote (NO_2), ozone (O_3) et particules de diamètre inférieur à 10 micromètres (PM10). Avec la révision, les particules fines PM2,5, issues des combustions (chauffage, trafic routier) et de l'industrie, seront également prises en compte : leur effet nocif est avéré, puisqu'elles s'enfoncent plus profondément dans les poumons. L'échelle comprendra toujours six classes, mais modifiées (le niveau « très bon » disparaît, celui de « extrêmement mauvais » est créé) : bon, moyen, dégradé, mauvais, très mauvais, extrêmement mauvais. Une telle révision va de pair avec les avancées technologiques, qui permettent désormais une information plus fine et géolocalisée.

LA CHINE, GARANTE DES DROITS HUMAINS ?

WKM

À partir de 2021 et jusqu'en 2023, la Chine sera, pour son cinquième mandat, membre du Conseil des droits de l'homme des Nations unies. Créé en 2006, il rassemble quarante-sept États élus par l'Assemblée générale de l'ONU, dont la contribution « à la promotion et à la protection des droits de l'homme » est reconnue. Une semaine avant la réélection de la Chine, en octobre 2020, sa nomination avait toutefois été critiquée par trente-neuf pays occidentaux, dont la France. Signataires d'une déclaration demandant à Pékin de respecter davantage les droits des minorités, ils avaient dénoncé d'une part la restriction des libertés et le travail forcé des Ouïgours dans la région du Xinjiang et, d'autre part, le contrôle et la répression exercés par Pékin sur Hong Kong. Soixante-dix autres pays membres de l'ONU ont, eux, réaffirmé leur soutien à la Chine.

UNE TRANSITION CLIMATIQUE À RECULONS ?

Face au décalage entre les objectifs écologiques que la France s'est fixés et les actions concrètes ayant été mises en place, le Conseil d'État a, le 19 novembre 2020, rendu une décision inédite : il a donné au gouvernement trois mois pour « justifier que la trajectoire de réduction à l'horizon 2030 pourra être respectée », au terme desquels il devra s'expliquer devant le tribunal administratif de Paris sur l'efficacité des actions entreprises. En janvier 2019, la ville de Grande-Synthe, dans le Nord, avait lancé un recours auprès de l'institution publique contre « l'inaction climatique » de la France, auquel se sont jointes plus tard les villes de Paris et de Grenoble et les associations de l'Affaire du siècle, une campagne de justice climatique lancée en 2018.

Des propositions retoquées

Si les réponses apportées par le gouvernement ne sont pas satisfaisantes fin février, le tribunal pourra « enjoindre à l'État de prendre des mesures pour rectifier la trajectoire ».

Le gouvernement s'est engagé à atteindre la neutralité carbone d'ici à 2050, mais le Haut Conseil pour le climat (HCC) a estimé, en juillet, que « les actions climatiques de la France ne sont pas à la hauteur des enjeux ni des objectifs qu'elle s'est donnés ». Pour atteindre ces objectifs, les émissions de gaz à effet de serre devraient baisser chaque année

Marche pour le climat à Lyon le 21 septembre 2019. KONRAD K./SIPA

de 1,5 %, puis de 3,2 % à partir de 2025. Or, elles n'ont diminué que de 0,9 % entre 2018 et 2019. Face à ce manque d'efficacité, le budget carbone a été relevé pour la période 2019-2023, mais le Conseil d'État voit dans cette mesure un ajournement problématique : l'essentiel de l'effort est reporté après 2020, qui plus est dans l'hypothèse du maintien d'une trajectoire qui n'a jamais été atteinte.

La décision finale du Conseil d'État est d'autant plus attendue que, selon les militants écologistes, la loi de finances – qui devait transformer les propositions de la Convention citoyenne pour le climat en textes de loi – ne respectait pas non plus, selon eux, les engagements pris. Six propositions, concernant entre autres le malus sur le poids des voitures, la contribution sur l'aérien ou la 5G, ont été écartées. Et bien que le budget alloué à la transition écologique ait été gonflé de 800 millions d'euros supplémentaires, atteignant les 48,6 milliards, il fait l'impasse sur certaines mesures phares de la Convention climat, évoquées depuis longtemps déjà par les ONG, comme la baisse de la TVA sur les transports collectifs, la taxation des engrais azotés ou encore l'écotaxe sur les billets d'avion. ●

UNE NOUVELLE DIRECTRICE POUR L'OMC

WKM

L'Organisation mondiale du commerce (OMC) se dotera prochainement d'une nouvelle directrice générale. Ouvert début juin 2020, le processus de désignation de la personne succédant à Roberto Azevêdo, qui avait annoncé sa démission en mai, aurait dû aboutir à la nomination de la Nigériane Ngozi Okonjo-Iweala le 9 novembre. Pourtant, le poste est resté vacant : que s'est-il passé ?

Début octobre, au terme d'une série de consultations, deux candidates sur les huit avaient été distinguées par les membres de l'OMC : Ngozi Okonjo-Iweala et la Sud-Coréenne Yoo Myung-hee. Alors que la Nigériane a recueilli le soutien de la majorité des 164 membres de l'OMC, Donald Trump a posé le veto des États-Unis et annoncé soutenir l'autre candidate. La réunion extraordinaire du 9 novembre, reportée « jusqu'à nouvel ordre », pourrait se tenir après l'investiture de Joe Biden le 20 janvier. L'OMC espère ainsi que la Maison-Blanche retirera son veto et que Ngozi Okonjo-Iweala pourra être élue. Ministre des Affaires étrangères, puis ministre des Finances du Nigeria durant trois ans, elle serait la première femme et la première personne issue du continent africain à accéder à ce poste.

LE TRAITÉ SUR L'INTERDICTION DES ARMES NUCLÉAIRES ENTRE EN VIGUEUR

Adopté aux Nations unies en 2016, le Traité sur l'interdiction des armes nucléaires (ITAN) a été ratifié le 24 octobre 2020 par un cinquantième pays, le Honduras, permettant d'atteindre le seuil minimal pour son entrée en vigueur. Dès le 22 janvier, « nous commencerons une nouvelle décennie où les armes nucléaires seront illégales au regard du droit international », s'est félicitée la Campagne internationale pour abolir les armes nucléaires (ICAN), lauréate du prix Nobel de la paix en 2017. Le traité, visant l'élimination complète des armes nucléaires, prévoit la prohibition de leur utilisation, de leur développement, de leur production et de leur stockage. Premier instrument juridique multilatéral contraignant en faveur du désarmement nucléaire, le traité n'a toutefois pas été signé par les principaux détenteurs de l'arme atomique tels que la France, les États-Unis, la Chine ou encore le Royaume-Uni.

ON VOTE AU PORTUGAL

Le 31 janvier au Portugal a lieu la dixième élection présidentielle depuis la révolution des Œillets, qui avait entraîné la chute de la dictature salazariste. Le 25 avril 1974, en mettant fin à quarante-huit ans de régime autoritaire, cette révolution amorçait la démocratisation du sud de l'Europe. Le président sortant, Marcelo Rebelo de Sousa, est donné favori. Issu du Parti social-démocrate (centre droit), il a cohabité durant cinq ans avec un Premier ministre socialiste. Face à lui se présentent Ana Gomes, ex-députée européenne affiliée au PS, et André Ventura, du mouvement d'extrême droite Chega.

Une proposition de loi qui tourne mal

Dans le cadre du projet « Sécurité globale », les députés et le gouvernement voulaient mieux encadrer et organiser le travail des policiers. Mais un article a provoqué une crise politique.

PAR **NICOLAS PRISSETTE**, JOURNALISTE

Des manifestations tendues, l'hostilité de toute la presse, un ministre de l'Intérieur critiqué… Quelle est donc cette proposition de loi qui a mis le feu aux poudres ? Au cœur des polémiques, le texte appelé « Sécurité globale » prévoit une série de dispositions très diverses qui touchent au travail des policiers. Dans l'ensemble, ses articles ne suscitent guère de difficultés politiques – sauf l'article 24. Il a été rédigé par deux députés de la majorité, Alice Thourot et Jean-Michel Fauvergue – ancien patron du Raid –, avec la participation active du gouvernement.

En premier lieu, la proposition de loi vise à mieux coordonner les actions de la police nationale avec celles des polices municipales et des sociétés de sécurité privées. Ces deux dernières voient leurs prérogatives élargies. Dans le cadre d'une expérimentation de trois ans, les officiers municipaux seront ainsi autorisés à participer à la sécurisation d'événements sportifs ou culturels. Ils seront en droit de verbaliser davantage d'infractions, comme l'ivresse publique, la vente à la sauvette ou la conduite sans permis.

D'autre part, le champ d'action des vigiles privés sera élargi. Il leur sera désormais permis de participer aux missions de palpation de sécurité, et le cas échéant d'exercer des missions de surveillance contre les actes terroristes sur la voie publique, sur ordre du préfet. Ces élargissements sont justifiés au nom d'une meilleure efficacité des services de protection du public, mais aussi pour renforcer la sécurité à l'occasion des Jeux olympiques en 2024.

> Les officiers municipaux seront en droit de verbaliser davantage d'infractions, comme l'ivresse publique.

Une police municipale à Paris

Par ailleurs, la proposition de loi autorise la création d'une police municipale à Paris. Une demande formulée par la maire de la capitale, Anne Hidalgo, qui nécessite le vote d'un article spécifique. Aucun maire ne peut en effet créer sa police sans l'aval des parlementaires. À l'échelle du pays, les effectifs locaux ont augmenté de 35 % entre 2002 et 2010, puis de 18 % entre 2010 et 2018, selon un rapport de la Cour des comptes d'octobre 2020.

Dans ses parties plus discutées, le texte précise les règles d'usage de la vidéo par les policiers. S'agissant des drones, par exemple, la future loi doit autoriser le vol d'engins au-dessus des manifestations en cas de craintes de « troubles graves à l'ordre public », en avertissant les manifestants au préalable. Les opposants à cette disposition y voient un moyen de pression et de contrôle abusif à l'égard de ceux qui battent le pavé.

Sur un autre plan, le cadre juridique des caméras fixées sur les uniformes, dites « caméras-piétons », est modifié. Les images filmées par les policiers devront servir à « l'information du public sur les circonstances de l'intervention ». Le texte permet également la transmission des vidéos en direct vers la salle de commandement. Ces enregistrements pourront être utilisés dans le cadre d'une procédure judiciaire. Là encore, il s'agit d'une mise à jour juridique. Les caméras-piétons constituent l'un des rares outils techniques conçus pour renforcer la confiance des citoyens envers l'institution policière, qui ne cesse de baisser depuis 2015 : selon le baromètre du Cevipof, qui fait référence, l'indice de confiance s'établit à 66 % en 2020 ; il a perdu huit points en un an et quatorze points depuis 2015. Les affrontements lors des manifestations des Gilets jaunes et les violences policières ont entamé un crédit jusqu'alors élevé. L'enjeu porte surtout sur les contrôles d'identité, susceptibles de dégénérer. La police se voit en effet reprocher depuis plusieurs années un comportement abusif. L'enregistrement d'images vise, en théorie, à partager la réalité des faits.

Manifestation devant le palais de justice à Rouen contre la loi de sécurité globale. ROBIN LETELLIER/SIPA

Tollé général

Mais le point le plus sensible touche à la protection des policiers. Selon le Livre blanc de la sécurité intérieure, pas moins de 34 000 faits de violence envers des officiers de police ont été recensés en 2019, soit un doublement en quinze ans. Le nombre de refus d'obtempérer a bondi : on en dénombre 24 000 en 2019, soit un toutes les trente minutes. Le ministère de l'Intérieur a soutenu les propositions de certains syndicats. Les personnes condamnées à la suite de certaines infractions commises à l'encontre d'élus, de militaires, d'agents de la police et de la gendarmerie et des pompiers ne pourront plus bénéficier de réduction de peine. Les achats d'engins pyrotechniques, fréquemment utilisés contre les forces de l'ordre, seront interdits en dehors des boutiques réservées aux professionnels.

Tous ces points n'ont pas suscité de levée de boucliers. L'article 24, lui, a provoqué une crise politique. Au départ, le gouvernement, qui en est à l'origine, veut dissuader les réseaux sociaux de diffuser des images de policiers accompagnées de messages haineux. Il stipule que l'intention de porter atteinte à leur intégrité « physique ou psychique » est punissable d'un an de prison et de 45 000 euros d'amende. Mais l'objectif du gouvernement est très difficile à rédiger en droit. Notamment parce qu'il évoque des intentions – or, la justice doit juger des faits. Résultat, l'article litigieux est interprété comme une atteinte à la liberté d'expression et au droit de la presse, deux totems de notre République, et accusé de laisser la porte ouverte à des débordements rendus invisibles.

La Défenseure des droits, la commission des Droits de l'homme de l'ONU, de nombreux syndicats et une grande partie de la presse s'y sont opposés. Le gouvernement a amendé l'article en précisant que la loi ne s'appliquerait pas au travail de la presse. Le texte a été adopté le 24 novembre, même si trente députés LREM se sont abstenus et dix ont voté contre la proposition de loi à l'issue de la première lecture.

Cela n'a pas non plus convaincu les nombreux détracteurs de ce texte, qui ont continué de battre le pavé. Fin novembre, sous pression, l'exécutif a *de facto* accepté de suspendre l'article. Les députés de la majorité ont proposé de le réécrire intégralement, quand la proposition de loi reviendra à l'Assemblée en ce début d'année. Entre-temps, elle doit être examinée par les sénateurs en janvier. ●

Ça presse

Crise technologique, numérique, démocratique et sanitaire : la liberté de la presse est en danger.

PAR **MÉLINA JUIN** CARTE **ALLIX PIOT**

Le 23 septembre 2020, plus d'une centaine de médias signaient une lettre ouverte aux citoyens français : « Ensemble, défendons la liberté. » Publiée par *Charlie Hebdo*, cette tribune visait à souligner l'extrême fragilité de la liberté d'expression et le danger pesant sur celle des médias, alors que l'on fête cette année les 140 ans de la loi sur la liberté de la presse. Le classement mondial réalisé par Reporters sans frontières (RSF)[1], qui évalue tous les ans la situation dans cent quatre-vingts territoires, démontre l'étendue du problème.

Une crise globale

Tandis que la Norvège se maintient pour la quatrième année consécutive en haut du classement, la Malaisie (101e) et les Maldives (79e) enregistrent les plus belles progressions – une vingtaine de places – après une alternance politique. Le Soudan (159e) a grimpé de seize places depuis la chute du dictateur Omar el-Béchir. La plus forte baisse concerne Haïti (83e) où, depuis deux ans, des journalistes sont pris pour cible lors de manifestations. La France (34e) chute à deux points seulement du groupe des pays à « problèmes significatifs », notamment à cause de la recrudescence des violences policières. Depuis sa création en 2013, l'indice global s'est dégradé de 12 %.

Ces régressions sont les répercussions d'une quadruple crise : technologique, démocratique, économique et de confiance. En effet, en l'absence de régulations appropriées à l'ère de la numérisation, le journalisme entre en concurrence avec les rumeurs et la publicité. Depuis plusieurs années, on observe également une hausse de l'hostilité à l'encontre des journalistes. Aux États-Unis (45e) et au Brésil (107e), les dirigeants encouragent quotidiennement la haine des médias. La Chine reste la plus grande prison du monde pour les journalistes, et l'Amérique latine l'aire la plus dangereuse avec quatorze tués. Économiquement, le secteur est durement affecté par la mutation numérique. Aux États-Unis, il a perdu la moitié de ses emplois en dix ans. Ainsi affaiblis, les médias sont en moindre capacité de résister aux pressions extérieures. La confiance, enfin, ne règne pas : 57 % des personnes interrogées lors de la dernière enquête mondiale du Edelman Trust Barometer estiment que leur média de référence peut diffuser de fausses informations.

L'impact de la pandémie

Premiers foyers de l'épidémie, la Chine (177e) et l'Iran (173e) ont mis en place une censure massive tandis qu'en Hongrie (89e) une loi « coronavirus » a prévu jusqu'à cinq ans de prison pour la diffusion de fausses informations. RSF évoque des attaques contre au moins cent vingt-cinq journalistes dans vingt-neuf pays, et l'Index de la censure décompte plus de vingt journalistes empêchés de faire des reportages sur la maladie. L'Institut international de la presse a quant à lui enregistré quatre cent soixante-treize cas de violations de la liberté des médias en lien avec la pandémie, incluant arrestations, inculpations, censure, restrictions de l'accès à l'information, réglementations excessives, arrestations et attaques physiques ou verbales. ●

1. Pour établir ce classement, six indicateurs sont utilisés, dont le pluralisme, le cadre légal, l'indépendance et la transparence.

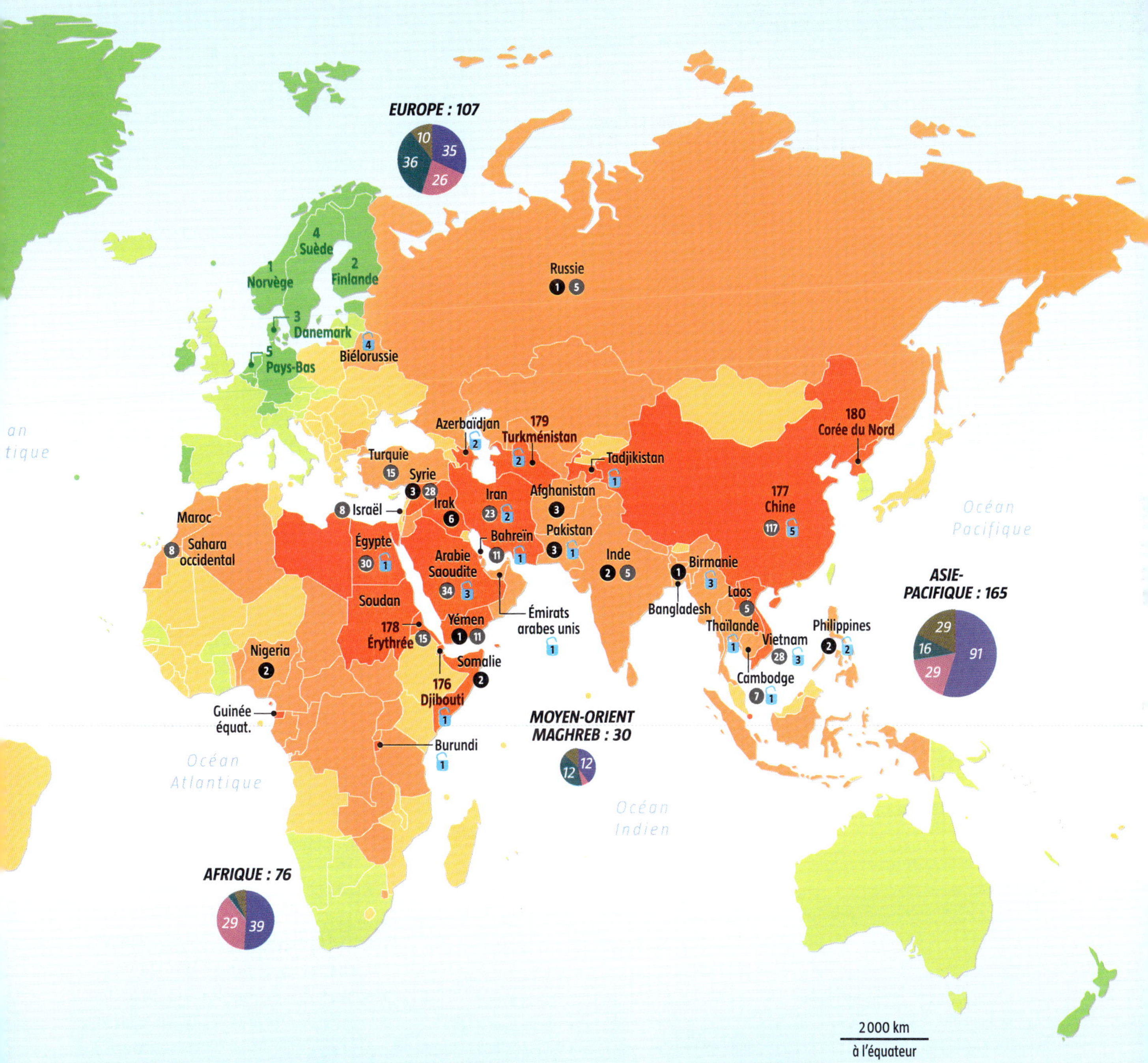

La liberté de la presse en 2020
(classement selon Reporters sans frontières)

- Bonne situation
- Situation plutôt bonne
- Problèmes significatifs
- Situation difficile
- Situation très grave

1 Norvège — Les 5 pays les mieux classés

180 Corée du Nord — Les 5 pays les moins bien classés

Les exactions contre les journalistes

3 — Nombre de journalistes tués dans l'année en raison de leur activité au 15 nov. 2020

5 — Pays où 5 journalistes ou plus sont emprisonnés en raison de leur activité au 15 nov. 2020 (nombre de journalistes)

La censure de l'information

Nombre de violations de la liberté de la presse sur le Covid-19

- Arrestations
- Agressions physiques ou verbales
- Censure et régulation excessive des *fake news*
- Restrictions d'accès à l'information

1 — Nombre de sites débloqués par Reporters sans frontières

Sources : rsf.org ; ipi.media.

Les relations franco-turques LA COURSE À LA PUISSANCE

Les deux pays se jaugent tant sur des sujets internes que géopolitiques.

PAR **DOROTHÉE SCHMID**, CHERCHEUSE, RESPONSABLE DU PROGRAMME TURQUIE CONTEMPORAINE ET MOYEN-ORIENT DE L'INSTITUT FRANÇAIS DES RELATIONS INTERNATIONALES (IFRI)*

Les relations entre la France et la Turquie se sont fortement tendues en 2020. Communiqués cinglants des ministères des Affaires étrangères des deux pays, échanges directs de piques et d'insultes entre les présidents ont rythmé cette dégradation qui a pris l'Europe en otage. Ces passes d'armes ne sont pas un phénomène nouveau, mais l'intensité des frictions étonne par son fort contenu symbolique. Aujourd'hui, non seulement les deux pays s'opposent sur des dossiers internationaux brûlants (Syrie, Libye, mer Égée), mais leurs chefs d'État s'accusent mutuellement de manquer de légitimité et de sens moral. Chacun incarne pour l'autre un repoussoir. Le président turc Recep Tayyip Erdoğan est pour les Français un tyran dévoyé qui s'accroche au pouvoir quand ses électeurs se détournent de lui, un impérialiste brutal qui exporte partout des mercenaires islamistes. Emmanuel Macron est décrit en Turquie comme une jeune pousse arrogante et sans expérience qui tente de conjurer le déclin français par une diplomatie de coups et persécute les musulmans.

> Le président turc Recep Tayyip Erdoğan est, pour les Français, un tyran qui s'accroche au pouvoir.

Sur tous les fronts

Le début de la présidence Macron, en 2017, avait pourtant redonné de l'air à une relation qui s'était compliquée sous Nicolas Sarkozy (2007-2012) autour de contentieux précis. L'Europe d'abord : la droite française conteste l'appartenance géographique et culturelle de la Turquie à l'aire européenne, ce qui ferme la perspective d'une intégration à l'Union européenne. La reconnaissance du génocide arménien est le deuxième sujet sensible. La France abrite une importante diaspora arménienne issue des rescapés des massacres de 1915, dont les Turcs contestent l'ampleur et l'intention génocidaire. Le Parlement français a officiellement reconnu le génocide arménien en 2001 et Emmanuel Macron a imposé en 2019 une journée de commémoration, tandis qu'Ankara continue de déployer de formidables efforts pour faire prévaloir son point de vue négationniste.

La montée en force de la Turquie dans son environnement régional et plus largement sur la scène internationale introduit de nouveaux désaccords. Depuis que l'Adalet Kalkınma Partisi (AKP, Parti de la justice et du développement), issu de la mouvance islamiste, s'est hissé au pouvoir à Ankara en 2002, les Français tardent à réviser leur logiciel de compréhension. La Turquie est devenue en vingt ans une puissance émergente de premier plan : développement économique spectaculaire (triplement du PNB par tête), déploiement diplomatique tous azimuts (avec l'ouverture de dizaines d'ambassades, surtout en Afrique, tandis que le réseau français, deuxième du monde, s'étiole), interventions militaires à l'extérieur de ses frontières. La doctrine kémaliste, mélange de sécularisme, de nationalisme et d'étatisme hérité du fondateur de la Turquie moderne, Mustafa Kemal

Manifestation contre Emmanuel Macron en Turquie après les déclarations d'Erdoğan sur le président français. EMRAH GUREL AP SIPA

Atatürk, s'efface devant une nouvelle idéologie aux accents revanchistes : un néo-ottomanisme pleinement assumé, y compris dans sa dimension islamique. La Turquie se pose en leader du monde sunnite face aux régimes arabes qui ont subi les coups de boutoir des révolutions de 2011. Ankara prend en charge la cause palestinienne, s'oppose frontalement à Israël et prône une solidarité islamique qui a justifié l'accueil en Anatolie de quatre millions de réfugiés syriens.

Une image abîmée

La politique étrangère turque est ainsi passée en quelques années d'une forme d'isolationnisme à un *soft power* valorisant la position pivot du pays comme pont entre Orient et Occident, puis à un *hard power* agressif. L'armée turque est intervenue par trois fois en Syrie depuis 2016 et y occupe des territoires. Elle a sauvé *in extremis*, au printemps 2020, le Gouvernement d'entente nationale libyen (GEN), barricadé à Tripoli face à l'offensive du maréchal Haftar. Ses opérations en Libye se sont déroulées au mépris de l'embargo international sur les armes, provoquant de sérieux incidents avec les Européens, qui tâchent de le faire respecter. Ankara a aussi envoyé des armes et des mercenaires dans le Caucase pour soutenir l'Azerbaïdjan dans la reconquête du Haut-Karabagh face aux Arméniens.

Ces démonstrations de force accompagnent une transformation du paysage politique intérieur turc. Erdoğan, tribun charismatique et fin tacticien, ancien maire d'Istanbul qui était parvenu à installer solidement l'AKP dans ses bases provinciales de l'Est, subit désormais l'usure du pouvoir. Ayant réchappé à une tentative de coup d'État en 2016, il a réprimé sans pitié ses opposants et verrouillé les institutions. Réélu président au premier tour de scrutin en 2018, il a vu Istanbul et Ankara repasser à l'opposition lors des municipales de 2019. Pour freiner l'érosion de son électorat, l'AKP s'est allié aux ultranationalistes du Milliyetçi Hareket Partisi (MHP, Parti d'action nationaliste), qui dictent l'agenda sur bien des points. La Turquie apparaît de plus en plus arc-boutée sur la défense d'intérêts pour elle vitaux, mais dont la pertinence échappe à ses partenaires.

Plusieurs dossiers plombent son image. Au premier rang, la question kurde : une « minorité » marginalisée – peut-être le quart de la population du pays – que les Turcs soupçonnent systématiquement de sécessionnisme. Une quasi-guerre civile oppose depuis les années 1980 les forces de sécurité turques et la guérilla du Partiya Karkerên Kurdistan (PKK, Parti des travailleurs du Kurdistan) et se prolonge désormais en Syrie, où des forces proches du PKK mènent une lutte pour l'autonomie kurde. Les agissements d'Ankara en Syrie ont aussi largement détérioré la relation avec les alliés de l'OTAN : la Turquie y a soutenu des factions djihadistes pour hâter la chute de Bachar el-Assad, avant de tourner casaque et de se rapprocher des Russes. Chypre est un autre sujet d'inquiétude. L'armée turque, intervenue dans l'île en 1974 pour y défendre la minorité chypriote turque face à l'avancée des nationalistes grecs, n'est jamais repartie, et le nord de Chypre a été érigé en pseudo-État reconnu seulement par les Turcs. La problématique se réchauffe depuis que d'importantes ressources gazières ont été découvertes dans les eaux chypriotes : les Turcs réclament leur part du gâteau et envoient des navires d'exploration au large des côtes chypriotes grecques. À l'été 2020, ils ont également dépêché des bateaux de guerre en mer Égée pour obtenir un redécoupage des eaux territoriales avec la Grèce. Emmanuel Macron, solidaire des Grecs au nom de l'Union européenne, a pris le risque d'une escalade en envoyant deux rafales à Chypre pour intimider les Turcs. Ceux-ci ont provisoirement reculé et les Français ont annoncé dans la foulée de spectaculaires contrats d'armement avec la Grèce.

L'animosité entre Français et Turcs recouvre d'autres divergences diplomatiques. Paris est proche des Émirats arabes unis et de l'Égypte, qui s'opposent aux Turcs pour leur soutien aux Frères musulmans. En Libye, l'alliance nouée entre le Qatar et la Turquie pour soutenir le GEN a accentué le clivage avec les Émirats et l'Arabie Saoudite. La proximité d'Erdoğan avec Vladimir Poutine complique aussi les calculs stratégiques des Français, qui cherchent l'équidistance avec ces deux dirigeants qui ont tendance à remettre les frontières en cause, en Europe et au Moyen-Orient.

La France, meilleur ennemi d'Erdoğan

D'autres difficultés sont d'ordre interne. Erdoğan pousse les Turcs de la diaspora à s'activer politiquement dans les pays européens. Les incidents se multiplient en Allemagne, en Autriche, aux Pays-Bas et en France entre communautés « originaires de Turquie » : Turcs contre Kurdes, sunnites contre alévis (une minorité proche du chiisme) et, depuis 2016, pro-Erdoğan contre partisans de Fethullah Gülen, un imam exilé aux États-Unis accusé d'être le cerveau du putsch de 2016. Le vote en France de la loi contre le séparatisme

Recep Tayyip Erdoğan s'adresse aux membres de son parti, l'AKP, le 28 octobre 2020. AP/SIPA

inquiète les milieux islamistes et ultranationalistes turcs. L'annonce de l'interdiction des Loups gris, mouvance radicale d'extrême droite turque, indique le niveau de sensibilité du sujet pour les autorités françaises.

Mais la verdeur des échanges rhétoriques n'est pas toujours proportionnée aux faits. La France est depuis bientôt quinze ans le meilleur ennemi d'Erdoğan, qui aime adresser des diatribes enflammées à nos présidents. Ces excès passagers n'ont jusqu'à présent pas altéré les fondamentaux d'un rapport historiquement solide : la *realpolitik* réconcilie généralement ces deux Républiques qui se considéraient au XXe siècle comme des sœurs lointaines. Depuis l'alliance de revers conclue par François Ier avec Soliman le Magnifique pour faire pièce à l'empereur Charles Quint, la France et la Turquie goûtent en effet l'amitié des puissances lorsqu'elles ne s'affrontent pas. ●

* Dorothée Schmid est autrice de *La Turquie en 100 questions* (Tallandier, 2018).

ACCORD COMMERCIAL GÉANT EN ASIE

Ce partenariat relance l'émulation commerciale et politique des grandes puissances comme la Chine, les États-Unis et l'Inde dans la région.

PAR **MARJORIE CESSAC**, JOURNALISTE

La mondialisation a encore de beaux jours devant elle. Preuve en est, le 15 novembre 2020, l'Asie s'est engagée dans l'un des plus importants accords de libre-échange au monde : le Partenariat régional économique global (RCEP). Signé à l'issue du sommet virtuel de l'Asean (Association des nations de l'Asie du Sud-Est), cet accord, qui devrait entrer en vigueur cette année, unira les dix pays de l'Asean (Birmanie, Brunei, Cambodge, Indonésie, Laos, Malaisie, Philippines, Singapour, Thaïlande et Vietnam) à la Chine, la Corée du Sud, le Japon, l'Australie et la Nouvelle-Zélande. « Je suis heureux qu'après huit années de négociations complexes nous puissions terminer officiellement aujourd'hui les négociations du RCEP », a déclaré le Premier ministre vietnamien Nguyen Xuan Phuc, dont le pays assure la présidence tournante de l'Asean. Ensemble, ces pays comptent plus de deux milliards d'habitants, près de 30 % du PIB mondial et 28 % environ des échanges mondiaux.

L'absence de l'Inde

Quels bénéfices attendre de cet accord ? Outre la réduction des droits de douane – à l'exception de la quasi-totalité des produits agricoles –, ses signataires pourront compter sur une harmonisation de leurs normes et sur la garantie de la propriété intellectuelle, même si des champs entiers en sont exclus comme la protection des travailleurs et de l'environnement. Sur le plan géopolitique, certains experts y voient déjà une nouvelle victoire de la Chine, laquelle pourrait en profiter pour consolider son hégémonie déjà prégnante autour des « routes de la soie » dans la région et le monde. D'ailleurs, l'Inde, principale rivale politique de Pékin, a finalement renoncé fin 2019 à adhérer au projet, de crainte de voir les produits chinois à bas coût continuer d'envahir le pays. À cet égard, New Delhi a récemment augmenté les taxes de certains produits chinois importés comme les panneaux photovoltaïques.

> L'Inde, principale rivale politique de Pékin, a renoncé fin 2019 à adhérer au projet.

Le retour des États-Unis ?

Ce nouvel accord fera-t-il de l'ombre ou donnera-t-il un nouvel élan à un autre partenariat du même type existant ? Entré en vigueur le 30 décembre 2018, le Traité de libre-échange transpacifique (en anglais, le Comprehensive and Progressive Agreement for Trans-Pacific Partnership, CPTPP) regroupe pour sa part le Canada, le Chili, le Mexique, le Pérou ainsi que des pays ayant signé le RCEP comme le Japon, l'Australie, Singapour, la Malaisie, la Nouvelle-Zélande, Brunei et le Vietnam. Les États-Unis, alors dirigés par Barack Obama, en faisaient également partie avant que Donald Trump décide de quitter le projet en 2017. L'arrivée du nouveau président américain pourrait néanmoins changer la donne : lors de la campagne électorale, Joe Biden n'a pas caché sa volonté de rejoindre des blocs de pays, en vue notamment de contrer la puissance économique chinoise. Rester à l'écart risquerait en effet de trop pénaliser l'Oncle Sam commercialement. ●

« GUÉRIR L'AMÉRIQUE »
Joe Biden face aux inégalités raciales

Dès sa prise de fonction, le nouveau président a un programme très chargé sur le sujet de la lutte contre les inégalités.

PAR **MARIE-CÉCILE NAVES**, POLITISTE, DIRECTRICE DE RECHERCHE À L'INSTITUT DE RELATIONS INTERNATIONALES ET STRATÉGIQUES (IRIS)*

« Guérir le pays » (« *heal the country* ») : ces mots que Joe Biden a prononcés le soir de sa victoire expriment une attente largement partagée. La formule est polysémique : elle renvoie, d'évidence, au Covid-19, mais aussi à la volonté du nouveau président de permettre à la nation américaine de retrouver une unité, de se réconcilier avec elle-même, alors qu'elle est en proie à de profonds clivages socio-économiques, raciaux, genrés et territoriaux. Ces clivages, ajoutés à une polarisation politique très forte entre les démocrates et les républicains, ne datent pas des années Trump. Ce dernier a cependant, durant sa présidence, attisé les divisions par ses choix politiques comme par ses prises de position (soutien répété à l'extrême droite raciste, par exemple) et sa communication, dans laquelle insultes et moqueries à l'encontre des minorités, par exemple de sportifs africains-américains, étaient fréquentes. C'est pourquoi l'élection de Joe Biden s'apparente largement à un référendum gagné contre Donald Trump.

> Un hommage aux femmes noires, « colonne vertébrale » de la démocratie américaine.

Une Amérique polarisée

La stratégie d'apaisement du président élu se décline en trois points. Le premier est le discours, déjà très présent dans la campagne, de solidarité et d'empathie. Bien sûr, cela compte après quatre années d'invectives. Le deuxième fait appel au symbole et à la représentativité. Le choix d'une colistière noire d'origine indienne, la désormais vice-présidente Kamala Harris, en est l'expression première : l'Amérique d'aujourd'hui et plus encore de demain est multiculturelle et les femmes seront de plus en plus nombreuses à exercer de hautes responsabilités. Troisièmement, le programme de Biden et Harris se présente comme volontariste sur la lutte contre les discriminations sociales, raciales et genrées, et sur l'accès des femmes et des minorités aux droits et aux ressources. Avec comme objectif celui d'une société plus inclusive, donc pleinement universelle.

Sur le terrain, dès la fin des primaires démocrates et la désignation de Biden comme candidat du parti, une mobilisation très importante s'est organisée pour encourager les citoyens à s'inscrire sur les listes électorales et à voter afin de battre Trump. Elle s'est en particulier déployée dans les États cibles du Michigan, de la Pennsylvanie, du Wisconsin, de la Géorgie et dans une moindre mesure du Nevada ou encore de l'Arizona, plus précisément dans les zones métropolitaines. Un militantisme antiraciste, notamment mené par des leaders comme LaTosha Brown, cofondatrice de Black Voters Matter Fund, des mouvements comme #SayHerName au sein de Black Lives Matter, des élues ou anciennes élues comme Stacey Abrams, pour ne citer que quelques exemples, a été très actif. Biden les a du reste longuement remerciés dans son discours de victoire, appelant à la réciprocité : « Vous avez toujours eu mon soutien, et j'aurai le vôtre. » Quant à Harris, elle a rendu hommage aux femmes noires, « souvent négligées », alors qu'elles sont à ses yeux la « colonne vertébrale » de la démocratie américaine.

Très vite, des attentes fortes se sont exprimées vis-à-vis du nouvel exécutif, au premier rang desquelles une grande réforme de la justice et de la police, pour que les « Black and Brown people » ne soient plus ni discriminés ni brutalisés par ces institutions, et la nomination d'un procureur spécial afin d'enquêter sur les violences policières à l'encontre de George Floyd, Breonna Taylor ou encore Jacob Blake et tous ceux qui, comme eux, ont perdu la vie ou ont été grièvement blessés par la police ces derniers mois. S'y ajoutent des demandes ciblées de lutte contre la pauvreté et d'un meilleur accès à la santé et à l'emploi.

Un agenda trop ambitieux en faveur des minorités ?

L'héritage de l'esclavage et de la ségrégation est encore très présent dans les représentations collectives et certaines pratiques des administrations et des entreprises aux États-Unis. Les préjugés et les habitudes ont la vie dure. Comment, alors, mettre en place un agenda politique bénéficiant à tous, tout en ciblant les populations les plus vulnérables ? Le programme de Biden et Harris contre les inégalités sociales, genrées et raciales, vues comme structurelles, est très fourni.

Leurs propositions portent sur le soutien aux petites entreprises, un accès facilité à la propriété, la réduction des inégalités d'accès à l'enseignement supérieur et à la formation, la lutte contre les discriminations en matière de salaire et de carrière, le renforcement de l'Obamacare, de Medicaid et de Medicare. En mettant prioritairement l'accent sur certains investissements publics dans des PME dirigées par des femmes racisées et en facilitant l'accès aux prêts bancaires, en allégeant la dette étudiante, qui touche particulièrement les Noirs, en augmentant à 15 dollars le salaire minimum

Des New-Yorkais célèbrent la victoire de Joe Biden. STEVE SANCHEZ PACIFIC PRE SIPA

fédéral, alors que les femmes et les minorités seront les plus concernées (emplois agricoles, de service, de vente, du soin et d'aide à la personne), ce sont les inégalités cumulées que le pouvoir vise.

Biden n'apporte pas, à ce stade, de précision sur les leviers, législatifs, administratifs ou réglementaires, qu'il sera en mesure d'actionner pour mener à bien ces réformes. S'il peut agir par *executive orders* (décrets) sur certains sujets, il aura aussi besoin, pour de véritables réformes structurelles et de long terme, de faire voter des lois ou d'en modifier certaines, ce qui nécessitera un vote au Congrès. La Chambre des représentants est à majorité démocrate, mais la majorité au Sénat se décide le 5 janvier. Dans le cas où les républicains y conservent l'avantage, toute nouvelle loi initiée par les démocrates exigera, au mieux, d'âpres négociations, le bipartisanisme étant devenu l'exception depuis quinze ans. L'Amérique de Biden peut-elle prospérer sur l'espoir qu'elle a suscité ? Sans politiques publiques volontaristes et audacieuses, un trumpisme renforcé pourrait se faire très menaçant en 2024. ●

* Dernier ouvrage paru : *La Démocratie féministe. Réinventer le pouvoir* (Calmann-Lévy, 2020).

NOUVEL ÉCRIN POUR L'ART CONTEMPORAIN

Après Venise et son Grand Canal, François Pinault ancre sa collection à Paris, non loin de la Seine.

PAR **VALÉRIE DENARNAUD-MAYER**, HISTORIENNE DE L'ART

Paris ne manque certes pas de musées, mais la famille s'agrandit : un dernier-né y verra le jour le 23 janvier. Pas n'importe lequel, et pas n'importe où. Un musée d'art contemporain sous toutes ses formes – sculptures, peintures, photographies, vidéos, installations, performances – dans un lieu chargé d'histoire, la Bourse de commerce. L'architecte japonais Tadao Ando, à qui François Pinault, propriétaire de cette collection unique, a confié la restauration de cet édifice classé monument historique et sa transformation en musée, a souhaité instaurer un dialogue entre le patrimoine et la création contemporaine : « En hommage à la mémoire de la ville, gravée dans les murs de la Bourse de commerce, j'ai créé un nouvel espace qui s'emboîte à l'intérieur de l'existant pour revitaliser l'ensemble du volume, qui sera dédié à l'art contemporain. L'architecture comme trait d'union entre le passé, le présent et le futur. » Alors, avant de courir sous la splendide coupole, penchons-nous sur le passé de ce lieu au cœur de Paris.

L'architecture comme trait d'union entre le passé, le présent et le futur.

Une royale destinée

Si le bâtiment tel que nous le connaissons aujourd'hui remonte aux XVIIIe et XIXe siècles, son histoire ainsi que celle de son emplacement sont beaucoup plus anciennes. Il y a d'abord là, au début du XIIIe siècle, non loin des halles des Champeaux, un hôtel appartenant à Jean II de Nesle, lequel, sans héritier, le cède à Saint Louis en 1232. Le roi l'offre à sa mère, Blanche de Castille, qui y vit vingt ans avant d'y mourir le 27 novembre 1252. L'hôtel de Nesle passe dès lors de mains en mains, royales ou princières mais toujours liées à la Couronne, et appartient à une kyrielle de personnages hauts en couleur dont la liste donne le tournis : Philippe le Bel ; son frère Charles de Valois ; le fils de celui-ci, Philippe de Valois, roi de France sous le nom de Philippe VI ; Jean de Luxembourg, roi de Bohême et comte de Luxembourg, habitué et pensionné de la cour de France ; sa seconde fille, Bonne de Luxembourg, épouse de Jean de Valois – futur Jean le Bon – et mère, entre autres onze enfants, du futur Charles V et de ses frères Louis, duc d'Anjou, Jean, duc de Berry, et Philippe le Hardi, duc de Bourgogne ; Louis, duc d'Anjou ; Charles VI ; son frère cadet Louis, duc de Touraine et d'Orléans, lequel en fait un logis magnifique qui prend le nom d'hôtel d'Orléans, où il donne de somptueuses fêtes.

Mais en 1498, plus de fêtes ni de fastes en l'hôtel d'Orléans. Charles VIII change la donne : il y installe le couvent des Filles repenties, un ordre religieux catholique fondé depuis peu par le prédicateur Jean Tisserand. Il abrite deux cents femmes de vie « dissolue », repenties ou pénitentes, converties par les prédications de ce père cordelier à Notre-Dame de Paris. En 1572, le destin du lieu change à nouveau. Catherine de Médicis décide subitement, pour des raisons non élucidées, d'abandonner le palais des Tuileries, dont elle avait initié la construction en 1564. Elle acquiert, pour y faire bâtir une nouvelle résidence, un hôtel nommé d'Albret, en réalité plusieurs bâtiments jouxtant le couvent des Filles à l'est. Cet ensemble ne lui suffisant pas, elle expulse les Filles du couvent et, en lieu et place de toutes ces demeures alors rasées, fait édifier par Jean Bullant un splendide hôtel avec jardin à l'italienne, l'hôtel de la Reine. Peu de documents nous sont parvenus sur cet édifice. On sait qu'il est alors composé de plusieurs appartements et qu'il possède une grande galerie de quarante mètres de long, un escalier à l'italienne et des salons ornés d'une collection unique au monde de cent vingt-neuf tapisseries. La pièce la plus insolite est le cabinet de travail, décoré de lambris où s'enchâssent cent dix-neuf miroirs enluminés. L'hôtel de la Reine est à l'époque le cadre de somptueuses réceptions de la cour. Il n'en reste hélas rien, si ce n'est la haute colonne cannelée appelée colonne Médicis, qui servit sans doute d'observatoire à l'astrologue de Catherine, Côme Ruggieri.

Bourse de commerce — Pinault Collection.
TADAO ANDO ARCHITECT & ASSOCIATES, NINEY ET MARCA ARCHITECTES, AGENCE PIERRE-ANTOINE GATIER, MARC DOMMAGE

Une coupole féerique

À la mort de la reine mère en 1589, le ballet des héritiers reprend. En 1606, l'hôtel passe à Charles de Bourbon, comte de Soissons, dont il prend le nom ; sa veuve, acquérant de nombreuses propriétés voisines, l'agrandit considérablement. Il reste aux mains de leurs héritiers jusqu'à Victor-Amédée de Savoie, prince de Carignan, qui établit en 1720 dans ses jardins la Bourse de Paris, laquelle connaîtra de multiples emplacements avant son installation au palais Brongniart. Mais le prince, ruiné par la banqueroute de Law, doit vendre en 1740 sa magnifique demeure, qui, acquise par la prévôté de Paris, est rasée huit ans plus tard. La longue histoire du lieu ne s'arrête cependant pas là et sa vocation change à nouveau. Le temps de la résidence privée aux mains des grands est révolu.

En 1763, sur les terrains dégagés, la construction d'une halle aux blés est décidée, qui est confiée à Nicolas Le Camus de Mézières. Son bâtiment circulaire à deux galeries concentriques ouvertes sur l'extérieur par vingt-quatre arcades suscite l'admiration de tous par son esthétique utopiste. Il est coiffé en 1783 d'une coupole féerique en charpente de bois et châssis vitrés, culminant à trente-huit mètres et surmontée d'une lanterne de fer. Révolutionnaire ! La halle aux blés fonctionne pendant un siècle puis ferme en 1873. Le bâtiment, attribué à la chambre de commerce, est transformé en Bourse de commerce par l'architecte Henri Blondel, qui conserve sa structure annulaire ainsi que sa coupole dont il modernise la structure, de verre et de fonte de fer, et dont il fait décorer la base d'une incroyable œuvre d'art. Lors de l'inauguration, pour l'Exposition universelle de 1889, les visiteurs découvrent l'immense peinture marouflée de 1 400 mètres carrés déployée à 360 degrés, évoquant le commerce et l'industrie sur les quatre continents. Minutieusement restaurée en 2018, cette toile géante tutoie désormais le cylindre en béton de neuf mètres de haut créé par Tadao Ando à l'intérieur du majestueux bâtiment circulaire et attend impatiemment de dialoguer avec les œuvres de la collection Pinault. Nous aussi ! ●

Philippe Sands

« En matière de droit international, nous en sommes encore au Moyen Âge »

PROPOS RECUEILLIS PAR **ÉTIENNE AUGRIS** ET **GUÉNAËLLE LE SOLLEU**

Philippe Sands est un écrivain franco-britannique. Professeur de droit au University College de Londres et avocat, il plaide régulièrement à La Haye (Cour internationale de justice) ou à Hambourg (Tribunal international du droit de la mer). Défenseur infatigable des droits humains, il préside le PEN Club anglais, une organisation centenaire qui défend les droits des écrivains dans le monde. Il a entamé avec *Retour à Lemberg* (Albin Michel, 2017) une série de livres dans lesquels il mène l'enquête sur les crimes commis par les nazis dans la région de Lviv en Ukraine, où a vécu son grand-père. Dans *La Filière* (Albin Michel, 2020), il tente d'élucider les mystères autour de la fuite et de la mort du nazi Otto von Wächter, à partir des informations fournies par le fils de celui-ci.

Votre livre* La Filière *est une enquête sur la trajectoire d'un nazi depuis sa jeunesse jusqu'à sa mort à Rome en 1949. Pourquoi s'intéresser à cet homme, Otto von Wächter ?

J'avais un intérêt pour Lemberg[1], où est né mon grand-père. Dans le cadre de mes recherches, je me suis penché sur deux autres de ses habitants : Hersch Lauterpacht, juriste, fondateur du concept de crime contre l'humanité, et Raphael Lemkin, juriste lui aussi et créateur du concept de génocide. Puis est arrivé un quatrième personnage : Hans Frank, avocat et homme politique nazi, exécuté à Nuremberg en 1946 à l'issue du procès. Ces personnes ont fait l'objet de mon livre *Retour à Lemberg*.

Le fils de Hans Frank, Niklas, que j'ai rencontré, détestait son père. Un jour, il m'a proposé de rencontrer le fils de l'adjoint de celui-ci, Otto Wächter. Il m'a prévenu : « Il est différent de moi : il cherche le bien dans son père. » J'ai rencontré pour la première fois Horst Wächter en 2012, en Autriche. Il avait effectivement plutôt une attitude positive envers ses parents. Il m'a montré quelques albums de photos… mais j'avais l'impression qu'il y avait d'autres choses. Je me suis intéressé à ce qu'avait fait Wächter en 1938 à Vienne, en 1939 à Cracovie et à partir de 1942 à Lemberg. Dans le cadre d'un film réalisé sur ce sujet pour la BBC, j'ai interviewé Niklas Frank et lui ai demandé : « Penses-tu que Horst Wächter pourrait être nazi ? » Je m'attendais à une réponse négative, mais Niklas m'a dit : « Oui, il est possible que ce soit un nouveau type de nazi. » Horst a vu cette scène et en a été meurtri. Il m'a alors posé une belle

WRITER PICTURES/LEEMAGE/ÉDITIONS ALBIN MICHEL

question : « Comment prouver que je ne suis pas nazi ? » Je savais qu'il existait une immense documentation familiale, des lettres, des journaux intimes du quotidien. Or un nazi ne donne pas ce genre de documents à un musée. J'ai donc proposé à Horst de tout offrir au Holocaust Memorial Museum de Washington. Ce qu'il a fait. Toutes les archives de sa famille ont été numérisées en 2014-2015. J'en ai reçu une copie : dix mille pages hallucinantes !

L'aspect le plus important de mon livre, à part la filière d'évasion *via* le Vatican, concerne les relations de couple entre deux nazis. Les documents couvrent la rencontre de Charlotte et du baron von Wächter, en avril 1929, jusqu'à la mort de ce dernier vingt ans plus tard au Vatican, où il était hébergé. Ils étaient nazis et avaient une vie de famille heureuse. L'aspect le plus fascinant de ces archives familiales est de permettre la compréhension du rôle de Charlotte, en tant qu'épouse qui aimait son mari et en tant que mère.

Vous avez noué une relation forte avec Niklas Frank et Horst Wächter. Pourquoi est-ce important pour vous de construire cette relation avec des enfants ou des descendants des personnes que vous étudiez ?

Pour moi, l'important, ce n'est pas la question des descendants de nazis ; c'est celle des descendants tout court. Par exemple, je suis fasciné par le fils de l'espion américain Thomas Lucid, dont je parle dans *La Filière*. Je cherche certainement à comprendre l'héritage, les conséquences à long terme, sur les générations suivantes, de traumatismes qui ont eu lieu cinquante, soixante-dix ans auparavant. Parce que j'ai compris par ma famille, victime du nazisme, que ces choses continuent. Et aussi parce que j'ai découvert, après ma rencontre avec Niklas, que, de l'autre côté de l'histoire, c'était la même chose. Je me demandais ce que représentait pour un homme, ou un enfant, de vivre avec le fait que son père avait été pendu pour la mort de quatre millions d'êtres humains : un million de Polonais, trois millions de Juifs. On ne peut pas imaginer ce que

Otto Wächter avec sa femme Charlotte, leur fils Horst et leur fille Waltraut en 1944 à Thumersbach, en Autriche. HORST WÄCHTER

c'est d'avoir cette sorte de père. Et de ce point de vue, l'approche des deux fils, Niklas et Horst, est très différente. Le premier m'a dit : « Mon père était un monstre », alors que Horst refusait cette idée. Son père n'ayant jamais été condamné, il était à ses yeux innocent. Il est désormais fâché avec sa propre fille à cause des propos de celle-ci qui sont repris à la dernière ligne de mon livre : « Mon grand-père était un meurtrier de masse. »

À côté de ces enquêtes pour vos livres, vous êtes avocat international et présidez une association d'écrivains pour la liberté d'expression. En quoi les activités que vous menez se nourrissent-elles les unes les autres ?

C'est complètement lié. Au centre de tout, il y a le droit international. J'écris sur cela. *La Filière*, c'est un livre notamment sur la justice et sur les conséquences pour une famille. En ma qualité de professeur, j'enseigne la justice internationale à l'université et, en tant qu'avocat, je plaide. En décembre 2019, j'étais avocat pour la Gambie devant la Cour internationale de justice à La Haye. Il s'agissait du procès contre le Myanmar – la Birmanie – sur les violences à l'encontre de la communauté des

Rohingyas. J'étais assis près de la leader birmane Aung San Suu Kyi pendant quatre jours. J'ai observé de près comment elle réagissait. C'est une femme très intelligente, qui parle très bien. Elle est auréolée du prix Nobel de la paix et elle défendait son pays. Mais que faisait-elle vraiment ? Elle défendait son père ! Parce que son père, Aung San, est le fondateur du Tatmadaw, l'armée birmane. Il a été assassiné en 1947, six mois avant l'indépendance de la Birmanie. Lors de ce procès, toutes les allégations que nous, la Gambie, faisions contre la Birmanie étaient des allégations contre le Tatmadaw. Donc, en fait, nous attaquions son père, et c'était contre cela qu'elle s'exprimait.

Il y a un lien absolu entre les différentes activités que j'exerce. Quand je plaide devant un tribunal international, je raconte des histoires. Et quand je raconte une histoire dans un livre, je prends le style d'un plaideur. J'enlève toute émotion. Il y a de l'émotion là, mais c'est entre les lignes.

Depuis trente-cinq ans que je plaide, j'ai bien compris qu'il ne fallait jamais dire à un juge : voilà la solution. Il faut toujours laisser les juges découvrir eux-mêmes la solution, car sinon ils estiment que leur souveraineté est remise en cause. Notre rôle comme avocats est simplement de donner les éléments, les faits de droit, et d'emmener les juges sur un chemin qui mène inexorablement à une seule solution. C'est la même chose dans la façon d'écrire *Retour à Lemberg* et *La Filière* : je n'impose ni solution ni émotion aux lecteurs. Je donne les faits objectifs que j'ai découverts. C'est à lui de décider comment il interprète ce qu'il lit.

À PROPOS DE LA GAMBIE
Selon l'article 9 de la Convention sur la prévention et la répression du crime de génocide (1948), tout État signataire peut soumettre une requête devant la Cour internationale de justice pour des faits « relatifs à la responsabilité d'un État en matière de génocide ». Une telle requête a été faite contre le Myanmar par la Gambie, avec le soutien des cinquante-sept membres de l'Organisation de la coopération islamique.

Dans* Retour à Lemberg*, vous étudiez le procès de Nuremberg. Vous avez aussi, dans le cadre de votre enseignement, travaillé sur les grands procès. Quelles leçons en avez-vous tirées ?

Le 20 novembre 2020, à l'occasion du soixante-quinzième anniversaire de l'ouverture du procès de Nuremberg, j'étais invité à la cérémonie, où l'on m'a demandé d'intervenir précisément sur les leçons de ce grand procès. J'avais été reçu auparavant par le président allemand, Frank-Walter Steinmeier, afin de l'aider à écrire son discours. Il est quand même incroyable et très touchant d'imaginer, compte tenu de la situation de mes grands-parents en 1938, que moi, quatre-vingts ans plus tard, je sois invité par le président allemand à réfléchir avec lui sur le passé.

Avec le Rwanda et l'ex-Yougoslavie, la justice pénale internationale a vraiment redémarré.

On peut dire que, en matière de justice pénale internationale, toutes les voies mènent à Nuremberg. Sans Nuremberg, il n'y aurait pas eu Tokyo (en 1946, contre les criminels de guerre japonais), les procès sur le Rwanda (1994-2015), l'ex-Yougoslavie (1995-2017) dont le Kosovo, les Rohingyas (2019), les Yézidis (2020) : tout a commencé là. C'est un moment révolutionnaire qui nous a donné un nouveau langage dans les relations internationales. C'est la première fois dans l'histoire qu'est affirmé le principe selon lequel l'État, avec son chef, n'est pas totalement souverain : il existe des limites imposées par le droit international sur ce qu'il peut faire à l'égard des citoyens, des élus, etc. Certes, ce n'est pas parfait, il subsiste beaucoup de lacunes et des atrocités partout dans le monde, mais cela a créé de nouvelles possibilités et un nouveau langage. Pendant cinquante ans, il ne s'est rien passé. C'est seulement avec le Rwanda et l'ex-Yougoslavie que la justice pénale internationale a vraiment redémarré. La Cour pénale internationale n'a été créée qu'en 1998, cinquante-trois ans après Nuremberg. Ce n'est pas en soixante-quinze ans que tout va changer. C'est un projet à très long terme : trois, quatre cents ans. En matière de droit international, nous en sommes encore au Moyen Âge.

Diriez-vous que l'impunité a reculé en matière de droits humains ?

On peut dire que l'impunité n'est plus absolue. Certains dirigeants ne peuvent plus voyager par crainte d'une arrestation : par exemple, George W. Bush, à cause de la torture à Guantánamo et à Abou Ghraib, ou, avant son décès, l'ancien président croate Franjo Tudjman. Cette peur, je l'ai comprise aussi lors de la conversation très frappante que j'ai eue avec Buko Rathmann, le jeune qui avait sauvé Wächter dans la montagne. Il a accepté de me parler à condition que je ne lui pose pas une seule question sur ce qui s'était passé avant le 8 mai 1945, parce que lui aussi avait peur d'être arrêté pour les tueries auxquelles il avait participé dans les villages italiens ou yougoslaves. Il ne voyageait jamais parce qu'il avait peur, et jusqu'à la fin de sa vie. Cette peur, ce n'est pas beaucoup, mais ce n'est pas rien.

Avez-vous déjà été contacté par des gouvernements ou des chefs d'État accusés de non-respect des droits humains ? Quels sont vos critères pour accepter une affaire ?

Je suis membre du barreau d'Angleterre et du pays de Galles, et nous appliquons un principe d'éthique dit *cab-rank principle* en anglais : c'est le principe du chauffeur de taxi qui ne peut refuser un client. On ne choisit pas nos affaires en fonction de nos orientations politiques. En octobre 1998, j'ai ainsi été contacté par les avocats de Pinochet afin de le défendre après son arrestation à Londres. Je l'aurais fait parce que c'est la règle – même s'il y a des exceptions. Mais ma femme m'a dit que, si je le faisais, elle demandait le divorce. J'ai donc trouvé un moyen de ne pas le faire… en m'engageant du côté de l'accusation. La mère de ma femme vient d'une famille républicaine espagnole. Pour elle, défendre Pinochet, c'est comme si l'on défendait Franco ! Elle se fichait des règles du barreau britannique. Mais, en principe, je dois accepter de défendre tout le monde. Par exemple, j'ai donné une expertise à Londres pour trois Rwandais qui devaient être extradés pour leur implication dans le génocide : j'étais l'expert en droit international qui rejetait l'extradition parce que ces Rwandais ne pouvaient pas bénéficier d'un procès impartial dans leur pays. En 2007, j'ai aussi donné des conseils, plusieurs années avant cette période terrible, à la Syrie ; et j'ai rencontré Bachar el-Assad à Damas. Il m'arrive souvent

L'impunité n'est plus absolue. Certains dirigeants ne peuvent plus voyager par crainte d'une arrestation.

également de plaider contre le Royaume-Uni. En ce moment, je représente l'île Maurice contre lui dans l'affaire des Chagos. En 1995, j'ai aussi plaidé pour quatre pays du Pacifique contre la France, et les Français n'étaient pas très heureux de cette manifestation d'indépendance d'esprit !

Justement, cette affaire de l'archipel des Chagos illustre le type d'interventions que vous faites dans des dossiers concernant le droit de la mer. De quoi s'agit-il ?

J'ai plaidé en octobre dernier, à Hambourg, devant le Tribunal international du droit de la mer : je représentais de nouveau l'île Maurice contre les Maldives pour une question de délimitation des frontières maritimes entre les deux pays, y compris l'archipel des Chagos. La question qui se pose techniquement est : quelle est la frontière maritime entre ces deux pays ? Mais avant de répondre, le tribunal doit être sûr d'avoir une compétence dans cette affaire. Les Maldives considèrent que le tribunal ne peut pas siéger parce que le Royaume-Uni a un intérêt dans l'affaire. Or les Britanniques ne participent pas car ils disent que l'archipel leur appartient. Nous, les Mauriciens, disons que ce n'est pas le cas. En effet, la Cour internationale de justice a déclaré en 2019, très clairement et à l'unanimité, que les Chagos appartenaient uniquement à l'île Maurice.

Comment est-ce lié à mes travaux ? Entre 1968 et 1973, deux mille Chagossiens ont été

Philippe Sands à la barre. DR

expulsés par les Britanniques, afin que les Américains puissent installer la base de Diego Garcia dans l'archipel, et dispersés partout dans le monde. C'est potentiellement un crime contre l'humanité. Mais les Britanniques ne veulent pas que les Chagossiens rentrent chez eux. Les Mauriciens et la totalité des pays africains estiment qu'il s'agit là du dernier vestige du colonialisme et qu'ils ont le droit de rentrer. Ce type de défense est le cœur de mon travail.

Un autre exemple concerne une affaire où je défends les Philippines contre la Chine à propos de la mer de Chine du Sud. L'argument des Chinois est de dire : cela nous appartient depuis des siècles. Une fois encore, c'est l'histoire qui est convoquée. Toutes les questions techniques, finalement, reviennent à des questions humaines. Dans tout ce que je fais, c'est le bien-être de l'être humain qui est essentiel. Ce n'est pas celui de l'État. Ce que je dis n'est pas original : c'était l'idée de Hersch Lauterpacht, l'un des fondateurs, avec René Cassin, de l'idée de droits de l'homme (voir *l'éléphant* n° 24).

Êtes-vous inquiet pour l'État de droit au Royaume-Uni ?

Très inquiet ! D'abord, il y a ce refus d'accepter la décision de la Cour internationale de justice concernant les Chagos. Ensuite, le gouvernement britannique a proposé il y a quelques mois de nouvelles règles qui contreviennent clairement au traité du Brexit avec l'Union européenne, pourtant signé et ratifié. Ce texte a été porté devant le Parlement et ce qui se passe est hallucinant. Les Britanniques, d'habitude très fair-play et respectueux des règles de droit, prennent une direction complètement nouvelle. De mon point de vue, ce qui se passe en Grande-Bretagne est lié à ce qui se passe aux États-Unis : il y avait un lien entre Boris Johnson et Donald Trump. Lors de l'anniversaire du procès de Nuremberg en novembre dernier, j'ai posé la question : qui aurait pu imaginer le 20 novembre 1945 que, soixante-quinze ans plus tard, ce seraient les Britanniques et les Américains qui seraient en train de déchirer le monde multilatéral, fondé sur l'État de droit, et que ce serait l'Allemagne qui aurait repris le flambeau ?

La question des droits humains n'entre-t-elle pas parfois en contradiction avec la souveraineté des États ? Le droit est-il adapté, en particulier sur la question des migrants ou des réfugiés ?

C'est une question qui date des débuts du droit international. Le texte de la Charte des Nations unies porte cette tension entre d'un côté l'obligation de ne pas intervenir dans les affaires internes d'un État, au nom de la souveraineté, et de l'autre l'idée que tout être humain a des droits minimums – les droits humains. Par exemple, les Chinois affirment actuellement que le sujet des Ouïgours ne concerne pas la communauté internationale, que c'est une question interne. Même chose pour les réfugiés : depuis 1945, le traitement

Aung Sang Suu Kyi devant les juges de la Cour internationale de justice pendant le procès du génocide contre les Rohingyas, en décembre 2019.
PETER DEJONG/AP/SIPA

des réfugiés et des migrants n'est plus un sujet qui relève de la souveraineté absolue de l'État. Oui, l'État peut déterminer qui peut entrer, ou non, sur son territoire. Mais il existe aussi des obligations, même s'il est vrai que la convention de 1951 relative au statut des réfugiés visait des circonstances très différentes. Nous vivons aujourd'hui un nouveau moment nationaliste, autoritaire et xénophobe. Il existe des gouvernements populistes qui se fichent de ces conventions de 1951 ou de l'idée des droits humains. Mais c'est un projet à long terme. Dès que l'on situe la problématique dans une histoire, à cent ans, à trois cents ans, il devient possible d'être un peu plus optimiste.

Dans quelle mesure les démocraties peuvent-elles aujourd'hui utiliser le droit pour faire face au terrorisme ?

C'est en débat partout dans le monde. Elles le peuvent, absolument ! Le droit est un outil de lutte contre le terrorisme. Toute personne a des droits minimums, et l'État de droit s'applique à tout le monde, tout le temps. Mais c'est une notion flexible quand on est face à certaines difficultés, que ce soit le terrorisme ou le Covid, qui imposent des limitations sur le droit ; on les accepte à certaines conditions. Les droits humains sont absolus dans un certain sens. Il y a toujours une sorte de flexibilité qui se fonde sur une reconnaissance de la réalité de la situation.

Nous sommes selon vous au Moyen Âge du droit international. Quel acte pourrait nous faire avancer dans l'histoire ?

Il y a un premier sujet – mais cela n'arrivera pas demain – qui est la question de la reconnaissance par les États. On peut revenir aux mots d'Aung Sang Suu Kyi en décembre 2019 devant le tribunal : « Le seul langage et les seules valeurs que nous avons en commun, c'est le langage du droit international. » Il est important et très sain qu'elle ait dit cela, parce que c'était une façon de reconnaître que la Gambie, petit pays africain, avait un intérêt à ce qui se passait en Birmanie. Et la réponse à votre question se trouve là : quand tout le monde reconnaîtra que le droit international est le seul langage qui nous lie tous, alors il y aura vraiment une avancée.

Vous présidez le PEN Club anglais, association de défense de la liberté d'expression des écrivains, qui fête son centenaire. Quelles situations vous paraissent particulièrement préoccupantes ?

Actuellement, j'agis beaucoup pour un écrivain turc, Ahmet Altan, en prison depuis quatre ans et demi. Il a publié un livre sous le titre *Je ne reverrai plus le monde* (Actes Sud, 2019). La Turquie me touche beaucoup parce que je connais très bien ce pays et beaucoup d'écrivains turcs. J'aurais pu aussi citer l'écrivaine zimbabwéenne Tsitsi Dangarembga, qui était dans la *shortlist* du Booker Prize en 2020, le plus important prix de fiction dans le monde anglophone : l'été dernier, elle a été arrêtée lors d'une manifestation contre la corruption dans son pays. Ces attaques à l'égard d'écrivains se retrouvent un peu partout dans le monde – pas en France, je dois le signaler. Publier un livre en France est différent de tout autre pays du monde : il y a, apparemment, une sorte de révérence pour les mots, pour les écrivains, et j'apprécie beaucoup cela. ●

1. Lemberg est le nom allemand de la ville d'Ukraine Lviv, Lwów en polonais.

Les réputations de Marie-Antoinette

Reine de France, elle fut autant détestée qu'adulée, de son vivant et bien après sa mort.

PAR **ANTOINE DE BAECQUE,** HISTORIEN, PROFESSEUR À L'ENS, AUTEUR*

Un foisonnement contradictoire de réputations s'est emparé de Marie-Antoinette dès son arrivée à Versailles en 1770, alors que la princesse d'Autriche n'a pas 15 ans, jusqu'à sa mort vingt-trois ans plus tard, le 16 octobre 1793, sous le couteau de la guillotine républicaine, reine de France aussi détestée par certains qu'elle peut être vénérée par d'autres. D'ailleurs, aucune figure historique n'a connu davantage de dénominations, de surnoms, voire de sobriquets. D'un côté, l'archiduchesse Antoine ou Antonia, la reine de France, la reine martyre, la mère exemplaire, figures de la dignité royale ; de l'autre, l'Autrichienne, l'« autre chienne », la Poule d'autruche, Toinette, la Bergère royale, Madame Déficit, la Catin royale, la Fureur utérine, la Messaline royale, Madame Veto, la veuve Capet… De son vivant, puisqu'elle fut au centre de bien des campagnes de propagande ou de presse, puis après sa mort, ces représentations multiples ont rythmé son existence, du culte à la haine, de la curiosité au mimétisme, engendrant une moisson de témoignages, d'hommages, de récits insultants et de

MARIE-ANTOINETTE EN QUELQUES DATES
2 novembre 1755 Naissance à Vienne, en Autriche
Mai 1770 Arrivée à la cour de France et mariage avec le dauphin
Mai 1774 Elle devient reine de France
Octobre 1789 La famille royale est installée aux Tuileries
Octobre 1792 La reine est transférée dans la grande tour du Temple avec ses enfants
16 octobre 1793 Elle est guillotinée à Paris, place de la Révolution (place de la Concorde)

Retrouvez le podcast de ce dossier en flashant ce QR code et profitez du code promo **MARIEANTOINETTE**

Kirsten Dunst dans *Marie-Antoinette* de Sofia Coppola (2006).
SONY PICTURES CLASSICS/EVERETT COLLECTION/BRIDGEMAN IMAGES

reflets visuels, comme si chaque parti avait voulu construire « sa » reine.

Une monnaie d'échange diplomatique

À son arrivée à Versailles, dauphine de France mariée lors de grandes fêtes mémorables au petit-fils de Louis XV, son éclat semble rayonner. Madame Campan, sa femme de chambre – place très honorifique –, décrit dans ses mémoires ce charisme et l'intérêt qu'il suscite : « Madame la dauphine, éclatante de fraîcheur, parut mieux que belle à tous les yeux. Sa démarche tenait à la fois du maintien imposant des princesses de sa maison et des grâces françaises ; ses yeux étaient doux, son sourire aimable. Louis XV fut enchanté de la jeune dauphine ; il ne parlait que d'elle et il n'était question que de ses grâces, de sa vivacité et de la justesse de ses réparties. Elle obtint encore plus de succès lorsqu'on la vit dépouillée de tout l'éclat des diamants dont elle avait été ornée pendant les premiers jours de son mariage. Vêtue d'une légère robe de gaze ou de taffetas, on la comparait à la Vénus de Médicis, à l'Atalante des jardins de Marly. Les poètes célébraient ses charmes, les peintres voulurent rendre ses traits. Il y en eut un dont l'idée ingénieuse fut récompensée par Louis XV : il avait imaginé de placer le portrait de Marie-Antoinette dans le cœur d'une rose épanouie. »

Mais cette arrivée suscite également des jalousies féroces. Madame du Barry, la favorite de Louis XV, qui s'en trouve soudain presque oubliée, fait tout pour ternir ce portrait et les courtisans se divisent. Madame Campan décrit assez bien pourquoi, toujours en parlant de Marie-Antoinette : « Dès ses premiers pas, elle avait découvert les personnes qu'elle devait saluer avec les égards dus au rang, celles à qui elle accorderait une inclination de tête, celles enfin qui devaient se contenter d'un sourire, en lisant dans ses yeux un sentiment de bienveillance fait pour consoler de n'avoir pas de droits aux honneurs. » Il suffit d'un oubli ou d'une confusion pour déclencher les rancœurs. Elles fermentent en regard des circonstances : la princesse sert de monnaie d'échange pour une mère autoritaire, Marie-Thérèse d'Autriche, qui place ses filles, telles des espionnes à son service, sur les trônes d'Europe, ambitieuse stratégie diplomatique matrimoniale. Marie-Antoinette est ainsi condamnée à un exil lointain où elle sera forcément « l'étrangère », « l'Autrichienne », et contrainte à un mariage avec un jeune homme de 16 ans peu attentionné, maladroit, affublé d'un léger empêchement physique, qui la délaisse. Enfin, une fois à Versailles, le désir de Marie-Antoinette d'échapper à l'étiquette

> NE PARLEZ POINT ALLEMAND, MONSIEUR. À PARTIR DE CE JOUR, JE N'ENTENDS PLUS D'AUTRE LANGUE QUE LE FRANÇAIS.
> **MARIE-ANTOINETTE**

Quiz

1. Mariée en 1770, Marie-Antoinette donne naissance à son premier enfant en…

- ○ 1771
- ○ 1773
- ○ 1778
- ○ 1789

2. Comment s'appelle l'une des femmes de chambre les plus célèbres de la reine ?

- ○ Madame du Barry
- ○ Madame Vigée Le Brun
- ○ Madame Campan
- ○ Madame Bavarde

1. Après sept ans de mariage non consommé, la reine donne naissance à une princesse en 1778, Marie-Thérèse Charlotte. Seule des enfants royaux à survivre à la Révolution, elle meurt en 1851 en Autriche.

2. Madame Campan (1752-1822) détient le titre honorifique de femme de chambre de la reine. Elle est célèbre pour son témoignage sur la vie à la cour de Louis XVI, donné dans ses mémoires, mais dont la véracité est parfois contestée.

> Marie-Antoinette est exemplaire de la nouvelle conception de la célébrité à la fin du XVIIIe siècle.

de la cour de France n'est pas compris. Tout cela suscite les soupçons, entraîne les attaques, aiguise les humiliations.

Marie-Antoinette est exemplaire de la nouvelle conception de la célébrité telle qu'elle se met en place à la fin du XVIIIe siècle : la reine de France suscite chez le public le désir d'en savoir davantage sur sa *persona*, d'où la multiplication des ouvrages qui, très tôt, ont tenté de dresser le portrait psychologique d'une femme qui voulait se dérober à son statut traditionnel. C'est cette logique qui prend au piège Marie-Antoinette et le couple qu'elle forme avec Louis XVI, expliquant en bonne partie les rumeurs négatives dévastatrices sur son prétendu « libertinage », relayées avec perversité et jubilation par les coteries courtisanes qui lui sont hostiles, abreuvant les pamphlets et les caricatures d'anecdotes scabreuses.

L'obscénité mise en scène

Pourtant, l'intimité sexuelle du couple royal, dès le mariage de 1770, a été retirée du domaine des « choses publiques ». Marie-Antoinette et Louis sont sur ce point en accord : peu de leur vie privée n'a droit à la publicité de l'étiquette versaillaise, préservant les secrets du lit monarchique par crainte des quolibets comme par choix personnel. Car secret il y a, qui met en émoi la diplomatie européenne et les cours tant à Vienne qu'à Versailles : jusqu'en août 1777, soit pendant sept années, le mariage n'est pas consommé. Dans l'obligation de procréation monarchique, ce retard est un problème. Les libellistes pratiquent dès lors le « regard dérobé » : selon l'étiquette, l'intimité du couple monarchique, que ce soit le coucher, la toilette, le souper mais aussi l'acte procréateur, est offerte au regard public à travers un cérémonial codifié dont les courtisans sont à la fois les témoins et les propagateurs. Dans l'écriture du scandale de la fin du XVIIIe siècle, au contraire, l'intimité du couple est renforcée, mais pour mieux en décrire les secrets et les tromperies. Le rituel du lit royal n'est plus une cérémonie publique mais une comédie où un regard volé rapporte l'intimité sexuelle qui s'y déroule – ou qui ne s'y déroule pas, voilà l'intrigue. Une porte s'est refermée sur la vie privée de la reine et du roi, par la volonté même des souverains, mais à travers cette porte les pamphlétaires veulent regarder, puisque c'est interdit, par le « trou de la serrure ».

Marie-Antoinette par Élisabeth Vigée Le Brun (1778). Kunsthistorisches Museum de Vienne (Autriche). AKG-IMAGES/ERICH LESSING

MADAME DU BARRY (1743-1793)
Jeanne Bécu, d'origine roturière, succède à la marquise de Pompadour (décédée en 1764) comme favorite de Louis XV entre 1768 et 1774. Par un mariage blanc, elle devient comtesse du Barry. Férue d'art, elle protège les artistes et encourage le courant néoclassique. À la mort du roi, elle est chassée de Versailles et mise au couvent. Elle est guillotinée sous la Terreur.

Aussi la pornographie constitue-t-elle le principal registre de l'attaque contre Marie-Antoinette. Un refrain amuse beaucoup les Parisiens au printemps 1776 : « La reine a le puce inhérent / Le roi le prépuce adhérent / C'est le pré qui gâte l'affaire. » Cette double allusion au goût de Marie-Antoinette pour la couleur « puce » (gris souris) et à la malformation sexuelle du roi est non seulement tendancieuse mais ouvre la logique de la rumeur, qui inverse et retourne les images officielles en caricatures obscènes. La naissance d'une princesse en décembre 1778 puis celles des trois enfants royaux qui suivent, entre 1781 et 1786, déplacent

Le mariage de Louis-Auguste avec Marie-Antoinette, gravure de la fin du XVIIIe siècle. LÉONARD DE SELVA/BRIDGEMAN IMAGES

simplement le scandale : les enfants ne seraient pas de Louis XVI mais du comte Charles d'Artois, son frère, ou des nombreux amants attribués à la reine. C'est l'intrigue centrale des *Amours de Charlot et Toinette*, un pamphlet paru en 1779 – beaucoup l'ont attribué à Beaumarchais : « Une reine jeune et fringante / Dont l'époux très auguste était mauvais fouteur… » Le dévoiement lubrique de Marie-Antoinette n'est que la conséquence de l'impuissance du roi : aller chercher ailleurs ce que son mari est incapable de lui donner. Le canevas du cocufiage de comédie est implacable. Ces pamphlets seront simplement repris et aggravés par les débuts de la Révolution. C'est le cas de *La Vie privée, libertine et scandaleuse de Marie-Antoinette d'Autriche* qui, en 1791, imagine une liaison entre la reine et La Fayette, incarnant le nouveau pouvoir : « Marie-Antoinette se pénètre de la Patrie. »

> MADAME LA DAUPHINE, ÉCLATANTE DE FRAÎCHEUR, PARUT MIEUX QUE BELLE À TOUS LES YEUX.
> **MADAME CAMPAN**

Puis, la même année, des *Fureurs utérines de Marie-Antoinette*, pamphlet qui offre aux rieurs un « roi nul » s'escrimant pathétiquement devant une Marie-Antoinette dépitée : « Le Sire était si mou / Que les yeux de Toinette, et tout l'art de sa dextre / Rien ne ravitailla le bijou monarchique », puis finit sur ce constat pathétique : « Ah ! gros coquin, voilà que tu débandes. » La faiblesse du roi – l'impuissance politique est sans cesse suggérée – et la lubricité d'une reine vorace de sexe et d'expériences scandaleuses, voici forgé le portrait de la « reine scélérate ».

> Jamais une reine de France n'a déployé autant d'efforts pour propager une image positive d'elle-même.

Malgré ces rumeurs néfastes, ou plutôt pour y répondre, jamais une reine de France n'a déployé autant d'efforts pour propager une image positive d'elle-même. Marie-Antoinette règne donc sur la propagande. Ses liens avec sa portraitiste officielle, Élisabeth Vigée Le Brun, l'illustrent exemplairement. Le premier tableau de la peintre, en 1778, présente la reine vêtue d'une impressionnante robe de cour à panier de satin blanc, en majesté dans un décor luxueux. C'est un portrait du pouvoir mais également une offrande sensible, cherchant à ôter pesanteur et hiératisme : la lourde traîne fleurdelisée est traitée comme une gaze légère et l'artiste, par sa palette lumineuse, révèle l'éclat d'une femme de 23 ans. Très vite, l'œuvre est répliquée, copiée, mise en gravures, afin de pouvoir circuler massivement dans le royaume. Au Salon de 1783, Vigée Le Brun présente un autre portrait : la reine est habillée d'une robe de soie bleu-gris, tenant une rose à la main, qu'elle semble exposer au public. Cette fleur lui confère une grande douceur, mais elle représente la reine elle-même, qui s'invente son propre symbole, ignorant ceux de la monarchie traditionnelle. Le tableau fait scandale : la reine paraît trop légère, affranchie, voire dénudée. Et cette rose qu'elle tient à la main, ne pourrait-elle pas l'offrir à l'un de ses prétendants ?

Caricature faisant allusion à l'attitude de Marie-Antoinette envers la Constitution (1791). AKG-IMAGES

L'attaque systématique

Cette logique de la réversibilité frappe dès lors toutes les actions de Marie-Antoinette, tournant négativement ce qu'elle peut entreprendre de positif. Aime-t-elle la mode et lance-t-elle la « haute couture » en France avec Rose Bertin, sa modiste, et Léonard, son coiffeur, et la voici « dépensière », « frivole », « ministre des Colifichets », grevant les finances du royaume en préférant les tissus anglais aux français. Élève-t-elle ses enfants, première souveraine française à vouloir le faire vraiment, et la voilà « égoïste », « autoritaire », les rumeurs de « mauvaise mère » la poursuivant jusqu'à son procès en octobre 1793, où l'accusation diffusera odieusement une réputation d'inceste. Fait-elle construire un hameau et une bergerie à Trianon, pour vivre plus proche de la nature, avec ses enfants et la lecture de Jean-Jacques Rousseau, et elle se métamorphose en bergère ridicule, précieuse, mimant le peuple tout en le faisant mourir de faim. À chaque reprise, la réputation se retourne contre elle, ouvrant de nouvelles brèches dans la guerre des pour et des contre.

Enfin, dès les premiers mois de 1789, Marie-Antoinette devient une reine politique, se déclarant hostile aux idées nouvelles et à ceux qui veulent limiter le pouvoir royal pour le contrebalancer par celui de l'Assemblée nationale. Cette haine de la Révolution, sa volonté de jouer un rôle politique pour rétablir une monarchie que Louis XVI, lui, semble impuissant à tenir relancent la guerre autour de son image. Les royalistes en font l'emblème de leur combat pour l'ordre ancien et la défense de leurs privilèges et lui vouent dès lors un culte, se réunissant enfin derrière ce symbole jusqu'à vénérer la mère exemplaire, la prisonnière digne du Temple et de la Conciergerie, la sainte de l'échafaud de la Terreur, en diffusant les reliques de leur dévotion : boucles de cheveux, mots manuscrits, morceaux d'étoffes, reliquaires, souliers, bustes en cire, tout ce qui a touché de près – ou de loin, voire parfois de pure

MARIE-THÉRÈSE D'AUTRICHE (1717-1780)
Fille et héritière de l'archiduc d'Autriche et empereur germanique Charles VI, elle succède à son père à 23 ans. Celle qui cumule les rôles d'archiduchesse d'Autriche, de reine de Hongrie et de Bohême et d'impératrice consort du Saint Empire est considérée comme une souveraine éclairée. Elle met en place un jeu d'alliances dans toute l'Europe.

BEAUMARCHAIS (1732-1799)
Pierre-Augustin Caron de Beaumarchais est connu pour ses écrits, en particulier ses pièces de théâtre. Les plus fameuses appartiennent à la trilogie mettant en scène l'insolent Figaro : *Le Barbier de Séville ou la Précaution inutile* (1775), *La Folle journée ou le Mariage de Figaro* (1784) et *L'Autre Tartuffe ou la Mère coupable* (1792).

invention – le corps de la reine devient sacré et occasion d'hommages, de souvenirs et d'expiation. C'est ainsi que Marie-Antoinette rencontre l'histoire, assumant son destin tragique.

En face, le discours et l'imagerie révolutionnaires puis républicains achèvent de dresser la légende noire d'une reine méprisant le peuple – « Qu'ils mangent de la brioche », phrase apocryphe qu'elle aurait lancée aux pauvres de Paris en octobre 1789 – et étrangère, donc forcément traîtresse. Cela trouve confirmation dans les agissements de Marie-Antoinette : contre-révolutionnaire, elle tente d'acheter des alliances avec les meneurs patriotes, Mirabeau, Barnave, La Fayette, en les corrompant, et envoie espions et agentes dans Paris pour obtenir des renseignements en tentant de tourner l'opinion en sa faveur. Cette réputation hostile trouve elle aussi son apogée avec la mort de Marie-Antoinette, le 16 octobre 1793. Jacques-Louis David, le peintre officiel de la République, la saisit alors qu'elle est conduite au supplice, stoïque, calme,

Marie-Antoinette avant son exécution, dessin attribué à Jacques-Louis David (1793). BRIDGEMAN IMAGES

ÉLISABETH VIGÉE LE BRUN (1755-1842)
À partir de 1778, elle devient la peintre officielle de Marie-Antoinette, et sa confidente. Cinq ans plus tard, avec l'appui de la reine, elle intègre l'Académie royale de peinture et de sculpture. Elle émigre dès 1789, continuant de servir une clientèle européenne.

ROSE BERTIN (1747-1813)
Marie-Jeanne Bertin incarne la figure hors norme de l'ascension sociale sous l'Ancien Régime. Sa créativité de modiste l'attache à la reine : surnommée « la ministre des Modes », elle vit près de dix ans dans l'intimité de Marie-Antoinette. Sous la Révolution, elle émigre en Angleterre.

JACQUES-LOUIS DAVID (1748-1825)
Chef de file du style néoclassique en peinture, il est confié dans sa jeunesse à Joseph-Marie Vien, artiste passionné par l'art antique. Révolutionnaire (député, il vote la mort du roi), il rêve de faire de la République romaine un exemple pour le nouveau régime. Il deviendra peintre officiel de l'Empire.

vieillie[1]. Ce dessin est le pendant « négatif » des portraits de Vigée Le Brun, d'un réalisme et d'une crudité sans fard, ne laissant de la reine que le pincement des lèvres si caractéristique de la morgue royale dénoncée par les républicains. Ceux-ci font de la tête coupée de Marie-Antoinette l'emblème de leur pouvoir, image choc et sanglante qui envahit la sphère publique après le supplice de la reine, dont la tête tranchée est montrée au peuple par le bourreau.

La figure de Marie-Antoinette est devenue une véritable « planche à images ».

En un peu moins d'un quart de siècle, la figure de Marie-Antoinette est devenue une véritable « planche à images », dont la production s'est souvent emballée, en fonction d'un événement, de l'actualité politique ou culturelle, de la vogue d'un motif, suivant toujours le canevas de la réputation, qu'elle soit favorable ou hostile. La représentation de Marie-Antoinette n'en est pas sortie indemne au regard de l'histoire : elle fut la reine la plus détestée de France une grande part de sa vie, alors qu'elle se révéla pourtant plutôt bonne souveraine, originale et innovante ; puis son destin tragique changea le personnage en forgeant l'idée d'une belle mort, injuste, cruelle, la transformant quasi en martyre, alors qu'elle fut sûrement la figure la plus hostile à la Révolution, causant un tort préjudiciable à la monarchie française qui, accrochée à ces crispations traditionnelles, ne pouvait plus se maintenir en France en persistant dans son absolutisme. ●

1. En fait, si l'attribution du croquis est souvent faite à David, il s'agit plutôt d'un de ses élèves, resté anonyme, qui dessina la reine allant au supplice, vue d'une fenêtre située au début du parcours.

* Antoine de Baecque a notamment été commissaire de l'exposition *Marie-Antoinette, métamorphoses d'une image*, du 16 octobre 2019 au 26 janvier 2020 à la Conciergerie à Paris. Le catalogue est paru aux Éditions du Patrimoine.

Le *revival* de la « Marie-Antoinette-mania »

PAR **ANTOINE DE BAECQUE**

La vie de Marie-Antoinette s'est transformée *post mortem* en multiples séries de récits, biographies, représentations, identifications, auxquels s'ajoutent les témoignages, de la Restauration (1814-1830) aux années 1930. Il se produit alors un processus de relais du souvenir et de la mémoire qui, à chaque reprise, entretient les oppositions, fabrique des images et ajoute une strate à l'interprétation du personnage, que ce soit dans un camp ou dans l'autre, chez les royalistes (beaucoup) et les républicains (un peu), alimentant et relançant la guerre des réputations de Marie-Antoinette. La reine semble ensuite disparaître progressivement des célébrités historiques à la mode, comme en témoigne par exemple son espacement certain dans la représentation cinématographique, puisque, à part la biographie compassée et guindée filmée par Jean Delannoy en 1955, *Marie-Antoinette reine de France* – avec les yeux de Michèle Morgan tout de même –, peu d'images marquantes de la souveraine sont proposées par le septième art des années 1940 aux années 1970.

Marie-Antoinette est devenue le symbole d'une féminité malmenée, condamnée au malheur.

Depuis une trentaine d'années, au contraire, on assiste à un vigoureux et étonnant retour sur le devant de la scène médiatique et visuelle. Pourquoi le sort de Marie-Antoinette se prête-t-il aux multiples fantasmes d'aujourd'hui ? Sans doute parce qu'elle est devenue le symbole d'une féminité malmenée, condamnée au malheur, et qui pourtant tente de s'affirmer et de se construire indépendamment du pouvoir et du monde des hommes. Marie-Antoinette fait vibrer une puissante fibre émotionnelle, ce qui est renforcé par son destin tragique. Cela lui offre une identité de princesse moderne, de « pauvre petite fille riche », qui met en relief la sensibilité d'aujourd'hui.

Une image réinventée

Trois éléments ont pu concourir au *revival* tout en remodelant l'image de la reine. D'abord, durant les années 1980, le manga japonais s'est emparé de la figure de Marie-Antoinette, en proposant une version étonnamment vivante, populaire et romantique. Il a réinventé la reine en princesse émancipée dans *La Rose de Versailles* de Riyoko Ikeda (1972), travail graphique et narratif dont la postérité est majeure aussi bien au cinéma (l'adaptation de Jacques Demy, *Lady Oscar*, en 1978) que dans la bande dessinée européenne. Ensuite, il a existé une identification forte à lady Diana, dont la vénération a tourné au culte après sa mort en août 1997 : le modèle de la princesse indépendante, s'échappant de la cour traditionnelle et de Buckingham, choisissant et assumant sa vie privée et sentimentale, généreuse dans ses engagements, notamment culturels, s'offre pour reconfigurer et « présentifier » le personnage de Marie-Antoinette. Enfin, deux succès planétaires se sont emparés de ce parallèle et ont relancé l'image de Marie-Antoinette en la modernisant. C'est d'abord une biographie à succès d'Antonia Fraser, parue en Grande-Bretagne en 2001, *Marie Antoinette : The Journey*, qui insiste sur la rébellion de la princesse face au monde ancien de Versailles. C'est ensuite le film de l'Américaine Sofia Coppola, *Marie-Antoinette* (2006), où Kirsten Dunst, héroïne globale, l'incarne en jeune reine mode et moderne, post-adolescente oscillant entre le retranchement dans son monde clos,

Riyoko Ikeda, autrice du manga *La Rose de Versailles*, entourée de ses fans déguisées en Marie-Antoinette ou en lady Oscar.
CHIANG YING-YING/AP/SIPA

le refus de l'étiquette et l'exubérance de fêtes qu'elle partage avec ses amis dans un épanchement de sentiments qui ne l'empêche pas, au contraire, de manger des macarons Ladurée et de danser toute la nuit chaussée de baskets Converse.

Une jeune femme de notre temps

Il faut insister sur ce changement de paradigme relativement récent dans la représentation de Marie-Antoinette, qui assure sa popularité internationale. Un nouveau personnage s'est forgé, à travers les combats d'une jeune femme contre le cérémonial de la cour, préférant se réfugier avec ses amis puis ses enfants dans ses intérieurs ou son hameau de Trianon, fuyant les contraintes empesées du métier traditionnel de reine. Cela a renouvelé l'image de Marie-Antoinette, qui est devenue l'un des emblèmes mondiaux et transhistoriques de « la jeune femme de notre temps », avec ses contradictions, ses ambiguïtés, ses emportements, ses enthousiasmes comme ses désespoirs et ses méfiances.

Depuis quelques années, le *fan cult*, phénomène globalisé, a donc redessiné Marie-Antoinette dans une perspective aussi bien commerciale que culturelle. La dominante stylistique de cette déferlante est une forme vulgarisée de pop art, et cette diffusion touche tous les genres, tous les types de consommation et tous les pays. Internet en a accéléré encore le processus. Le personnage de Marie-Antoinette a suivi une évolution qui l'a assez largement « désidéologisé », autorisant récemment, souvent pour des consommateurs jeunes, des identifications et des réappropriations nombreuses, sur des registres généralement psychologiques et spectaculaires voire très radicaux, depuis la *Queer Queen* ou la reine *Black is Beautiful* jusqu'aux reprises par Madonna, Rihanna, Beyoncé aux États-Unis, ou les rêves des *kawaii*, ces mignonnes petites filles japonaises qui s'imaginent en réincarnations de Marie-Antoinette. Il existe également une multitude de meubles, vêtements, chaussures, maquillages, produits de beauté, boîtes de gâteaux, poupées, jouets, pièces de vaisselle, reproductions de tableaux et de gravures, visuels publicitaires, photographies, clips, films promotionnels, séries, tous siglés « Marie-Antoinette ». Cela confectionne les produits formatés d'une vitrine dédiée à la consommation mondiale mais contribue également à construire certaines identités revendicatrices des minorités. Comme si ces objets et ces figures recomposaient une sorte de maison de poupée postmoderne, qui rappelle d'ailleurs et intensifie le rôle artificiel mais essentiel joué par la bergerie de la reine à Trianon. Ce mélange des genres et des âges, cette étonnante fabrique tournoyante des objets, des images, des identifications identitaires, cette « Marie-Antoinette-mania », cela s'appelle le kitsch. ●

pour retenir

LES **5 POINTS** ESSENTIELS DU DOSSIER

- Reine de France à 18 ans, la jeune princesse étrangère déclenche les passions dès ses premières années à la cour.
- Ses ennemis multiplient pamphlets et caricatures. L'intimité du couple est l'objet de toutes les supputations et obscénités.
- Marie-Antoinette tente de populariser une image positive d'elle-même, notamment dans ses commandes passées auprès d'Élisabeth Vigée Le Brun, sa portraitiste.
- Son indépendance d'esprit, ses opinions politiques traditionnelles puis sa figure de reine déchue et de mère digne laissent entrevoir une personnalité insaisissable.
- Ces dernières décennies ont vu un retour de la « Marie-Antoinette-mania », tant en France qu'à l'étranger.

L'auteur vous conseille

- **Évelyne Lever, *Marie-Antoinette* (Fayard, 1991)**
La biographie de référence, qu'on peut lire en toute confiance puisque sa rigueur et son exhaustivité offrent la meilleure garantie de ne rien rater de la vie de la reine.

- **Stefan Zweig, *Marie-Antoinette* (Grasset, 2002)**
L'écrivain autrichien s'est passionné pour des figures historiques en proposant des portraits souvent très justes de Joseph Fouché, Honoré de Balzac, Marie Stuart, Magellan… Son *Marie-Antoinette*, publié en allemand en 1932 et sous-titré *Portrait d'un caractère moyen*, introduit l'étude psychologique la plus fine et la plus révélatrice du personnage. C'est lui qui « réinvente » une reine moderne.

Prolonger le dossier avec…

… DES FILMS

- Deux réussites, dans un genre qui a donné beaucoup de navets : *Lady Oscar* de Jacques Demy (1978), qui adapte le manga star de Riyoko Ikeda *La Rose de Versailles* ; et *Les Adieux à la reine* de Benoît Jacquot (2012), tiré du beau roman éponyme de Chantal Thomas paru en 2002, avec une excitante confrontation de trois actrices : Léa Seydoux (la lectrice de la reine), Diane Kruger (Marie-Antoinette, dont l'identification est totale) et Virginie Ledoyen (la sulfureuse Polignac, vêtue d'une robe verte du plus bel effet).

… DES DOCUMENTAIRES

- *Marie-Antoinette, les derniers secrets d'une reine* de Daniel Ablin (2020) : on a retrouvé, grâce aux techniques numériques ultra-modernes, l'authenticité des lettres tendres échangées entre la reine de France et son principal ami-amant, qui avaient été censurées et raturées après la mort de Marie-Antoinette.
- *Le Versailles secret de Marie-Antoinette* de Sylvie Faiveley et Mark Daniels (2018) : sur Trianon, le hameau de Versailles où Marie-Antoinette aimait tant se réfugier, retrouvant ses enfants, ses moutons, sa bergerie, son lait chaud et ses lectures de Rousseau.

L'anecdote

Pendant la Révolution, Marie-Antoinette s'attache les services d'une espionne, Catherine Hyams, qui pour elle sonde l'opinion publique, la renseigne sur les actions des adversaires et transmet de multiples messages vers l'extérieur du palais des Tuileries, où la reine craint d'être enfermée. Hyams multiplie les missions au service de sa majesté à Paris et à l'étranger, où elle est en contact avec la nombreuse famille de Marie-Antoinette, faite de têtes couronnées à travers toute l'Europe.

pour retenir

Divertissements royaux

UNE HISTOIRE DE BRIOCHE 2

« S'ils n'ont plus de pain, qu'ils mangent de la brioche ! » Cette trop fameuse phrase attribuée à Marie-Antoinette est controversée, avec raison. Elle est citée par un philosophe et écrivain dans un extrait écrit en 1770 – Marie-Antoinette est alors âgée de 15 ans : « Je me rappelai le pis-aller d'une grande princesse à qui l'on disait que les paysans n'avaient pas de pain, et qui répondit : qu'ils mangent de la brioche. J'achetai de la brioche. » Qui est-il ?

FAMILLE NOMBREUSE 7

Il n'est pas toujours facile de situer les membres d'une même famille royale les uns par rapport aux autres. La tâche est rendue plus difficile encore par les alliances matrimoniales passées entre les cours d'Europe sous l'Ancien Régime.
Saurez-vous retrouver dans cette liste…

A. La mère de Marie-Antoinette
B. Le grand-père maternel de Marie-Antoinette
C. La sœur de Marie-Antoinette
D. Le fils de Marie-Antoinette
E. Le père de Marie-Antoinette
F. La fille de Marie-Antoinette
G. La belle-sœur de Marie-Antoinette

1. Louis-Charles de France
2. François Ier d'Autriche
3. Marie-Caroline d'Autriche
4. Élisabeth de France
5. Marie-Thérèse de France
6. Marie-Thérèse d'Autriche
7. Charles VI

DE MAIN EN MAIN 2

Lors de la fuite de la famille royale à Varennes, en juin 1791, Louis XVI m'offre en remerciement à un certain Suédois, organisateur du plan. Celui-ci, après la mort des souverains, me confie au duc de Brunswick pour me léguer au petit Louis XVII, emprisonné au Temple. Le chef prussien échoue dans sa mission. Des années plus tard, un nommé Charles-Guillaume Naundorff affirme qu'il est l'enfant du Temple. Les héritiers Brunswick me remettent alors solennellement entre ses mains. Naundorff meurt en 1845, mais sa femme et ses enfants intentent un procès en reconnaissance, mené par l'avocat Jules Favre. Ses clients m'offrent à ce dernier. Je joue un rôle lors de la signature de l'armistice en 1871 comme en 1919. On perd ensuite ma trace… Certains disent que je me trouve aujourd'hui au ministère des Affaires étrangères ! Qui suis-je ?

Nombre de points

/12

QUAND BEAUMARCHAIS JOUAIT DOUBLE JEU 1

Homme fascinant, Beaumarchais est surtout célèbre pour ses critiques de la société d'Ancien Régime, ses pièces de théâtre, son fameux personnage de Figaro… Mais quel pourrait être le détail caché de sa vie ?

○ Il a été l'amant de sa belle-sœur
○ Il a été agent secret
○ Il a eu cinq enfants naturels
○ Il avait des comptes bancaires en Suisse

Une histoire de brioche : il s'agit de Jean-Jacques Rousseau, dans le livre VI des *Confessions*. Il ne nomme pas la princesse qui aurait prononcé ces mots.
Famille nombreuse : A-6, B-7, C-3, D-1, E-2, F-5, G-4.
De main en main : je suis une bague ! On me désigne sous le nom de « bague de Fersen ». Jules Favre en 1871 et Georges Clemenceau en 1919 m'ont employée comme sceau lors des signatures de paix.
Quand Beaumarchais jouait double jeu : Beaumarchais, pour racheter sa disgrâce causée par des affaires d'argent, entre en 1774 au Secret du roi, les services secrets personnels de Louis XV. Il est chargé de négocier la suppression d'un écrit diffamant sur Madame du Barry. Il sera brièvement employé par Louis XVI.

Sa langue au chat

Connaissez-vous l'origine et les usages de certains mots ou thèmes utilisés dans la revue ? Voici la réponse.

PAR **ISABELLE MIMOUNI**, PROFESSEURE DE LETTRES EN CLASSES PRÉPAS

Contemplation

La beauté appelle la contemplation. Elle exige qu'on s'arrête pour la regarder attentivement afin de la garder en mémoire. Ainsi, la beauté s'impose pour ce qu'il y a de plus sacré, qu'il faut préserver, détacher de tout le reste, l'éphémère et l'anecdotique. Et tout cela est dans le verbe « contempler » ! Car le radical de ce mot est « temple », emprunt au latin *templum*, qui lui-même provient du grec *temno* (« découper ») : l'augure en quête de présages découpe dans le ciel un espace sacré dont le temple n'est que la projection sur terre. Ainsi la contemplation est-elle une activité de mystique ou de poète… Et ce mot qu'on emploie généralement au singulier nous bouleverse au pluriel : *Les Contemplations*, dit Victor Hugo, élargissant *de facto* notre perception du sacré. ●

Exquis

Les surréalistes ont le goût de l'insolite et des cadavres exquis… Voilà une surprenante alliance de mots ! Est exquis ce qui est recherché, raffiné et par là délicieux : un parfum est exquis, un mets savoureux est exquis. Mais encore ? *Exquirere*, en latin classique, c'est rechercher avec soin, enquêter. Changez le préfixe et vous comprenez ce qu'est l'Inquisition : une manière de mener l'enquête en se donnant tous les moyens pour parvenir à son but… Ainsi « exquis » pouvait-il être employé, jusqu'au XIXe siècle, pour parler des tourments et des supplices les plus raffinés qu'il soit. Encore aujourd'hui, les médecins recherchent le « point de douleur exquise » pour localiser la source du mal.

Les poètes aiment jouer sur le double sens des mots. Paul Verlaine célèbre ainsi « l'exquise fièvre » de l'amour (Cythère) et « l'heure exquise de la nuit » : « L'étang reflète, / Profond miroir, / La silhouette / Du saule noir / Où le vent pleure…
Rêvons, c'est l'heure.
Un vaste et tendre / Apaisement / Semble descendre / Du firmament / Que l'astre irise…
C'est l'heure exquise. »

Le mot hésite, vibre, balance d'un sens à l'autre. Verlaine est à sa manière un impressionniste. Les surréalistes, eux, joueurs, cherchent l'électrochoc lexical, l'oxymore qui fait mouche : le cadavre exquis. ●

Usine

Certains mots ont partie liée avec l'histoire. D'abord attesté dans les dialectes du Nord et de l'Est sous des formes diverses (*occhevine*, *œchine*, *euchine* ou encore *wisine*), le mot « usine » est une déformation du latin *officina* (« atelier, fabrique »), qui a donné « officine ». *Officina* est lui-même une altération de *opificina*, dérivé de *opifex* : celui qui fait une œuvre (*opus fecit*), à savoir l'ouvrier, l'artisan. Au Moyen Âge, selon la *Coutume des bourgeois de Cambrai*, l'usine est un bâtiment destiné à une activité artisanale exploitant la force hydraulique : brasserie, tannerie, moulin, pressoir, forge… Au XVIIIe siècle, le mot change d'usage. Perçu comme nouveau, il est redéfini et entre dans la langue courante au XIXe pour désigner un établissement industriel et les machines qui y sont implantées, sans restriction quant à la source d'énergie utilisée. Alors que la manufacture et la fabrique renvoient à une organisation du travail dépassée, l'usine devient un symbole de l'essor industriel. Associé à l'idée de production de masse, le terme prend une connotation péjorative : « L'école… une usine à produire des rêveurs contemplatifs ! » Aujourd'hui, on préfère l'expression « site de production », manière de mettre l'accent non sur l'usinage mais sur l'organisation d'une production qui s'adapte à la demande du client et gère, de manière plus ou moins flexible et détendue, un flux plus ou moins tendu. ●

L'EAU

Défis et batailles autour d'une ressource vitale

Arrosage agricole en Picardie. MICHEL BUREAU/BIOSPHOTO

Alimentation, santé, géopolitique : le futur inquiétant de l'accès à l'eau.

PAR **BÉNÉDICTE DE LA GUÉRIVIÈRE**, GÉOGRAPHE

France, août 2020. Au sein d'une actualité encore absorbée par les inquiétudes épidémiques, un sujet arrive à faire surface à la une des journaux : l'été est une nouvelle fois marqué par la canicule, la sécheresse… et le manque d'eau. « Cette année, le sol est sec comme de la pierre », déplore dans le quotidien *Le Monde* un producteur laitier du Loir-et-Cher qui peine à offrir à son troupeau de vaches des prairies dignes de ce nom. Au même moment, en Bourgogne-Franche-Comté, 40 % des cours d'eau surveillés sont à sec. Le 8 août, à travers tout le territoire, cent quarante-six arrêtés préfectoraux de restriction de l'usage de l'eau sont en vigueur : les agriculteurs doivent limiter leurs prélèvements ; quant aux particuliers, il n'est plus possible pour eux de remplir une piscine ou de laver une voiture, deux activités courantes qui se font le plus souvent… avec de l'eau potable. La facilité d'accès à cette ressource dans les pays développés nous fait en effet oublier le luxe d'une eau de qualité : nos toilettes engloutissent chaque jour trente litres d'eau potable, celle dont rêveraient de disposer les deux milliards d'habitants de la planète qui n'ont pas d'accès correct à l'eau. La question de l'eau douce, cette ressource vitale, se pose ainsi avec une extrême complexité, de nombreuses contradictions et de criantes inégalités.

La ressource en eau est absolument renouvelable, et renouvelée. On se souvient tous de nos leçons à l'école primaire sur le « cycle de l'eau » : des nuages à la pluie, de la pluie aux rivières et aux nappes souterraines, des rivières à la mer – et cela recommence. En d'autres termes : évaporation, condensation, précipitations, infiltration, ruissellement et retour à la mer, autant d'étapes qui font le cycle de l'eau. Ainsi, depuis près de quatre milliards d'années, le nombre de molécules d'eau (H_2O) sur la Terre n'a pas connu de variation.

Des réserves d'eau douce inégalement réparties

Mais alors que l'eau recouvre 72 % de la surface du globe, c'est l'eau salée qui est très largement majoritaire. L'eau douce, elle, ne représente que 2,8 % des ressources globales de la planète, cette petite part étant composée, pour les trois quarts, par les eaux des glaces et des neiges permanentes. Le reste est réparti entre les réserves d'eau superficielles (rivières et fleuves) et les nappes d'eau souterraines (aquifères). En tout et pour tout, ce ne sont que 0,7 % des réserves totales d'eau de la planète qui sont directement utilisables par l'être humain.

La géographie des ressources en eau a été façonnée par les cycles climatiques : les conditions naturelles et géographiques entraînent ainsi une très inégale répartition des réserves d'eau douce à l'échelle de la planète. Brésil, Russie, Indonésie, Chine, Canada, États-Unis, Colombie, Pérou et Inde disposent de près de 60 % des ressources naturelles d'eau douce du globe. Le manque est à l'inverse criant dans la péninsule arabique, au Proche-Orient, en Afrique du Nord, au Sahel et dans la zone désertique d'Afrique australe : on parle dans ces ensembles géographiques de « stress hydrique », notion utilisée par les experts pour désigner les secteurs où l'eau douce manque.

Quiz

1. Que désigne l'expression « stress hydrique » ?

- ○ L'inquiétude des gouvernements à propos de la gestion de l'eau
- ○ Une technique agricole d'assèchement
- ○ Une pénurie d'eau
- ○ L'angoisse provoquée par la multiplication des tâches à accomplir

2. Sur les 72 % d'eau qui recouvrent le globe, quelle est la proportion d'eau douce ?

- ○ 2,8 %
- ○ 9,6 %
- ○ 18,8 %
- ○ Elle se compte en gouttes

1. Le stress hydrique est une pénurie d'eau. On emploie cette expression pour désigner les périodes durant lesquelles la demande en eau dépasse la quantité effective. Mais si vous avez choisi la dernière réponse, c'est que vous connaissez l'épisode mythologique de l'Hydre de Lerne : bravo !
2. L'eau douce ne représente que 2,8 % de la quantité d'eau recouvrant la planète.

MÊME S'IL PLEUT
SUR MON VISAGE,
CROIRE AU SOLEIL
QUAND TOMBE L'EAU.
Louis Aragon

Dans cette géographie de la ressource, le réchauffement climatique ne modifie pas la quantité globale d'eau présente sur la planète, mais il bouleverse les équilibres en accentuant les inondations d'un côté, les pénuries et les sécheresses de l'autre. Pour reprendre les termes du dernier rapport des Nations unies, publié le 22 mars 2020 à l'occasion de la Journée mondiale de l'eau, « les changements climatiques vont affecter la disponibilité, la qualité et la quantité d'eau nécessaire aux besoins humains élémentaires ». Dans certaines régions du monde, l'alimentation en eau douce – et donc en eau potable – se fait quasi exclusivement par l'apport des glaciers voisins. C'est le cas de la ville de Huaraz, au Pérou : la fonte progressive de cette ressource à cause du changement climatique engendre localement une dramatique perspective de pénurie d'eau douce.

À l'échelle du globe, qui utilise l'eau douce ? L'irrigation des cultures représente aujourd'hui 70 % du total des prélèvements dans le monde.

Vue aérienne de surfaces agricoles irriguées (zones vertes), à Ohrigstad, en Afrique du Sud. WYNAND UYS/UNSPLASH

La demande a fortement progressé depuis les années 1960, liée au développement d'une agriculture plus intensive et plus irriguée. L'accès à l'eau pour l'irrigation est vital dans certaines zones arides ou semi-arides, seule possibilité de cultiver et de produire. L'Asie, où la croissance démographique a entraîné une intensification de la riziculture, représente à elle seule les deux tiers des terres irriguées de la planète. Avec des besoins qui vont continuer à croître du fait d'une population mondiale toujours plus nombreuse à nourrir, le défi majeur est donc celui d'une meilleure efficacité des systèmes d'irrigation (voir graphique page 48).

L'irrigation des cultures représente aujourd'hui 70 % du total des prélèvements dans le monde.

EAU DOUCE
Elle compte moins d'un gramme par litre de matières solides dissoutes (sels, métaux, etc.), tandis que l'eau de mer en contient trente. Renouvelée par le cycle de l'eau, elle est stockée sous forme liquide (1 % seulement en surface, 30 % en sous-sol) ou solide (69 % en glace et neige).

Loin derrière l'agriculture, la demande mondiale en eau est aussi liée aux prélèvements « municipaux », c'est-à-dire les réseaux d'adduction en eau potable, puis aux prélèvements industriels et à ceux nécessaires à la production énergétique. D'un pays à l'autre, les profils sont très contrastés et suivent le niveau de développement : la part des prélèvements destinés à la production d'énergie est en effet beaucoup plus importante dans les pays développés. En France, par exemple, plus de 50 % de l'eau douce prélevée annuellement est destinée au refroidissement des centrales nucléaires.

De 1980 à 2020, la quantité d'eau douce prélevée et utilisée a ainsi augmenté de 40 % – une hausse toutefois nettement inférieure à la croissance de la population mondiale, de 75 % sur la même période. D'ici 2050, la demande mondiale en eau devrait encore croître de 30 %. Les analystes (ONU, OCDE) estiment que cette augmentation sera liée à une hausse importante des demandes de l'industrie et des ménages ; la part de l'agriculture, quant à elle, sera moins importante, même si cette dernière restera encore la plus grande consommatrice d'eau douce à l'échelle mondiale.

Ce luxe qu'est l'eau potable

Choléra ou dysenterie, voilà deux des drames réservés à ceux qui n'ont pas un accès de qualité à l'eau. On estime ainsi que quatre mille enfants de moins de 5 ans meurent chaque jour de diarrhées. Alors que l'approvisionnement en eau potable est sûr pour 94 % des habitants d'Europe et d'Amérique du Nord, il ne l'est que pour 24 % des habitants d'Afrique subsaharienne. D'après les données annuelles publiées par les Nations unies en 2019, 844 millions de personnes n'ont pas accès à une source d'eau sécurisée à moins de trente minutes à pied aller-retour depuis chez elles. Au total, 2,2 milliards de personnes dans le monde ne disposent pas d'un accès à l'eau potable à leur domicile et 4,2 milliards sont privées de système d'assainissement sûr. La consommation d'eau potable est elle aussi très contrastée : un Français utilise en moyenne 148 litres d'eau potable chaque jour, quand un Nord-Américain en consomme 250 litres et un Malgache… 20 litres.

Des enfants se rafraîchissant dans un bassin alimenté par des tuyaux au village de Basti Lehar Walla, au Pakistan.
FLORIAN KOPP/BIOSPHOTO

AGRICULTURE INTENSIVE
Au sens moderne, ce système de production agricole, parfois aussi appelé agriculture productiviste, cherche à maximiser la production, notamment par l'utilisation accrue d'engrais chimiques, de produits phytosanitaires (pesticides) et de matériel. Par opposition, l'agriculture extensive se caractérise par des rendements faibles.

NAPPE PHRÉATIQUE
Du grec *phréar*, « puits », masse d'eau douce ou salée infiltrée dans les porosités du sol. Elle peut filtrer à travers un terrain perméable ou rester captive d'un sol imperméable. On y accède par forage ou par puits. Lorsque, à proximité de la mer, une nappe d'eau douce et une nappe d'eau salée se rejoignent, la première, ayant une densité moins importante, passe au-dessus de la seconde.

> 844 millions de personnes n'ont pas accès à une source d'eau à moins de trente minutes à pied aller-retour.

Quand on parle d'accès à l'eau potable, on distingue d'une part la ressource disponible, d'autre part toutes les infrastructures de gestion qui rendent l'eau consommable par les utilisateurs : captage, potabilisation et distribution. Afrique et Moyen-Orient, qui connaissent déjà un stress hydrique important (donc de faibles ressources en eau), subissent ainsi également des difficultés structurelles de gestion de l'eau, aussi bien en milieu rural qu'en milieu urbain. Au Sénégal en juin 2020, plusieurs banlieues de Dakar, comme le quartier populaire Yeumbeul, ont ainsi été privées d'eau potable une bonne partie de la journée : les robinets des appartements étaient à sec. À une ressource peu abondante s'ajoute en effet le problème d'infrastructures vieillissantes : parce que, dans l'agglomération de Dakar, 100 % de l'eau potable produite par l'exploitant du réseau est consommée, toute défaillance sur une installation engendre une pénurie immédiate. Pour tenter d'augmenter le volume d'eau produite, une usine de dessalement devrait d'ailleurs être construite d'ici 2024 à proximité de la capitale.

Niveau de stress hydrique physique*

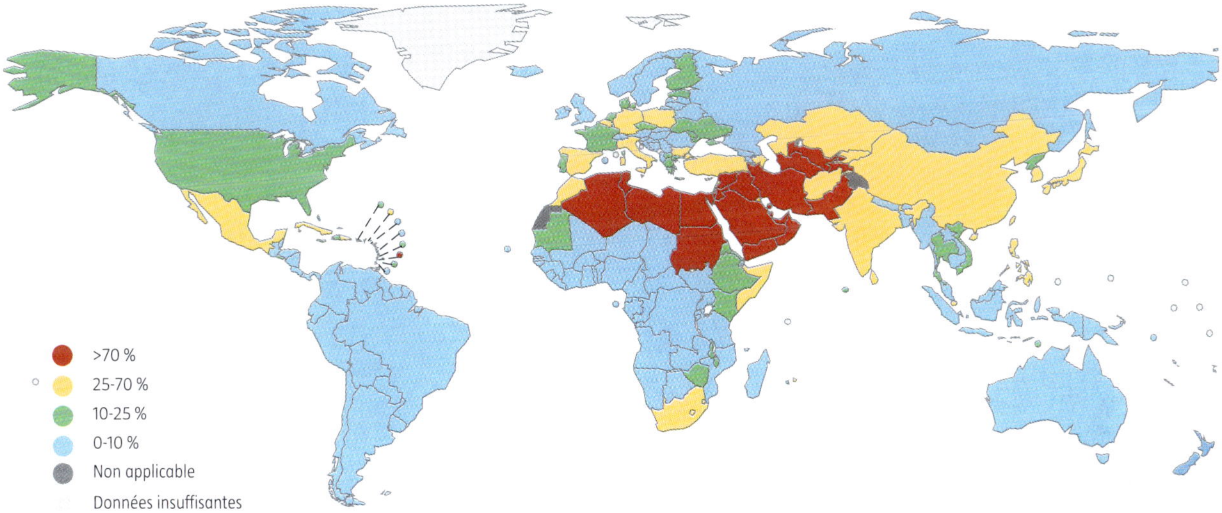

* Le stress hydrique physique désigne ici le rapport entre la quantité totale d'eau douce prélevée annuellement par tous les grands secteurs, y compris les besoins environnementaux en eau, et la quantité totale de ressources renouvelables en eau douce. Il est exprimé en pourcentage.

Source : ONU (2018a, p. 72, sur la base des données d'AQUASTAT). © 2018 Nations unies. Reproduit avec la permission des Nations unies.

Dans les régions voisines de la mer et manquant d'eau potable, le dessalement pourrait-il donc constituer une solution d'avenir ? Le dessalement de l'eau de mer, qui se fait par distillation thermique, par osmose inverse ou par électrodialyse, permet aujourd'hui de produire 1 % de l'eau potable consommée dans le monde. Cette technique apparue dans les années 1960 est utilisée dans les pays du Golfe, en Israël, aux États-Unis ou encore en Chine. Mais le principal obstacle à son déploiement à grande échelle est la très importante consommation d'énergie nécessaire à son fonctionnement. Malgré tout, la recherche et l'innovation tentent de se saisir de la possibilité d'un dessalement à moindre impact écologique. Depuis 2014, une PME française, Mascara Renewable Water, a ainsi breveté une technologie baptisée Osmosun, des mini-stations de dessalement fonctionnant à l'énergie solaire. Le concept, adapté au traitement de petits volumes, est développé surtout en milieu insulaire : Polynésie française et archipel des Mascareignes en bénéficient déjà.

PIPELINE
De l'anglais *pipe* et *line*, « tuyau-ligne », système de canalisations sous pression permettant le transport sur de longues distances de produits fluides.

Batailles locales pour l'accès à l'eau

Si, à l'échelle mondiale, les ressources en eau sont renouvelables, localement, un usage se fait toujours au détriment d'un autre, ce qui, même dans des contextes où l'eau ne manque *a priori* pas, peut faire surgir le spectre de la pénurie. En France, la région de Vittel, dans les Vosges, a ainsi été récemment le théâtre d'un exemple insolite de mise en concurrence d'usages : eau du robinet *versus* eau en bouteille. Entre Vittel et Contrexéville, la société Nestlé puise massivement dans les nappes phréatiques pour les besoins de ses deux marques d'eau minérale emblématiques, Vittel et Contrex. La ressource paraissait infinie, jusqu'à ce que surgisse la perspective d'un assèchement des nappes phréatiques, lesquelles permettent aussi l'approvisionnement en eau

Demande mondiale en eau par secteur

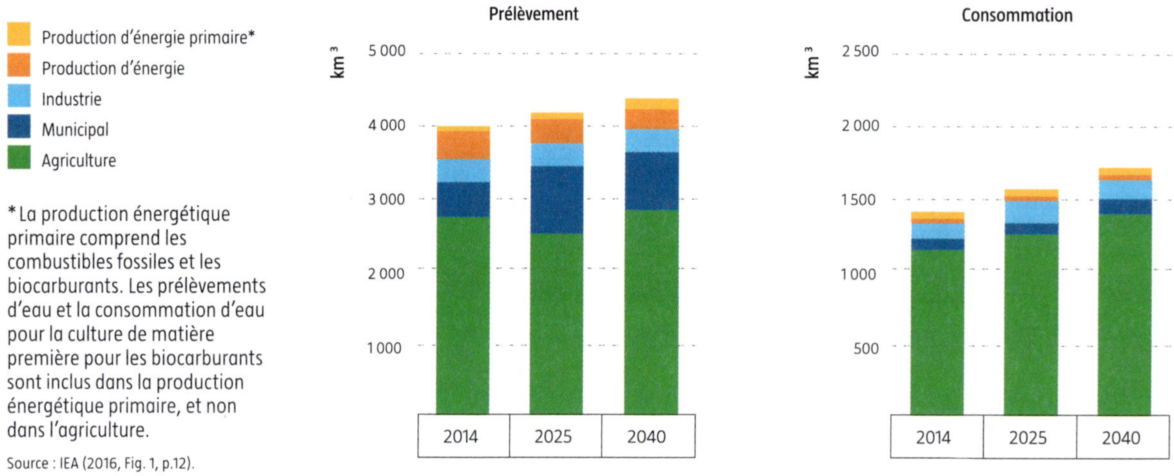

*La production énergétique primaire comprend les combustibles fossiles et les biocarburants. Les prélèvements d'eau et la consommation d'eau pour la culture de matière première pour les biocarburants sont inclus dans la production énergétique primaire, et non dans l'agriculture.

Source : IEA (2016, Fig. 1, p.12).

potable des riverains. Les autorités ont alors imaginé un pipeline qui apporterait l'eau potable à la population de Vittel depuis une autre source d'eau plus lointaine, permettant ainsi à Nestlé de continuer ses activités. Face à la levée de boucliers des populations et des associations locales, les services de l'État et l'Agence de l'eau (comité du bassin Rhin-Meuse) ont pris la décision, à l'automne 2019, d'abandonner cette idée de pipeline. Les volumes attribués à chaque usager ont été plus clairement répartis, en espérant que les nappes retrouvent un équilibre d'ici 2027. Rappelons d'ailleurs que, à l'échelle mondiale, 89 milliards de bouteilles d'eau en plastique sont vendues chaque année, la France étant le cinquième consommateur mondial d'eau en bouteille…

> La société Coca-Cola a prélevé 295 milliards de litres d'eau au cours de la seule année 2019.

Le même type de bataille et de concurrence se joue dans de nombreux pays, en particulier en Inde, pour la production de… Coca-Cola. Quand on sirote un Coca, on oublie presque qu'on boit de l'eau – et même que l'on boit beaucoup d'eau : selon la firme, il faut deux litres d'eau pour fabriquer un litre du précieux breuvage, mais selon certaines associations environnementales, il en faut presque six litres. Quoi qu'il en soit, et d'après les chiffres de son dernier rapport environnemental, la société Coca-Cola a prélevé 295 milliards de litres d'eau dans les eaux superficielles et les nappes phréatiques du monde en 2019.

TIGRE ET EUPHRATE
Fleuves du Moyen-Orient prenant tous deux leur source en Turquie. Ils se rejoignent au sud de Bagdad pour former le Chatt-el-Arab, estuaire de deux cents kilomètres qui se jette dans le golfe Persique. Historiquement, ils enserrent la Mésopotamie (en grec, le pays « entre les fleuves »), région située dans le Croissant fertile et constituée aujourd'hui en grande partie par l'Irak.

Certaines batailles se jouent à l'échelle locale, d'autres se déploient entre États riverains : l'usage de l'eau et son accaparement peuvent être un moyen de pression sur le pays voisin. Au Moyen-Orient, 60 % des ressources en eaux superficielles sont transfrontalières, ce qui rend leur partage souvent complexe. Des exemples connus : la mainmise d'Israël sur les réserves hydriques du Jourdain au détriment des Palestiniens, qui doivent solliciter des autorisations pour puiser l'eau douce ; ou encore, le projet pharaonique du barrage de la Renaissance par l'Éthiopie sur le Nil bleu, qui inquiète Égypte et Soudan, situés en aval.

Le cas de l'Irak est également emblématique. Le Tigre et l'Euphrate sont deux fleuves qui ont fait la richesse de la Mésopotamie mais qui sont aujourd'hui réduits au débit de ridicules rivières. En cause, l'ensemble des aménagements réalisés en amont. Alors que la totalité des bassins versants du Tigre et de l'Euphrate appartenait autrefois à l'Empire ottoman, ces fleuves sont devenus transfrontaliers au lendemain de la Première Guerre mondiale, partagés entre Turquie, Syrie et Irak. Ce pays, qui dispose *a priori* de ressources en eau importantes, a cette position désavantageuse de se situer à l'aval de vastes bassins versants partagés avec les États frontaliers : au nord-ouest, la Syrie et la Turquie contrôlent la partie amont du bassin versant de l'Euphrate ; au nord, la Turquie contrôle la section amont du bassin versant du Tigre. La deuxième ville d'Irak, Bassorah, ancienne « Venise du Moyen-Orient », est aujourd'hui une cité dévastée et aride. Entre tous les fléaux qui s'abattent sur cette zone géographique, le manque d'eau est devenu dramatique, au point d'avoir provoqué des « émeutes de la soif » en 2018 : le remplissage brutal d'un barrage en Turquie avait alors entraîné une sécheresse soudaine. La réalisation complète du projet turc dit « GAP » (Great Anatolian Project), qui planifie depuis la fin des années 1980 la construction de vingt-deux barrages – qui ne devrait aboutir qu'en 2029, au lieu de 2005 –, signera probablement l'arrêt de mort du Tigre. Les indicateurs mondiaux sur l'indice de stress hydrique montrent ainsi que l'Irak sera une terre sans fleuve en 2040…

Quelles perspectives pour demain ?

ONU, OCDE, Banque mondiale, GIEC : les analyses et les prévisions sont nombreuses, réactualisées chaque année, évolutives depuis que semble s'accélérer le réchauffement climatique… et pessimistes. Selon le GIEC (Groupe d'experts intergouvernemental sur l'évolution du climat), à chaque degré de réchauffement supplémentaire, 7 % de la population mondiale perd au moins 20 % de ses ressources en eau. Dans son *Rapport sur l'eau à l'horizon 2050*, l'OCDE (Organisation de coopération et de développement économiques) estime que plus de 40 % de la population mondiale vivra en 2050 dans un contexte de stress hydrique élevé. En milieu aride et semi-aride, les conséquences cumulées d'une surexploitation des nappes phréatiques et du réchauffement climatique se font déjà sentir : la mer Morte, alimentée par le Jourdain, est en passe de disparaître, le lac Tchad a perdu 90 % de sa superficie en soixante ans. Dans les pays du Maghreb, le nord-ouest de l'Algérie a connu une réduction de l'ordre de 40 % des précipitations annuelles en quarante ans. Au Maroc, autour de l'agglomération d'Essaouira, la température moyenne a augmenté de 2 °C depuis les années 1970 et les précipitations ont baissé de 20 %. En conséquence, et en plus d'une pénurie, la qualité des eaux superficielles et souterraines se dégrade. Alors, ici comme ailleurs, et face à l'accélération des changements climatiques, il n'y a pas d'autre solution possible que celle d'une gestion drastiquement économe de l'eau. ●

Vue de satellite de la mer d'Aral (partagée entre le Kazakhstan et l'Ouzbékistan), en 1989 à gauche et en 2014 à droite. NASA

« Le modèle méditerranéen de culture non irriguée est en train de changer »

Entretien avec
Julien Lecollinet

Directeur de projet et expert en irrigation internationale à la Société du canal de Provence et d'aménagement de la région provençale (SCP)

PROPOS RECUEILLIS PAR
BÉNÉDICTE DE LA GUÉRIVIÈRE

Le proverbe dit que « l'eau est d'or » en Provence. Comment cette rareté de l'eau est-elle appréhendée ?

La Provence est une région sèche avec un château d'eau – les Alpes – et deux grandes rivières alpines, la Durance et le Verdon. Ces rivières, qui coulent dans un sens est-ouest avant de se jeter dans le Rhône, sont éloignées des secteurs à fort besoin que sont les agglomérations d'Aix et de Marseille et le littoral. Dès l'Antiquité, plusieurs aménagements ont été réalisés : les aqueducs romains comme celui du Bayon à Aix-en-Provence, le canal de Craponne au XVIe siècle, qui dérive les eaux de la Durance pour les amener jusqu'à Arles, ou le canal de Marseille au XIXe siècle. Après la Seconde Guerre mondiale, de grands aménagements hydroélectriques ont été réalisés sur la Durance et le Verdon, avec en particulier la mise en eau du lac de Serre-Ponçon et du lac de Sainte-Croix. Après-guerre, la décision a été prise d'un transfert des eaux du Verdon vers les métropoles et le littoral. Ainsi est née en 1957 la Société du canal de Provence, chargée de la réalisation puis de l'exploitation du canal de dérivation.

Qui bénéfice aujourd'hui de cette eau dérivée du Verdon ?

La vision des aménageurs du canal de Provence permet aujourd'hui à la Provence de ne pas manquer d'eau, même si tous les territoires ne sont pas équipés de la même manière. Le canal permet une desserte « multi-usages », c'est-à-dire qu'il apporte de l'eau aux collectivités, pour les besoins en eau potable et en eau brute, aux industriels, en particulier ceux du pourtour de l'étang de Berre, et aux agriculteurs pour l'irrigation. Environ 220 millions de mètres cubes sont distribués chaque année (principalement par gravité) au moyen de 70 kilomètres de canaux à ciel ouvert et de 146 kilomètres de galeries. Cette ressource permet d'irriguer plus de 80 000 hectares et de desservir 2 millions d'usagers en eau potable, soit 40 % de la population de la région Sud.

La SCP n'utilise annuellement que le tiers de ses droits d'eau, qui s'élèvent au total à 660 millions de mètres cubes. Les aménagements et leur gestion ont été conçus avec cette philosophie provençale d'appréhender l'eau comme une ressource précieuse et le système d'approvisionnement exploité par la SCP est particulièrement efficient. Presque toute l'eau injectée est consommée et les volumes sont commandés par la demande à l'aval : c'est ce qu'on appelle un système de régulation dynamique. D'importantes économies d'eau sont également réalisées grâce à des innovations technologiques proposées aux agriculteurs (sondes, capteurs, objets connectés). On est très loin de l'irrigation par submersion – on inondait les sols ! – d'il y a cinquante ans.

Comment l'impact du changement climatique se manifeste-t-il sur les besoins en eau ?

L'agriculture méditerranéenne, en particulier la viticulture, est traditionnellement non irriguée. Mais ce modèle est en train de changer. Depuis une quinzaine d'années, les viticulteurs ont besoin d'eau pour la production des vins de Provence afin de maîtriser la production de sucre et le taux d'alcool des vins (idéalement 13°). Cette demande de la viticulture s'étend à l'agriculture provençale en général. Pour répondre aux besoins des territoires, la Société du canal de Provence s'est engagée dans un plan d'aménagement et d'investissement de 620 millions d'euros sur vingt ans (2018-2038), dont 70 % sont consacrés aux aménagements hydroagricoles. Le Var sera le plus grand bénéficiaire du programme, avec 20 000 hectares équipés, profitant notamment à la viticulture. Sur le plateau de Valensole (Alpes-de-Haute-Provence), où la production de lavandin souffre aussi du manque d'eau, les superficies équipées tripleront, passant de 3 200 hectares à 9 000 hectares.

Comment ce savoir-faire de la SCP est-il exporté à l'international ?

La SCP intervient en Asie, en Afrique, en Europe centrale, au Maghreb et au Moyen-Orient dans le cadre d'actions de coopération. Cette assistance technique se déploie dans tous les domaines de la gestion de l'eau, qu'il s'agisse d'optimisation de la ressource, de régulation dynamique, de réalisation d'infrastructures ou encore de gouvernance. Le souci d'une durabilité dans l'exploitation et la maintenance du système est au cœur de la conception des programmes. En effet, beaucoup de projets d'irrigation à travers le monde ignorent le volet de la gestion : on construit un système d'irrigation, puis on le néglige… et on le reconstruit. Par exemple, au Cambodge, nous avons formé les agriculteurs à une prise en charge collective de l'irrigation qui puisse garantir sa pérennité, par la mise en place d'associations de gestion et d'entretien des canaux et par une prévision des coûts annuels.

Quels sont les grands défis de l'agriculture irriguée à travers le monde ?

Toutes les zones géographiques sont confrontées au changement climatique. Avec des sécheresses récurrentes et sans irrigation fiable, un agriculteur du plateau de Valensole aura la même difficulté à maintenir la viabilité de son activité qu'un agriculteur du Ghana. Sans eau, chacun pliera bagage. En zone aride, comme au Ghana, les jeunes partiront travailler dans les mines de diamant voisines et la sécurité alimentaire locale sera menacée. Un autre défi se pose à l'échelle mondiale, celui de répondre aux besoins alimentaires d'une population croissante. Alors que l'augmentation des superficies cultivables peut s'avérer complexe, on peut aussi choisir d'augmenter les rendements de l'agriculture existante grâce à l'irrigation. Dans nos actions de coopération internationale, le savoir-faire en termes d'efficience (transport, télégestion, régulation dynamique) est alors crucial.

Parmi toutes les actions de coopération internationale menées, quelle est votre expérience la plus marquante ?

Je suis intervenu de 2003 à 2014 en Irak, où les ressources en eau doivent être gérées minutieusement dans un contexte de pénurie provoquée par les barrages construits en amont sur le Tigre et l'Euphrate. Un paradoxe puisque c'est là-bas, en Mésopotamie, que l'irrigation liée à la maîtrise des crues a été inventée il y a huit mille ans : certains vestiges archéologiques en sont le témoin. Un des programmes de coopération a permis la réhabilitation des marais de l'extrémité sud de la Mésopotamie, dans la région du Chatt-el-Arab. Ce secteur, parce qu'il est le plus en aval, souffre le plus du manque d'eau. Un plan de gestion de la ressource en eau, conjugué à l'aménagement d'un réseau d'irrigation et de drainage, a permis de faire plus alors que l'on avait moins. Dans un tel contexte, cela a été une grande satisfaction d'apporter aux agriculteurs une solution d'accès à l'eau dans ces lieux où certains archéologues situent le récit de la Genèse et le mythe du jardin d'Éden ! ●

pour retenir

LES **5 POINTS** ESSENTIELS DU DOSSIER

- La quantité d'eau présente sur Terre n'a pas varié depuis 4 milliards d'années. Seules 0,7 % des réserves totales sont directement utilisables par l'être humain.
- Le réchauffement climatique bouleverse les équilibres en accentuant les inondations d'un côté, les pénuries et les sécheresses de l'autre.
- L'irrigation des cultures représente aujourd'hui 70 % des prélèvements d'eau douce à l'échelle du monde.
- 2,2 milliards de personnes ne disposent pas d'un accès à l'eau potable à leur domicile et 4,2 milliards sont privées d'un système d'assainissement sûr.
- L'eau est source de tensions. Au Moyen-Orient, 60 % des eaux superficielles sont transfrontalières et sont disputées entre pays voisins.

L'autrice vous conseille

- **Pierre Rabhi et Juliette Duquesne, *L'Eau que nous sommes. Un élément vital en péril* (Presses du Châtelet, 2018)**
  Ces interviews de spécialistes menées par la journaliste Juliette Duquesne apportent des éclairages sur la pollution des océans et des cours d'eau, le réchauffement climatique, l'accès à l'eau potable, et des pistes pour une gestion écologique et équitable de cette ressource.

- **Gaston Bachelard, *L'Eau et les Rêves. Essai sur l'imagination de la matière* (Le Livre de poche, 1993)**
  Fermer les yeux et rêver… Se souvenir que nous sommes faits d'eau. Une méditation philosophique et poétique sur l'eau à découvrir ou à relire.

L'anecdote

En 1928, Achille Knapen, un ingénieur belge, a l'idée d'un ouvrage qui permettrait de recueillir la rosée en milieu aride. Son « puits aérien » ressemble à une ruche géante en pierre calcaire, percée d'alvéoles. Un long siphon métallique et trois mille plaques d'ardoise doivent permettre la condensation, favorisée par la différence entre les températures diurnes et nocturnes en climat méditerranéen. Mais l'inertie thermique de l'ouvrage est trop importante et l'expérimentation est un échec. Un témoin de cette aventure reste visible dans le Var, à Trans-en-Provence, où, au milieu d'un champ d'oliviers, avait été construit le prototype expérimental de Knapen !

Prolonger le dossier avec…

… UNE VISITE

- Le Pavillon de l'eau, à Paris, a été aménagé par la régie municipale Eau de Paris dans une ancienne halle de relevage des eaux de la Seine. On y découvre le schéma d'alimentation en eau de la capitale et l'histoire du patrimoine lié à l'alimentation en eau potable de la ville, des aqueducs romains aux grands travaux du XIXe siècle en passant par l'extraordinaire réservoir de Montsouris.

… UNE ASTUCE

- Faire attention à l'eau au quotidien, car il n'y a pas de petites économies. On peut par exemple décider d'arroser ses plantes vertes avec une eau réutilisée : cette eau froide qui coule inutilement en attendant l'eau chaude, ou l'eau de rinçage de ses fruits et légumes, etc.

pour retenir

Allô la Terre

POTABLE OU PAS ? 7

Retrouvez dans le texte qui suit les sept mots-indices qui vous permettront de reconstituer sept expressions où l'eau est à l'honneur pour dépeindre une situation de façon imagée. Attention, certains mots se reconnaissent à leur prononciation seulement.

Elle vint prendre le vase en verre et l'installa près de la lampe bleue. Dehors, un épais brouillard se levait et la lumière du bec de gaz perçait à peine. Elle ouvrit la fenêtre et ses yeux tentèrent de distinguer, dans l'obscurité, le contour des ponts de l'île Saint-Louis.

L'EAU À LA BOUCHE 7

De quelles montagnes sont originaires les eaux minérales ou eaux de source de ces marques françaises que l'on retrouve en bouteille ?

Vittel ○	○ Pyrénées
Volvic ○	○ Vosges
Évian ○	○ Auvergne
Ogeu ○	○ Alpes
Contrex ○	
Montclar ○	
Montcalm ○	

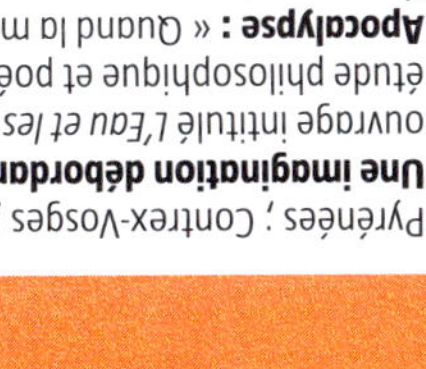

UNE IMAGINATION DÉBORDANTE 2

« C'est près de l'eau que j'ai le mieux compris que la rêverie est un univers en émanation, un souffle odorant qui sort des choses par l'intermédiaire d'un rêveur. […] La plus belle des demeures serait pour moi au creux d'un vallon, au bord d'une eau vive, dans l'ombre courte des saules. »

Nombre de points

/17

Un célèbre philosophe français, né en 1884 et mort en 1962, publie en 1942 un livre sur l'eau et ses mystères, sous-titré *Essai sur l'imagination de la matière*. Il s'intéresse notamment aux rapports entre littérature et science, entre imaginaire et rationalité.

De qui s'agit-il ?

APOCALYPSE 1

Au XVIe siècle, un grammairien français nommé Gabriel Meurier travaille à rassembler un certain nombre de proverbes. Dans son* Recueil de sentences notables *(1568), on en trouve un qui dit :

« Quand la mer sera sans eau…

○ … la colombe volera jusqu'au soleil »
○ … le loup se mariera avec l'agneau »
○ … les poissons auront des ailes »
○ … les poules auront des dents »

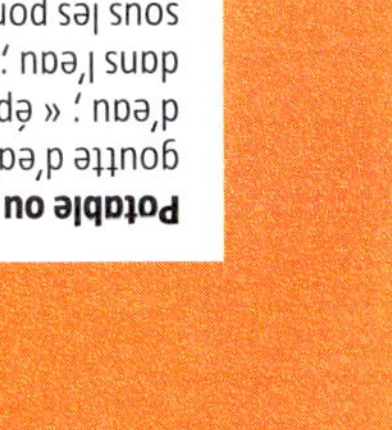

Potable ou pas : « vint » : mettre de l'eau dans son vin ; « vase » : c'est la goutte d'eau qui fait déborder le vase ; « verre » : se noyer dans un verre d'eau ; « épais » : un coup d'épée dans l'eau ; « bec » : se retrouver le bec dans l'eau ; « gaz » : il y a de l'eau dans le gaz ; « ponts » : de l'eau a coulé sous les ponts.

L'eau à la bouche : Vittel-Vosges ; Volvic-Auvergne ; Évian-Alpes ; Ogeu-Pyrénées ; Contrex-Vosges ; Montclar-Alpes ; Montcalm-Pyrénées.

Une imagination débordante : c'est Gaston Bachelard, qui, dans son ouvrage intitulé *L'Eau et les Rêves*, offre une libre méditation et réunit étude philosophique et poétique.

Apocalypse : « Quand la mer sera sans eau, le loup se mariera avec l'agneau » !

Petits calculs contre grande manipulation

Comment, avec des connaissances familières et un raisonnement simple, peut-on réussir des calculs qui semblent *a priori* hors de portée ?

PAR **GAËL GUILLAUMÉ**, PROFESSEUR DE MATHÉMATIQUES

La crise du Covid-19 fournit de nombreux exemples de querelles chiffrées auxquelles se livrent différents experts. Plus largement, dans notre société démocratique, les responsables (politiques, économiques…) fondent régulièrement leurs argumentations sur des évaluations chiffrées (coût d'une mesure économique, nombre de personnes dans une manifestation…) pouvant laisser perplexe le citoyen, faute de pouvoir vérifier ce type de donnée : parce qu'elle est chiffrée, celle-ci semble faire autorité. Cependant, certaines quantités paraissant insaisissables peuvent être approximées simplement en s'appuyant sur nos expériences.

À un cheveu près

Prenons un premier exemple simple : seriez-vous capable d'estimer le nombre de salons de coiffure en Île-de-France ? Impossible ? Pas si sûr… Essayons ensemble ! Ma vie quotidienne me fournit quelques éléments sur lesquels fonder mon raisonnement.

D'une part, j'estime qu'un coiffeur passe en moyenne 45 minutes par client (parfois moins, parfois plus pour des soins techniques) et qu'un salon est composé en moyenne de trois professionnels coiffant environ 7 heures par jour. Ainsi, je peux évaluer qu'un salon accueille un peu plus de 20 clients quotidiennement, soit un peu plus d'une centaine par semaine, et environ 500 par mois.

D'autre part, je sais que l'Île-de-France regroupe une grande partie de la population française : disons 10 millions. Je constate que, parmi mes proches, certains vont chez le coiffeur toutes les 3 semaines, d'autres tous les 4 mois, certains pas du tout… Je peux en déduire qu'une personne se rendrait chez le coiffeur tous les 2 mois en moyenne. Il y aurait donc environ 10 millions de clients tous les deux mois, soit environ 5 millions par mois.

Ainsi, en divisant 5 millions par 500, j'obtiens approximativement 10 000 salons de coiffure en Île-de-France. Cette quantité n'est pas si loin du nombre de salons déclarés sur le site des Pages jaunes : 8 252 !

Un nombre réaliste ou pas ?

Le prix Nobel de physique 1938 Enrico Fermi accordait une importance particulière à présenter à ses étudiants des problèmes de ce type – on parle aujourd'hui de « problèmes à la Fermi » : il tenait à ce que ces derniers soient capables de développer une stratégie pour déterminer un ordre de grandeur d'une quantité paraissant hors de portée, à l'aide de leurs connaissances pragmatiques, familières, de raisonnements mathématiques et de calculs simples voire simplifiés. Nous pourrions multiplier les exemples, plus ou moins ludiques (se demander, tel Archimède dans *L'Arénaire*, le nombre de grains de sable sur une plage), plus ou moins économiques (quel aurait été le coût de la mesure proposée en 2019 par M. Leclerc de supprimer la TVA sur le bio ?). Cependant, le citoyen éclairé sera intéressé par la possibilité d'objectiver certaines quantités prêtant à débat. Prenons un exemple : lors de la rentrée scolaire en septembre 2020, plusieurs voix se sont élevées pour que l'Éducation nationale fournisse gratuitement à chaque élève des masques chirurgicaux afin d'assurer la meilleure protection possible aux personnes fréquentant les collèges et les lycées. Quel aurait été le coût de cette mesure ?

Certains paramètres sont faciles à estimer. Actuellement, je trouve en grande surface des boîtes de 10 masques à 1 euro, soit 0,10 euro le masque. Un

élève a besoin d'un masque par demi-journée de cours, à raison de 9 demi-journées par semaine, soit un coût d'environ 1 euro par élève et par semaine. Pour une année scolaire d'environ 36 semaines, cela représente environ 36 euros par élève, ce que nous arrondirons à 40 euros – ce qui peut permettre d'inclure les frais d'approvisionnement – pour simplifier les calculs. Reste à estimer le nombre d'élèves concernés au collège et au lycée. De par mon expérience, je sais que les élèves de ces niveaux ont entre 11 et 18 ans. Nous sommes environ 60 millions de Français, ce qui représente en moyenne moins de 1 million de personnes par tranche d'âge d'une année (ce n'est bien sûr pas tout à fait exact du point de vue démographique : c'est une simple estimation) – soit donc moins de 8 millions d'élèves en collège et lycée, disons 8 millions de personnes au total, pour arrondir et inclure les personnels de l'Éducation nationale. Le coût d'une telle mesure peut donc être évalué à environ 320 millions d'euros pour une année scolaire entière.

> Le plaisir de mettre en pratique les mathématiques chaque jour est inestimable !

Cependant, une question résiduelle se pose. Cette mesure aurait permis de gagner en efficacité quant à la lutte contre l'épidémie de Covid-19 dans les établissements scolaires (masques vierges toutes les demi-journées, capacité de filtration supérieure, etc.) et aurait donc probablement permis de diminuer le nombre de cas positifs. Cela aurait certainement entraîné un moindre coût pour les familles mais aussi pour l'État (diminution des arrêts maladie, moins de personnes en réanimation). Peut-on alors estimer les coûts médicaux ainsi économisés ? C'est là un point d'achoppement des estimations à la Fermi. Pour évaluer une telle quantité, il faudrait être capable d'estimer le coût d'une hospitalisation, le nombre de personnes non infectées du fait de l'efficacité de cette mesure… Or, pour cela, des connaissances expertes et des modèles mathématiques élaborés restent indispensables, ces derniers ne faisant pas partie de notre quotidien. Quant au plaisir de mettre en pratique les mathématiques chaque jour… il est inestimable ! ●

normes de l'ordre établi et de créer un art de liberté absolue et d'immédiateté.

C'est au Cabaret Voltaire, dans la vieille ville de Zurich, que tout commence en février 1916. La Suisse est neutre dans le conflit mondial et de nombreux artistes européens y trouvent refuge depuis 1915, au premier rang desquels les poètes Hugo Ball et Tristan Tzara, et les artistes Jean Arp, Sophie Taeuber et Hans Richter. Ils inventent de nouvelles formes de langage, créent des collages et des reliefs abstraits, organisent des soirées scandaleuses, publient des revues. Simultanément, un groupe d'esprit dadaïste naît à New York autour d'artistes français ayant fui la guerre – Marcel Duchamp, Francis Picabia, Jean Crotti – et américains, dont Man Ray. Dada connaît une diffusion internationale et gagne Paris, où Picabia retrouve Tzara. Le dadaïsme parisien séduit les écrivains André Breton, Philippe Soupault et Louis Aragon, qui rejoignent Duchamp, Picabia et Man Ray. Mais, très vite, ce petit monde se lasse de Dada. L'enthousiasme mutuel crève comme une bulle, les exaspérations se font violentes. Et le 6 juillet 1923, la soirée dite du Cœur à Barbe, organisée par Tzara au théâtre Michel, tourne à l'aigre ; dans le chahut, Breton casse d'un coup de canne le bras de l'écrivain Pierre de Massot. La rupture est définitive entre dadaïstes et surréalistes.

Dada est mort, vive le surréalisme ! Le mouvement prend son envol, non sans s'approprier un certain nombre d'événements et de chevaux de bataille dada : l'absurdité du monde révélée par l'horreur de la guerre, l'irrationalité des êtres humains, la nécessité d'un esprit de révolte et le refus de toutes les constructions logiques de l'esprit.

Une dictée de la pensée

En 1924, André Breton, personnalité dominante du groupe, publie son *Manifeste du surréalisme*, dans lequel il donne la définition du mouvement : « Automatisme psychique pur par lequel on se propose d'exprimer, soit verbalement, soit par écrit, soit de toute autre manière, le fonctionnement réel de la pensée. Dictée de la pensée, en l'absence de tout contrôle exercé par la raison, en dehors de toute préoccupation esthétique ou morale. Le surréalisme repose sur la croyance à la réalité supérieure de certaines formes d'associations négligées jusqu'à lui, à la toute-puissance du rêve, au jeu désintéressé de la pensée. » La même année sont créés le Bureau de recherches surréalistes et la revue *La Révolution surréaliste*. En 1930 sera publié un second *Manifeste du surréalisme* où Breton écrit : « Tout porte à croire qu'il existe un certain point de l'esprit d'où la vie et la mort, le réel et l'imaginaire, le passé et le futur, le communicable et l'incommunicable, le haut et le bas cessent d'être perçus contradictoirement. » Vous avez dit surréaliste ?

Ce mot a été choisi en hommage à Guillaume Apollinaire. Il l'a créé en sous-titrant sa pièce *Les Mamelles de Tirésias* « drame surréaliste », puis l'a repris en rédigeant le programme de la première du ballet *Parade*, créé au théâtre du Châtelet le

Quiz

1. Qui a créé le mot « surréalisme » ?

- ○ Tristan Tzara
- ○ Luis Buñuel
- ○ Guillaume Apollinaire
- ○ Le réalisme grimpé sur un tabouret

2. Pour les surréalistes, l'être humain peut exprimer réellement sa pensée en se libérant des censures inconscientes grâce à l'écriture…

- ○ Onirique
- ○ Lyrique
- ○ Automatique
- ○ Invisible

1. C'est Apollinaire qui a forgé ce mot, en sous-titrant sa pièce Les Mamelles de Tirésias « drame surréaliste ». Il ne restait plus qu'à l'expliquer !
2. L'écriture automatique permet une expression libre de toute contrainte. Déconseillée dans un rapport destiné à votre directeur.

« TRANSFORMER LE MONDE », A DIT MARX. « CHANGER LA VIE », A DIT RIMBAUD. CES DEUX MOTS D'ORDRE POUR NOUS N'EN FONT QU'UN.
ANDRÉ BRETON

André Breton devant le tableau *Remembrance* (1930-1933) de Clovis Trouille. RENÉ SAINT-PAUL/BRIDGEMAN IMAGES

André Breton est pris de passion pour les théories de Freud et fait de l'inconscient le nouveau matériau du créateur.

18 mai 1917. *Parade* est une œuvre d'art totale, conçue par Jean Cocteau, montée par Serge de Diaghilev, avec une musique d'Erik Satie, des décors et des costumes de Pablo Picasso et une chorégraphie de Léonide Massine : une équipe de rêve pour une entreprise extraordinaire aux accents plus qu'étranges, et scandaleux. Apollinaire explique dans son programme : « De cette alliance nouvelle, [...] il est résulté dans *Parade* une sorte de sur-réalisme où je vois le point de départ d'une série de manifestations de cet esprit nouveau qui, trouvant aujourd'hui l'occasion de se montrer, ne manquera pas de séduire l'élite et se promet de modifier de fond en comble les arts et les mœurs dans l'allégresse universelle. » Les dés sont jetés : ce mot nouveau-né est prêt à désigner un phénomène qui va révolutionner par sa radicalité, son rayonnement et sa longévité la littérature et les beaux-arts au sens large. Philippe Soupault est on ne peut plus clair quant à cette paternité : « C'est pour rendre hommage à Guillaume Apollinaire, dont nous avions admiré un texte onirocritique qui "ressemblait" aux *Champs magnétiques*, que nous adoptâmes le mot "surréaliste". [...] Hommage sans aucune arrière-pensée. Ainsi, ce mot, en 1919, n'avait été choisi que pour honorer la mémoire d'un poète qu'André Breton et moi avions aimé » (revue *Europe*, novembre-décembre 1968).

MARCEL DUCHAMP (1887-1968)
Qualifié par André Breton d'« homme le plus intelligent du siècle », l'artiste bouleverse les codes artistiques et esthétiques de son époque. Ses ready-made, objets manufacturés détournés de leur utilité première (comme le fameux urinoir retourné de 1917, intitulé *Fontaine*), remettent en question la définition même de l'art.

André Breton, marqué par la lecture des œuvres de Sigmund Freud et pris de passion pour les théories du médecin psychanalyste, se propose de faire de l'inconscient le nouveau matériau du créateur. Il est convaincu que le monde réel et le monde des rêves sont profondément liés et qu'il existe une continuité entre l'état de veille et l'état de sommeil. Le surréalisme, dans l'ensemble des arts, réside donc dans l'exploration de l'inconscient, du monde onirique. Le contrôle de la raison étant oppressant et obsolète, qu'on le jette aux orties ! L'être humain doit se libérer des contraintes, du rationalisme de la culture occidentale, des morales sociales et des académismes qui l'entravent et nuisent à sa force créatrice. Il doit se reconnecter avec son intériorité et exprimer la réalité de ses pensées sans censure aucune. Et c'est par l'écriture automatique qu'il y parviendra. Breton et Soupault

Dans *Les Champs magnétiques*, les auteurs écrivent sans contrôle de la raison, sans souci de cohérence grammaticale.

expérimentent cette technique appliquée à la création littéraire dans *Les Champs magnétiques*, qu'ils rédigent conjointement en 1919 et publient l'année suivante dans la revue *Littérature* ; cette œuvre est considérée comme le premier écrit surréaliste. Les deux auteurs laissent libre cours à leur imagination, écrivent le plus rapidement possible, sans contrôle de la raison, sans souci de cohérence grammaticale, sans respect du vocabulaire. Rédigé d'une seule traite, leur texte, dont le langage batifole hors de tout contrôle, s'émancipe de tout code moral ou esthétique et, se refusant à toute retouche, n'est soumis à aucune relecture. Pour ce faire, il faut s'abandonner à un état de lâcher-prise, entre le sommeil et la veille, proche de l'hypnose.

D'autres écrivains adhèrent au mouvement dès ses débuts : Paul Éluard, Louis Aragon, Antonin Artaud, Benjamin Péret, Robert

PHILIPPE SOUPAULT (1897-1990)
Poète et journaliste, il est considéré comme le fondateur, avec André Breton, du surréalisme. En 1926, il est cependant exclu du mouvement, tandis que le « pape du surréalisme » entend se rapprocher du Parti communiste français. Il entreprend alors de grands voyages à travers le monde et se fait un nom dans le journalisme.

LA RÉVOLUTION SURRÉALISTE
Douze numéros de la plus importante parution surréaliste sont publiés entre 1924 et 1929, de façon irrégulière. On y parle science, sculpture, photographie, mais aussi rêve et écriture automatique. En 1930, une autre revue la remplace, au titre encore plus évocateur : *Le Surréalisme au service de la révolution.*

Le premier numéro de *La Révolution surréaliste*.
ARCHIVES CHARMET/BRIDGEMAN IMAGES

Les grands noms

André Breton (1896-1966)

Poète et écrivain, il est le chef de file du mouvement surréaliste. La découverte dans sa jeunesse de la poésie symboliste le marque durablement. Dans l'art, il entend donner la première place au rêve et à l'imaginaire, et exalte l'exploration de l'inconscient par l'écriture et l'état hypnotique. Ses *Manifestes du surréalisme* (1924 et 1930) promeuvent une libération totale de la pensée. En 1927, Breton adhère au Parti communiste français, avant de le quitter en 1935. Durant la guerre, il s'exile à New York. Ses livres *Nadja* (1928) ou *L'Amour fou* (1937) illustrent parfaitement l'esprit de la littérature surréaliste.

Luis Buñuel (1900-1983)

Réalisateur et scénariste espagnol, il s'exile au Mexique pour éviter la censure franquiste. En 1929, son court métrage surréaliste *Un chien andalou,* dont le scénario est écrit avec Salvador Dalí, fait scandale. Après quinze ans d'interruption, il tourne des films de tous genres : documentaire, comédie, film romantique, historique, fantastique… Dans une œuvre foisonnante et inclassable, l'un de ses thèmes de prédilection reste la dénonciation de la bourgeoisie et des normes sociales figées de l'époque.

Desnos, Georges Limbour, Raymond Queneau, Michel Leiris, Joseph Delteil, Pierre Naville, René Crevel, Roger Vitrac. Tous prônent une poésie révolutionnaire, à l'écart de toute règle, convoquant le fantastique, le bizarre, l'inattendu, l'absurde, la force de l'instinct, le hasard et la folie.

Hymne à l'amour

À la liberté et à la quête poétique s'ajoute un troisième volet : l'amour. L'amour fou, électif, la puissance du désir, l'érotisme sage, la beauté convulsive, la femme. Comme elles sont belles, leurs égéries qui passent de bras en bras, de draps en draps ! Elles s'appellent Gala, Nusch, Nancy Cunard, Dorothea Tanning, Kiki, Valentine Hugo, Lee Miller, Leonora Carrington, Leonor Fini, Meret Oppenheim, Valentine Penrose, Dora Maar, Greta Knutson… Elles sont muses, amantes, épouses, amies et artistes. Mais sur ce dernier point, cela coince un peu pour ces messieurs : force est de constater que les femmes ont bien du mal à être acceptées comme créatrices et qu'elles sont reléguées dans l'ombre de leurs confrères, amis, amants ou époux condescendants, bien qu'elles aient des talents aussi explosifs qu'eux ! Elles sont aimées, rêvées, désirées, célébrées, mais pas en tant qu'égales – voire rivales – sur la scène artistique. Pourtant, elles participent activement au mouvement, partagent notamment les soirées consacrées aux « cadavres exquis », autre invention du surréalisme.

Dans la même optique de se défaire des entraves de la raison et de permettre à l'inconscient de s'exprimer librement, ce jeu littéraire est ainsi défini dans le *Dictionnaire abrégé du surréalisme* : « Jeu qui consiste à faire composer une phrase, ou un dessin, par plusieurs personnes sans qu'aucune d'elles puisse tenir compte de la collaboration ou des collaborations précédentes. » Chaque participant écrit ou dessine quelque chose, plie le papier et le passe au suivant qui s'exécute à son tour, et ainsi de suite. La première phrase écrite de la sorte donne son nom au jeu : « Le cadavre – exquis – boira – le vin – nouveau. »

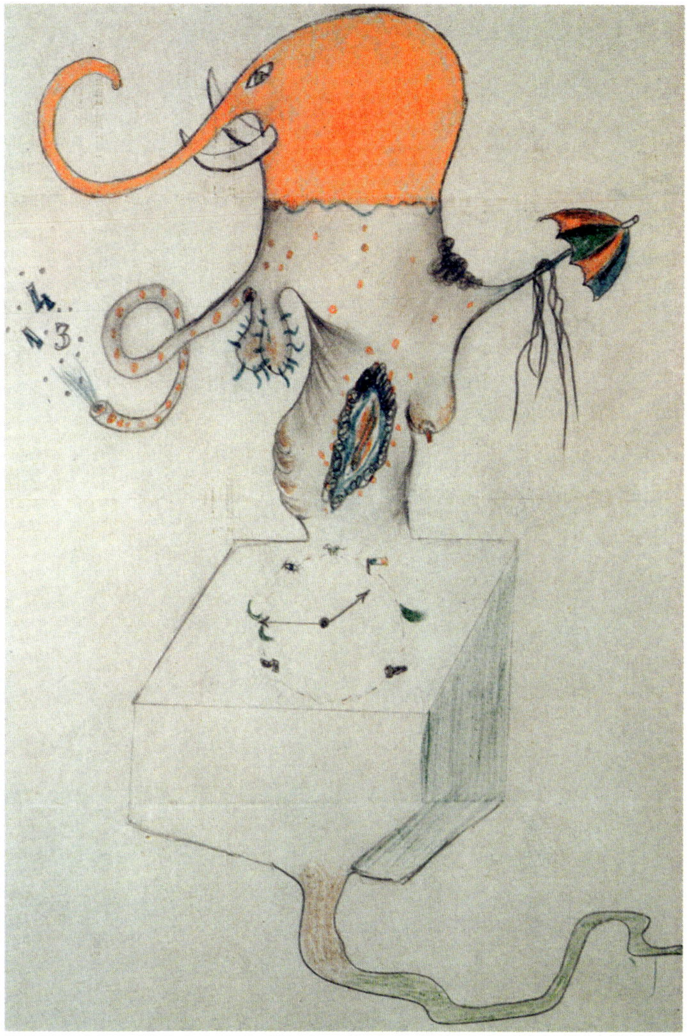

***Cadavre exquis* d'André Breton, Yves Tanguy, Max Morise et Marcel Duhamel (1926).** BRIDGEMAN IMAGES

De nombreux peintres et sculpteurs rejoignent le mouvement, de façon plus ou moins durable : Max Ernst, Salvador Dalí, Marc Chagall, Alberto Giacometti, René Magritte, André Masson, Joan Miró, Dora Maar, Man Ray, Meret Oppenheim, Dorothea Tanning, Yves Tanguy, Victor Brauner, Hans Bellmer. Tous ont à cœur de rendre leurs visions, conscientes ou non, en utilisant de nouveaux matériaux et différentes techniques inédites comme le dessin automatique, le collage, le frottage. Leurs œuvres se composent d'éléments inattendus, souvent sans lien les uns avec les autres, et c'est le choc visuel produit par la juxtaposition de ces images et objets incongrus qui plonge le spectateur dans l'onirisme. Le « cadavre exquis » est une de leurs techniques fétiches, jeu emblématique de l'activité collective du groupe passionné par l'importance du hasard dans l'acte créatif. Les premiers de ces jeux se tiennent dans les années 1925-1928 rue du Château, à Paris, chez Jacques Prévert, avec Yves Tanguy et Marcel Duhamel. La seconde génération, avec des dessins plus élaborés, a lieu dans les années 1930 chez Tristan Tzara et son épouse suédoise Greta Knutson à Montmartre, au 15, avenue Junot. Leur maison, construite en 1925-1928 par le Viennois Adolf Loos – et qui existe toujours –, est alors l'un des rendez-vous des surréalistes : Éluard et son épouse Nusch, Breton et sa maîtresse puis amie Valentine Hugo s'y retrouvent pour jouer.

Le goût de la liberté et la quête poétique se retrouvent dans les dessins et les toiles au sable et à la colle d'André Masson, les collages et les frottages de Max Ernst, les toiles d'hallucinations et les tableaux-poèmes de Joan Miró, les sculptures-objets agressives d'Alberto Giacometti, les œuvres biomorphiques de Jean Arp et celles, délirantes, de Salvador Dalí. La collaboration de ce dernier et de Luis Buñuel lance le surréalisme dans l'art cinématographique. *Un chien andalou* (1929), coécrit en six jours, est le fruit de la rencontre de deux imaginaires. Les thèmes

Le « cadavre exquis » est le jeu emblématique de l'activité du groupe, passionné par le hasard dans l'acte créatif.

daliniens s'y déclinent – l'âne pourri, le piano à queue associé au cercueil, les fourmis – et le désir de Buñuel de confondre rêve et réalité en un geste de libération est éclatant. *L'Âge d'or* (1930), leur deuxième collaboration, est un hymne à l'amour fou comme force subversive capable de détruire la morale bourgeoise. Beaucoup plus développé, ce film surréaliste attaque violemment les idéaux de la bourgeoisie : famille, patrie et religion. Il témoigne de l'esprit de révolte du surréalisme contre cet ordre tenu pour responsable de la Première Guerre mondiale. Le scandale est immense. *L'Âge d'or* sera interdit en France jusqu'en 1981.

Car le mouvement surréaliste a aussi une dimension politique et certains membres du groupe adhèrent au Parti communiste, ce qui ne va pas sans heurts. Au cours des années 1920, tensions et dissensions se font jour en raison du caractère despotique de Breton et de la question de l'engagement politique. Brouilles, départs… Certains

Max Ernst dans son atelier à Paris, vers 1955.
MICHEL SIMA/BRIDGEMAN IMAGES

GUILLAUME APOLLINAIRE (1880-1918)
Écrivain, surtout célèbre pour ses poèmes. Il est très tôt marqué par la poésie symboliste. À Paris, il devient l'ami de Pablo Picasso et s'intéresse au mouvement cubiste. De mère polonaise, il obtient la nationalité française en 1916, alors qu'il est engagé volontaire. Il est considéré comme un précurseur du surréalisme.

Salvador Dalí (1904-1989)

Peintre, sculpteur et écrivain, l'artiste espagnol se lie d'amitié dans sa jeunesse avec Federico García Lorca et Luis Buñuel, rencontrés à Madrid. Après des études aux beaux-arts, il visite Paris et rencontre le groupe des surréalistes. En 1928, Dalí et Gala, alors épouse de Paul Éluard, tombent fous amoureux. Elle sera son principal modèle féminin et sujet d'inspiration. Dalí est considéré comme l'un des principaux représentants du surréalisme, abordant dans ses œuvres des thèmes comme le rêve, la sexualité ou la féminité.

Dora Maar (1907-1997)

De son vrai nom Henriette Dora Markovitch, celle que l'on cantonne trop souvent à son rôle de modèle, de muse et d'amante de Pablo Picasso est bien une artiste à part entière. Photographe de talent, elle ouvre son propre studio dans les années 1930. Compagne de route du mouvement surréaliste, elle est proche notamment de l'Association des écrivains et artistes révolutionnaires (AEAR). Tandis que Picasso entreprend en 1937 son travail titanesque de *Guernica,* elle photographie les étapes de la création de cette gigantesque toile et se met elle-même à la peinture. Après sa douloureuse rupture avec l'artiste au milieu des années 1940, elle connaît des années de dépression qu'elle traduit dans ses peintures.

Man Ray (1890-1976)

Emmanuel Radnitsky est un peintre, photographe et réalisateur américain. Ami de Marcel Duchamp, il tente de lancer le mouvement dada à New York dans les années 1920, sans grand succès. Il s'installe à Paris et adhère au groupe surréaliste. Pendant vingt ans, il photographie les artistes de l'époque. Son procédé de solarisation – une inversion de la densité des couleurs sous l'effet de l'exposition à la lumière – produit une « photographie surréaliste » qui traduit une vision différente de la réalité. ●

s'éloignent, tels Prévert, Tanguy, Soupault ou Giacometti. Tzara, lui, se réconcilie avec Breton en 1929. Mais dans les années 1930, la dimension politique du surréalisme s'affirme et, sur la volonté de Breton, le mouvement se met « au service de la révolution » communiste. C'est un sujet de discorde entre ses membres. De nombreuses expositions surréalistes sont néanmoins organisées pendant cette décennie, marquée également par l'expansion du mouvement, qui s'étend en Tchécoslovaquie, en Belgique, en Italie, en Grande-Bretagne, au Japon, puis aux États-Unis pendant la Deuxième Guerre mondiale. Les nombreux artistes exilés font de New York la deuxième ville surréaliste après Paris. André Breton y fonde une revue avec Marcel Duchamp, *VVV*. De retour à Paris en 1946, il reprend sans inflexion son activité fédératrice, mais le mouvement est secoué par les polémiques qui se succèdent. Disputes, ruptures, exclusions, nouvelles adhésions ne cessent de modifier la composition du groupe. La mort de son chef de file en 1966 entraîne de grands soubresauts. Trois ans plus tard, le 4 octobre 1969, le poète et journaliste Jean Schuster, qui a rejoint le surréalisme en 1947, prononce la dissolution du groupe et signe l'acte de décès du surréalisme dans un article paru dans *Le Monde* et intitulé « Le quatrième chant ». Néanmoins, le surréalisme demeure vivant dans les esprits par sa force psychique, sa liberté, son onirisme, l'étrangeté de sa poésie et l'incongruité de ses objets infiniment désirables. ●

Dans les années 1930, la dimension politique du surréalisme s'affirme et le mouvement se met « au service de la révolution ».

LES CHAMPS MAGNÉTIQUES
Recueil écrit à quatre mains par André Breton et Philippe Soupault, publié en 1920. Il est le lieu d'expérimentation de l'écriture automatique. Les textes n'ont aucun lien entre eux et sont sans indication d'auteur. Les thèmes abordés sont l'enfance, le passage à l'âge adulte, la solitude et la nostalgie.

1. Louis Aragon, cité par Albert Camus dans *L'Homme révolté* (1951).

Quelques œuvres clés du surréalisme

PAR **VALÉRIE DENARNAUD-MAYER**

LE CARNAVAL D'ARLEQUIN Joan Miró

1924-1925, Albright-Knox Art Gallery (Buffalo)

Apogée de la période surréaliste de Joan Miró, cette œuvre date des années de vaches maigres parisiennes, rue Blomet. L'artiste écrit : « J'ai essayé de traduire les hallucinations que la faim produisait. Je ne peignais pas ce que je voyais en rêve, comme diraient aujourd'hui Breton et les siens, mais ce que la faim produisait : une forme de transe ressemblant à ce que ressentent les Orientaux. » Fruit de l'imagination de Miró, les personnages étranges et les objets curieux qui peuplent cette pièce dotée d'une petite fenêtre où se profile la tour Eiffel semblent sans rapport les uns avec les autres. Un automate à tête jaune et pull-over rouge joue d'une guitare jaune que jouxte une partition ; un arlequin à grandes moustaches est coiffé d'un béret de paysan catalan (la *barretina* chère à Miró) ; un grand oiseau aux ailes bleues sort d'un œuf, une libellule d'un dé ; deux chats jouent avec une pelote de fil tandis qu'un poisson nage sur le bleu d'une table ; une grande échelle dotée d'une oreille permet de passer du monde réel au monde des rêves, de s'élever et de s'évader. Étoiles filantes et soleils scandent cette composition onirique et poétique où s'affirme le langage plastique profondément original de l'artiste catalan.

***Le Carnaval d'Arlequin* (1924-1925) de Joan Miró.** BRIDGEMAN IMAGES/ADAGP 2021

N IMAGES/ADAGP 2021

des environs de Portlligat dont les rochers semblaient éclairés par une lumière transparente de fin de jour. Au premier plan, j'avais esquissé un olivier coupé et sans feuilles. Ce paysage devait servir de toile de fond à quelque idée, mais laquelle ? Il me

t je ne la trouvais pas.
rtir, lorsque je "vis" lit-
ntres molles dont l'une
nche de l'olivier. Malgré
e et me mis à l'œuvre. »

de quatre, trois molles
lique la même heure ;
t infestée de fourmis,
la fourmi est depuis
tion et de mort, elle
mmeil. La présence
ur l'une des montres
élément végétal est
e table. Au cœur du
portrait déjà présent
chef-d'œuvre de l'ar-
rid), dérange. Dalí,
le fonctionner les
qui marquent l'heure, tourne en dérision l'obsession de l'homme de contrôler le temps et affirme son refus du temps mesurable par un objet mécanique. À l'arrière-plan, la côte de Portlligat, chère au peintre, avec ses falaises et ses criques, borde la Méditerranée au crépuscule, l'heure des Catalans selon Dalí.

BOULE SUSPENDUE Alberto Giacometti

1930-1931, Centre Pompidou (Paris)

Œuvre clé du jeune Alberto Giacometti, la *Boule suspendue* connaît plusieurs versions, dont les deux premières, de 1930-1931, en plâtre, n'existent plus et ne sont connues que par des photographies. Exposée au printemps 1930 à la galerie Pierre Loeb, à Paris, l'œuvre apparaît comme une révélation aux surréalistes, particulièrement à Salvador Dalí, qui cherchait à définir l'objet poétique surréaliste par essence : elle devient le prototype des « objets à fonctionnement symboliste ». L'unique version en bois de l'original en plâtre, celle du Centre Pompidou, a appartenu à André Breton, qui la place au centre de sa collection dans le bureau de son atelier parisien, au 42, rue Fontaine. Il la tiendra pour une réalisation fondatrice du surréalisme. Dans une cage, poncée jusqu'au fini, une boule en bois incisée en son milieu est suspendue par un fil et surmonte une corne-croissant posée en équilibre instable sur un plateau légèrement bombé. Un double mouvement mécanique – balancement pendulaire de la boule et pivotement de la corne – est suggéré mais interdit à la main, qui ne peut l'activer. La hauteur de la suspension empêche de toute façon ces deux objets désirants – couple d'organes masculin-féminin ou féminin-masculin – de se toucher. Dans cette cage, théâtre de l'intime, se joue et s'interdit la pulsion violente, érotique, de l'accouplement. La force de fascination de cette œuvre mystérieuse et audacieuse – mécanisme du désir, fantasme inconscient – est immense.

Boule suspendue (1930-1931) d'Alberto Giacometti.
PHILIPPE MIGEAT-CENTRE POMPIDOU/ RMN-GP/SUCCESSION ALBERTO GIACOMETTI/ADAGP2021

Le Déjeuner en fourrure (1936) de Meret Oppenheim.
AKG IMAGES/ADAGP 2021

LE DÉJEUNER EN FOURRURE Meret Oppenheim

1936, Museum of Modern Art (New York)

La Suissesse Meret Oppenheim, peintre, écrivaine, plasticienne, installée à Paris dès 1930, tente de gagner sa vie en dessinant des croquis de mode et des bijoux qu'elle crée et porte. À la demande d'André Breton, elle participe à la première exposition surréaliste, pour laquelle elle réalise *Le Déjeuner en fourrure* en 1936. La même année, elle participe à l'exposition *Fantastic Art, Dada, Surrealism* au musée d'Art moderne de New York, où cette œuvre fait sensation et est immédiatement achetée par le directeur, Alfred Barr. L'idée de ce *Déjeuner* lui serait venue d'une discussion avec Pablo Picasso et Dora Maar au café de Flore alors qu'elle portait un de ses bracelets en fourrure. Elle aurait répondu à Picasso lui disant qu'on pourrait recouvrir de fourrure beaucoup de choses : « Même cette tasse et cette soucoupe. » Dont acte ! Son œuvre est un assemblage d'une tasse à thé, d'une soucoupe et d'une petite cuillère réelles recouvertes de fourrure de gazelle. L'objet est bien évidemment inutilisable et l'idée de porter à la bouche la cuillère ou la tasse est repoussante, déroutante comme un rêve. Mais l'incongruité de l'association de la fourrure sauvage et animale et de la forme industrielle des éléments de céramique et de métal est d'une poésie géniale, pleine d'humour et de surprise. Cette œuvre est devenue une icône du surréalisme. ●

LES 5 POINTS ESSENTIELS DU DOSSIER

- Le surréalisme est un mouvement littéraire et artistique.
- Né après la Première Guerre mondiale, il a pour origine le mouvement dada.
- Son chef de file est André Breton, qui s'entoure d'un collège d'amis et d'admirateurs, mais dont l'attitude autoritaire crée entre eux des tensions.
- Révolutionnaire, le surréalisme est fondé sur l'exploration du psychisme et de l'inconscient. Son domaine de prédilection est le rêve.
- Il s'oriente politiquement contre l'ordre établi par la bourgeoisie. Cette dimension politique induit dissensions et ruptures, et le déclin du mouvement.

L'autrice vous conseille

- **André Breton, *Manifestes du surréalisme* (Folio, 2002)**
  Pour tout savoir sur le mouvement, ses principes, ses thèmes, ses définitions, ses pratiques.
- **André Breton, *Nadja, Les Vases communicants* et *L'Amour fou* (Folio, 1994-1996)**
  Une trilogie autobiographique, publiée entre 1928 et 1937, mêlant récits de rêves, photographies et poésies, et dont le fil directeur est l'amour.

- **Paul Éluard, *Capitale de la douleur* et *L'Amour la poésie* (Gallimard, 1994)**
  Pour la magie des mots et les images sublimes.

Prolonger le dossier avec...

... DES MUSÉES

- Le musée national d'Art moderne au Centre Pompidou, à Paris, pour les œuvres des artistes surréalistes dans les collections permanentes, au niveau 5 : Max Ernst, Man Ray, Joan Miró, René Magritte, Salvador Dalí, Victor Brauner...
- Le musée d'Art moderne de la Ville de Paris, pour se laisser griser par les travaux de Marcel Duchamp, Francis Picabia, Man Ray, Max Ernst, André Masson, Alberto Giacometti et découvrir la collection des travaux appartenant au fondateur du mouvement surréaliste, André Breton.

... UNE BALADE

- À Paris, faire un tour place Blanche, épicentre du surréalisme, où se trouvait alors le café Cyrano, passer devant l'atelier d'André Breton (42, rue Fontaine) puis grimper sur la butte Montmartre pour voir la maison de Tristan Tzara (15, avenue Junot) en passant par le Studio 28 (10, rue Tholozé), où la projection de *L'Âge d'or* de Buñuel suscita un scandale retentissant en 1930.

... UN JEU

- Jouer au « cadavre exquis » entre amis !

L'anecdote

Salvador Dalí, clown ou cabotin ? Et s'il s'agissait de performance avant l'heure ? En voici une parmi tant d'autres. Lors du vernissage de l'Exposition internationale du surréalisme, aux New Burlington Galleries de Londres en juin 1936, Dalí apparut en scaphandre à casque de plongeur pour sonder les abysses de l'inconscient, des chaussures de plomb aux pieds, une dague à la ceinture et deux lévriers en laisse. Casque mis, avec en son sommet un verre à pied, il commença sa conférence... mais faillit mourir asphyxié car on avait omis de le brancher sur un système de distribution d'air et qu'on n'arrivait pas à le lui retirer ! Cela donna lieu à une scène délirante, dont Dalí, blanc comme un linge, réussit à se sortir.

pour retenir

On marche sur la tête

MAIS DE QUOI PARLE-T-IL ? 2

Jeune poète mort prématurément, Isidore Ducasse (1846-1870), connu sous le pseudonyme de comte de Lautréamont, était très apprécié des surréalistes. Dans son œuvre* Les Chants de Maldoror *(1869), ils trouvaient des comparaisons tout à fait à leur goût ! La dernière phrase de cet extrait est célèbre. Mais, au fait, vous êtes-vous déjà demandé de quoi parlait Lautréamont ?

« […] Beau comme la rétractilité des serres des oiseaux rapaces ; ou encore, comme l'incertitude des mouvements musculaires dans les plaies des parties molles de la région cervicale postérieure ; ou plutôt, comme ce piège à rats perpétuel, toujours retendu par l'animal pris, qui peut prendre seul des rongeurs indéfiniment, et fonctionner même caché sous la paille ; et surtout, comme la rencontre fortuite sur une table de dissection d'une machine à coudre et d'un parapluie ! »

○ D'un manteau de vison
○ D'un jeune homme
○ D'un pont gigantesque
○ D'un numéro de *l'éléphant*

COMPLÈTEMENT INCONSCIENT 10

Les Mains libres *(1937) est un recueil qui associe dessins de Man Ray et poèmes de Paul Éluard. À vous de reconstituer le texte intitulé « L'aventure » à l'aide de cette liste de mots :*

germe – naissance – terre – œil – instant – éclair – fleurisse – campagne – aurore – visage

« Prends garde c'est l'instant où se rompent
les digues
C'est l'.............. échappé aux processions du
temps
Où l'on joue une .... contre une
....

Bats la ....
Comme un ....

Répands tes mains
Sur un .... sans raison
Connais ce qui n'est pas à ton image
Doute de toi
Connais la .... de ton cœur
Que .... le feu qui te brûle

Que .... ton ....
Lumière. »

Nombre de points

/14

AVOIR UNE ARAIGNÉE AU PLAFOND 2

Salvador Dalí est célèbre notamment pour ses peintures surréalistes. L'une de ses folles compositions, peinte en 1944, présente pêle-mêle une grosse et une petite « pomme-grenade », un poisson géant, deux tigres, une baïonnette, un éléphant-girafe monté sur pattes d'araignée, un corps de femme nu… Mais comment s'intitule cette fameuse toile ?

○ *Vol causé par le rêve d'une abeille autour d'une pomme-grenade, une seconde avant l'éveil*
○ *Pomme-grenade causée par l'éveil d'un rêve autour d'une abeille, une seconde avant le vol*
○ *Rêve causé par le vol d'une abeille autour d'une pomme-grenade, une seconde avant l'éveil*
○ *Abeille causée par le vol d'un rêve autour de l'éveil, une pomme-grenade avant la seconde*

Mais de quoi parle-t-il ? Lautréamont, sous ces comparaisons osées, parle d'un jeune homme ! La phrase précédente dit de celui-ci qu'« il a seize ans et quatre mois ».

Complètement inconscient : instant – aurore – naissance – campagne – éclair – visage – terre – germe – fleurisse – œil.

Avoir une araignée au plafond : c'est la toile *Rêve causé par le vol d'une abeille autour d'une pomme-grenade, une seconde avant l'éveil*, qui veut représenter un rêve de Gala.

Étudiant.e en classe préparatoire littéraire, participez au concours !

EN PREMIÈRES LIGNES

VÉRONIQUE JACOB

On ne le répétera jamais assez : savoir écrire, mener un récit, trouver le ton juste, la formule qui frappe, l'image poétique, s'adapter à un public, imaginer des histoires, mettre sa culture au service d'un projet créatif… sont des compétences qui méritent d'être reconnues !

Ces compétences, on peut les acquérir et les développer pendant les années passées en classes préparatoires littéraires, en hypokhâgne et en khâgne. Et elles sont aujourd'hui mises en valeur par un concours d'écriture soutenu par ceux qui croient que les littéraires ont leur mot à dire : un éditeur (Les Belles Lettres), une école de management (Audencia Business School) et la revue *l'éléphant* elle-même !

Vous êtes étudiant.e en hypokhâgne ou en khâgne ? Le thème de cette année a de quoi stimuler : il s'agit de présenter un texte inspiré par la photo ci-dessus. Aucune contrainte de genre n'est imposée.

Pour plus de renseignements, reportez-vous au règlement, qui précise les conditions de présentation et les délais, sur le site d'En premières lignes : enpremiereslignes.fr.

La gagnante ou le gagnant verra son texte publié dans un prochain numéro de *l'éléphant* !

Retrouvez le texte de la lauréate 2020 dans le numéro d'octobre (n° 32) de *l'éléphant* !

l'éléphant
la revue de culture générale

LISI Aerospace à Bologne (Haute-Marne). Fabrication de pièces pour l'aéronautique. BRUNO ARBESU/REA

LA FRANCE EN QUÊTE D'UNE RENAISSANCE INDUSTRIELLE

Stigmatisée pour son délitement pendant quarante ans, l'industrie retrouve quelques lettres de noblesse.

PAR **MARJORIE CESSAC**, JOURNALISTE

« Nous devons relocaliser et recréer des forces de production sur nos territoires. » C'était à l'été 2020, à Villeneuve-la-Garenne, dans les Hauts-de-Seine. Emmanuel Macron, tout à l'élaboration du plan de relance, inaugure un atelier de production sur le site du groupe pharmaceutique Seqens, l'une des plus anciennes usines de principes actifs du monde. Une visite plus que symbolique. Quelques semaines auparavant, en effet, cette multinationale a pris un engagement ferme : travailler aux côtés d'Upsa et de Sanofi pour que, d'ici à trois ans, la France contrôle sur son sol l'ensemble de la chaîne du paracétamol. Une alliance décidée dans l'urgence, qui en dit long sur l'électrochoc que vient alors de subir le pays. Celui de découvrir à quel point la France est dépendante des chaînes d'approvisionnement quittent la Pologne et la République tchèque pour l'Alsace. Certaines créations originales se veulent désormais emblématiques d'un renouveau local, à l'instar de Bob, un mini lave-vaisselle lancé en octobre 2018 par Antoine Fichet et Damian Py ; un produit labellisé French Tech, capable de laver deux couverts et quatre assiettes avec seulement trois litres d'eau !

Le secteur à profiter le plus de cet appétit pour les produits français est sans doute l'habillement. Après avoir réinvesti en 2010 le siège historique de Romilly-sur-Seine, dans l'Aube, le Coq sportif renoue avec des fournisseurs locaux, pour la teinture par exemple. Les jeans 1083 ont également fait ce pari : filature, teinture, tissage, ennoblissement de la coupe, confection, délavage laser sont relocalisés. Et pour couronner le tout, une école du jeans est ouverte en 2018 à Romans, dans la Drôme. Objectif : conserver les savoir-faire. « Le coton biologique constitue la dernière étape qu'il nous reste à relocaliser en France : soit en attendant le réchauffement climatique, soit en recyclant vos vieux jeans ! », peut-on lire sur le site Internet de l'entreprise, qui a lancé des jeans dits « infinis », c'est-à-dire consignés et recyclables.

Un déclin vieux de quarante-cinq ans

Bien sûr, le *made in France* se heurte souvent au fait qu'il reste encore cantonné à quelques niches ayant besoin d'une réelle massification ; ou bien que le pouvoir d'achat, surtout en temps de sinistrose, n'est pas forcément à la hauteur. Quelques années ne suffiront de toute façon pas, selon les experts, à contrer une désindustrialisation qui s'est enracinée dans le pays pendant une quarantaine d'années, à la fin des Trente Glorieuses.

On s'en souvient, au sortir de la guerre en 1945, l'industrie, incontournable, sert la reconstruction. À cette époque, le général de Gaulle a une obsession : faire de la France un pays indépendant des États-Unis sur le plan technologique, ce qui permet aux filières des télécoms, de l'énergie, de la défense de se constituer. Son successeur Georges Pompidou, attaché à l'idée d'une France industrielle forte, cultive lui aussi cette politique des grands projets. Il faut attendre le premier choc pétrolier en 1973 et l'arrivée à l'Élysée de Valéry Giscard d'Estaing en 1974 pour que cette perception installée de l'industrie commence à se flétrir. La hausse du chômage à la fin des années 1970 lui donne ses premiers coups de boutoir, faisant naître des interrogations quant à la viabilité réelle du modèle industriel, tant sur le plan

MOULINEX
Marque d'électroménager créée en 1937 par Jean Mantelet d'abord pour commercialiser son invention, le « moulin-légumes », dont il a déjà vendu deux millions d'exemplaires entre 1933 et 1935. Le succès de l'entreprise repose sur le design et la qualité de ses produits. Fabricant numéro un du petit électroménager en France en 1980, elle est reprise par le groupe SEB en 2001.

IDE
Les investissements directs étrangers sont des mouvements internationaux de capitaux : des entreprises investissent à l'étranger, participant au processus de mondialisation. Cela leur offre l'avantage d'une réduction des coûts dans le pays d'accueil, au niveau tant de la production que de la main-d'œuvre, et souvent en termes d'impôts. L'investissement peut prendre diverses formes : par exemple, la création d'une entreprise, ou le rachat d'une part de capital d'une société locale.

Le *made in France* se heurte souvent au fait qu'il reste encore cantonné à des niches.

Usine Le Coq sportif à Romilly-sur-Seine (Aube) en 2017. HAMILTON/REA

économique qu'environnemental. « Les restructurations conduites à partir de ce moment, particulièrement dans le secteur primaire et dans celui des biens intermédiaires, ont renvoyé à l'opinion publique une image dégradée de l'industrie dans son ensemble », révèle la synthèse des États généraux de l'industrie de 2009. Les luttes sociales s'enchaînent. De nombreux fleurons commencent à se déliter dès le milieu des années 1970, avant de voir leurs noms changer lors d'opérations de rachat ou bien disparaître totalement à l'issue d'un lent démantèlement. On pense au groupe textile Boussac et aux chantiers navals de La Ciotat, fermés respectivement en 1981 et 1985 ; à la Manufacture française d'armes et cycles de Saint-Étienne (Manufrance), mise en liquidation judiciaire en 1985 avant de renaître en 1988 ; plus récemment, à l'usine de pneus Goodyear d'Amiens, aux prises avec son premier conflit en 1995, puis avec un énième plan social en 2009 avant une fermeture définitive en 2014 ; aux hauts fourneaux d'ArcelorMittal à Fos-sur-Mer, et à bien d'autres encore. « Dans certaines régions, jusqu'à une personne sur quatre a été impactée par la désindustrialisation dans sa vie professionnelle (plans sociaux, licenciements, etc.) en l'espace de vingt à trente ans. Chaque famille a, dans son entourage intime, un proche qui a souffert de cette transformation économique », racontent Anaïs Voy-Gillis et Olivier Lluansi. Pour eux, « la puissance de cet impact dans l'intimité des foyers français est sous-estimée et pourtant indispensable [à évaluer] pour comprendre l'image de l'industrie encore aujourd'hui ».

FRENCH TECH
Née en 2014 d'une initiative du ministère de l'Économie, elle est à la fois un label et une communauté visant à faire rayonner l'esprit d'innovation français, en métropole et à l'étranger. Elle soutient les start-up nationales (numériques mais pas seulement) et favorise les échanges entre elles. Ses mots d'ordre : « Fédérer, accélérer, rayonner. »

FABLESS
Contraction des mots anglais *fabrication* et *less* (« moins de fabrication »). Le mot désigne le mode de fonctionnement d'une entreprise qui choisit de se concentrer sur la recherche et développement (R & D), soit la conception de ses produits, et de sous-traiter leur fabrication.

Le règne de la *fabless*

Comment a-t-on pu en arriver là ? L'imaginaire y est sans doute pour beaucoup : nul doute que, dans les têtes et le discours des élites, l'industrie a semblé passée de mode et sans avenir. « On a cru que l'on pouvait s'en passer », relève Agnès Pannier-Runacher, « que les idées pourraient rester en France tandis que la fabrication, elle, serait le fait des pays dits "ateliers du monde." » Un virage culturel que symbolisent les fameuses organisations *fabless* vantées par Serge Tchuruk – un concept qui prend forme en 2001, lorsque le patron d'Alcatel annonce vouloir céder ses centres de production et sous-traiter la fabrication pour se concentrer sur la conception de produits. Les délocalisations motivées par la quête de compétitivité s'accélèrent. Cantonnées dans un premier temps à des secteurs tels que le textile et l'habillement, celles-ci gagnent de plus en plus les fonctions stratégiques, y compris l'innovation, faisant au passage peser le risque, pour les groupes français, de se faire concurrencer par leurs propres sous-traitants. Sans compter que la recherche et développement ne naît pas que d'abstraction : elle se fabrique aussi en lien avec la production. Par

relocalisés en une année. Il y en a donc plus à gagner dans le développement de conditions favorables pour l'industrie en général, permettant par exemple de trouver des fournisseurs en France plutôt qu'à l'étranger, que dans la recherche de relocalisations au sens strict.

Dans son discours sur le plan de relance, Bruno Le Maire, ministre de l'Économie, a évoqué des filières d'avenir comme la biotechnologie, l'hydrogène, les batteries électriques, etc. Peuvent-elles sauver l'industrie française ?

Il est difficile de savoir si ces impulsions seront la clé d'un sauvetage. Il faudra mettre en place un dispositif d'évaluation dans le temps pour être sûr qu'il s'agit bien de filières d'avenir. Même s'il est vrai que certaines, comme la batterie, opèrent déjà des avancées grâce aux véhicules électriques. Dans ce domaine, trois projets vont être lancés dans les deux prochaines années : celui de la start-up Verkor, soutenu par Schneider Electric, avec deux mille emplois à la clé ; celui de Total-PSA, qui promet également deux mille emplois directs ; enfin, celui du Chinois Envision, qui table sur mille emplois. L'enjeu est également de se repositionner sur des filières comme l'électronique grand public, sur lesquelles nous n'étions plus présents. À ce titre, le groupe Aledia a annoncé un projet de fabrication d'écrans LED portant sur cent cinquante emplois. Miser sur les technologies de rupture peut permettre de reprendre position sur des marchés où nous ne sommes pas assez présents. Enfin, la santé peut constituer un vrai gisement. On le voit avec l'exemple de la société Lesaffre : elle va produire de la chondroïtine, un produit jusqu'à présent fabriqué en Chine qui assouplit les articulations, avec un potentiel de quatre cents emplois.

Autre piste : produire vert est désormais incontournable. Comment peut-on favoriser cette transition ?

Dans les techniques de production, il faut encourager le développement des entreprises qui réalisent des efforts en matière d'efficacité énergétique, d'utilisation ou de production de biomatériaux (renouvelables), et qui s'inscrivent dans des logiques favorisant le recyclage. De nombreuses sociétés innovantes répondent à ce besoin d'allier production industrielle et progrès environnementaux. Par exemple, Hoffmann Green Cement réduit de 70 % à 80 % l'empreinte carbone de la production de ciment ; Energy Observer travaille au développement de bateaux propulsés à l'hydrogène ; Transition-One remplace le moteur thermique d'une automobile par un moteur électrique. La connaissance de ces initiatives doit être encouragée. Cela peut passer par des dispositifs de labellisation ou par la mise en place de plateformes de sourcing intégrant des critères environnementaux. En soutien, l'État peut aider au développement de ces entreprises en intégrant ces labels dans ses critères d'achat, direct ou par appel d'offres.

Vous évoquez aussi la nécessité d'une « montée en volume des start-up ». En quoi cela consiste-t-il ?

De manière générale, certaines de nos entreprises qui relocalisent ont du mal à passer à la taille critique. Nombreuses aussi sont les start-up technologiques à être positionnées sur des activités aux débouchés potentiellement industrialisables. Elles sont souvent « en ville » pour élaborer un prototype, produire en petites séries des modèles aux prix élevés, alors qu'elles pourraient fabriquer à plus grande échelle. Trois d'entre elles ont trois réponses différentes à ce besoin de montée en puissance de leur production. Naïo Technologies produit des robots agricoles à Toulouse. Teebike conçoit des roues électriques adaptables sur des vélos classiques ; la production est actuellement effectuée en Chine, mais une récente levée de fonds devrait permettre une relocalisation en France, en sous-traitance. Asled, enfin, fabrique en Chine des LED conçues en France puis importées. Il convient autant que possible de proposer à ces sociétés en croissance des solutions de production locale se substituant aux importations.

Vous vantez également l'automatisation.

Oui, car l'industrie française est en retard de ce point de vue, et cela peut être une des causes du recul des activités industrielles. Il faut donc encourager l'installation de robots dans les entreprises de toutes tailles. Pour accélérer cette modernisation, des dispositifs de type amortissement accéléré peuvent être réactivés. À terme, la France devrait également encourager l'émergence d'une filière robotique industrielle. Notre pays manque de champions dans le secteur des machines-outils. Or, c'est notamment ce secteur qui permet à l'Allemagne d'exporter vers des pays à bas coûts salariaux. ●

pour retenir

LES **4 POINTS** ESSENTIELS DU DOSSIER

- La crise sanitaire révèle la dépendance française en matière de production. La perte de souveraineté se joue notamment aux niveaux technologique et commercial.
- En 2009, les premiers États généraux de l'industrie font réfléchir à l'avenir des grandes filières françaises. La politique de la Nouvelle France industrielle relance le débat sur le *made in France*.
- À partir des années 2010, certaines initiatives, notamment des relocalisations, illustrent la volonté d'un renouveau local.
- La réindustrialisation française nécessite un temps long et une réorganisation pensée. Il s'agirait aussi de modifier l'image négative de l'industrie et d'inclure les nouvelles préoccupations liées au souci de l'environnement.

L'autrice vous conseille

- **Zygmunt Bauman, *Le Coût humain de la mondialisation* (Fayard, 2011)**
  Le professeur de sociologie analyse les conséquences humaines de la mondialisation. Une dénonciation virulente.
- **Patrick Artus et Marie-Paule Virard, *La France sans ses usines* (Fayard, 2011)**
  Un plaidoyer pour la réindustrialisation à une époque où la France ne voit que des fermetures d'usines.

- **Didier Lombard, *Nouvelle industrie, nouvelle économie* (Odile Jacob, 2017)**
  Pour une refondation industrielle autour de l'économie numérique.
- **El Mouhoub Mouhoud, *Relocalisons ! Made in France* (Le Pommier, 2021)**
  L'un des premiers économistes en France à avoir mis en évidence et prédit le phénomène des relocalisations fournit des clés à hauteur des acteurs économiques et des citoyens.

Prolonger le dossier avec...

... UN RAPPORT

- *Les Politiques industrielles en France. Évolutions et comparaisons internationales*, rapport de France Stratégie, institution rattachée au Premier ministre (novembre 2020).

... UN FILM

- *Ressources humaines* de Laurent Cantet (2000) : quand un stagiaire à la direction des ressources humaines apprend que son service s'apprête à annoncer un plan social dans l'usine où son père est employé.

... DES DOCUMENTAIRES

- *Entre nos mains* de Mariana Otero (2010) : face à la faillite de leur entreprise de fabrication de lingerie féminine, des salariés – majoritairement des femmes – souhaitent la reprendre sous forme de coopérative. Progressivement, elles se heurtent à leur patron mais aussi à la réalité du marché.
- *Des bobines et des hommes* de Charlotte Pouch (2017) : un documentaire militant sur le redressement judiciaire d'une usine textile sur fond de malversations du patron.

L'anecdote

À l'été 2016, Arnaud Montebourg se lance dans la campagne présidentielle de 2017 dans le cadre des primaires socialistes. Il publie alors un livre-programme, *Le Retour de la France*, édité chez Flammarion. Pour Monsieur *Made in France*, il s'agit de montrer que « la France n'est pas condamnée à être une succursale de la volonté des autres ». Il apprendra quelque temps plus tard que son livre a été imprimé… en Italie, les coûts d'impression étant moins élevés chez nos voisins. C'est un peu l'arroseur arrosé !

pour retenir

Fabriqués en France

GOÛTER LA FRANCE ? 6

Ces marques alimentaires de création française sont-elles encore possédées par des groupes français ?

1. Orangina OUI NON
2. La Pie qui chante OUI NON
3. Les pastilles Vichy OUI NON
4. Le chocolat Poulain OUI NON
5. Amora OUI NON
6. Maille OUI NON

BONHEUR DES UNS, MALHEUR DES AUTRES 5

Associez chaque phrase à son auteur :

1. « La France est vouée au commerce international. »
2. « Le moulin à bras vous donnera la société avec le suzerain ; le moulin à vapeur, la société avec le capitaliste industriel. »
3. « On croit mourir pour la patrie, on meurt pour des industriels. »
4. « Rien ne sera moins industriel que la civilisation née de la révolution industrielle. »
5. « Dans tout l'univers de la civilisation industrielle, la domination de l'homme sur l'homme croît en étendue et en efficacité. »

A. Jean Fourastié
B. Anatole France
C. Karl Marx
D. Herbert Marcuse
E. Jean Monnet

L'OISEAU BLANC 4

Le légendaire avion de ligne supersonique Concorde est né de la collaboration entre l'entreprise française Sud-Aviation et l'entreprise britannique British Aircraft Corporation.

1. Il effectue son premier vol d'essai en…
A. 1966 C. 1971
B. 1969

2. Il est mis en service en…
A. 1972 C. 1976
B. 1974

3. Un terrible accident causant la mort de cent treize personnes survient le 25 juillet…
A. 1990 C. 2000
B. 1998

4. Il est retiré du service en…
A. 2001 C. 2003
B. 2002

ÇA MORD 1

Créée en 1933 par un Français, elle est la première marque à poser un logo visible sur un vêtement.

_ _ _ _ _ _ _

Nombre de points

/16

Goûter la France : 1. Non. L'entreprise a été rachetée par le groupe japonais Suntory en 2009. 2, 3 et 4. Oui. Ces trois marques ont été rachetées en 2016 à la multinationale agroalimentaire américaine Mondelez International. Elles sont intégrées dans la société Carambar & Co, créée en 2017, qui appartient au fonds d'investissement français Eurazeo et à des investisseurs privés. 5 et 6. Non. La marque Amora est fusionnée avec Maille : l'entreprise Amora Maille appartient depuis 1999 à la multinationale néerlando-britannique Unilever.

Bonheur des uns, malheur des autres : 1-E, 2-C, 3-B, 4-A, 5-D.

L'oiseau blanc : 1-B, 2-C, 3-C, 4-C.

Ça mord : le prodige du tennis René Lacoste, qui donne son nom à la marque, fait broder un crocodile sur ses habits dès 1927. Selon la légende, c'est parce qu'il aurait été surnommé ainsi par un journaliste américain.

C'EST D'ACTU
Un nouveau directeur pour l'institution

À LA VILLA MÉDICIS

Le rayonnement de la culture française à Rome

La Villa Médicis. ACADÉMIE DE FRANCE À ROME

Depuis plus de 350 ans, les artistes viennent aiguiser leur inspiration parmi les beautés romaines.

PAR **ÉMILIE DUMAREST**, HISTORIENNE DE L'ART ET DE L'ARCHITECTURE

L'Académie de France à Rome vient d'accueillir son nouveau directeur, Sam Stourdzé, nommé pour trois ans. Pensionnaire de la Villa Médicis en 2007, il est l'ancien directeur des Rencontres de la photographie d'Arles, et son arrivée en septembre 2020 a coïncidé avec celle des seize pensionnaires de la promotion 2020-2021. Depuis plus de trois cent cinquante ans, l'institution reçoit en effet des artistes majeurs : les peintres Jean-Honoré Fragonard et Jacques-Louis David, le sculpteur Jean-Antoine Houdon, les musiciens Hector Berlioz et Claude Debussy, les architectes Charles

Garnier et Victor Baltard, et plus récemment Marie NDiaye, Hervé Guibert, Xavier Beauvois, Yan Pei-Ming…

S'inspirer des grands maîtres

L'Académie de France à Rome est une vénérable institution née en 1666, sous le règne de Louis XIV, à l'initiative de Colbert et du Bernin, peintre, sculpteur et architecte (voir *l'éléphant* n° 32). Elle avait alors vocation à accueillir à la fois les artistes ayant remporté le premier prix de Rome et d'autres, protégés par des seigneurs. Si elle fut dans un premier temps réservée aux peintres et aux sculpteurs, ses portes s'ouvrirent ensuite aux architectes (1720), aux compositeurs (1803), aux graveurs (1804)… Ces artistes recevaient une pension pour se rendre en Italie, où ils étaient hébergés gracieusement par l'Académie. L'idée était que le contact avec Rome et l'Italie représentait pour eux un complément de formation en les confrontant aux exemples venus de l'Antiquité et de la Renaissance. Ils disposaient ainsi du temps nécessaire à la copie d'œuvres de ces périodes fondatrices, tout en réalisant leur propre chef-d'œuvre.

L'Académie de France à Rome a plusieurs fois changé de lieu. À sa création, elle siégeait dans une simple maison sur les pentes du Janicule ; puis elle s'ancra au cœur de la capitale, successivement dans les palais Caffarelli (1673), Capranica (1684) et Mancini (1725). Mais la Révolution eut raison de cette dernière résidence : elle fut pillée en février 1793, supprimant ainsi l'institution. Elle fut notamment rétablie en 1795 par le Directoire et s'installa de façon définitive à la Villa Médicis en 1803.

Celle-ci s'élève sur la colline verte du Pincio, bordée par les remparts d'Aurélien (270-273 de notre ère). À l'emplacement de l'actuelle villa, le général romain Lucullus, au Iᵉʳ siècle avant notre ère, fit installer ses jardins, puis construire une demeure. Il y reçut Cicéron, Pompée et Plutarque. Après lui, Messaline, épouse de l'empereur Claude, des familles patriciennes (les Acilii, les Pincii…) puis l'empereur Honorius investirent le lieu.

La *loggia* de Cléopâtre. ASSAF SHOSHA/ACADÉMIE DE FRANCE À ROME

PRIX DE ROME
L'expression, apparue au XIXᵉ siècle, fait référence aux concours organisés depuis 1663 par l'Académie royale de peinture et de sculpture puis par l'École des beaux-arts. Les lauréats recevaient une bourse pour aller étudier à Rome. Selon les époques, leur séjour pouvait varier de deux à quatre ans. Le prix de Rome, supprimé en 1968 par André Malraux, ministre d'État en charge des Affaires culturelles, a été remplacé par une sélection sur dossier.

À la chute de l'Empire romain, en 476, le site fut abandonné en raison de sa position excentrée. La villa actuelle date du XVIᵉ siècle. C'est l'architecte Baccio Bigio qui convertit en 1564 la petite bâtisse existante pour le compte du cardinal Ricci da Montepulciano. Douze ans plus tard, le cardinal Ferdinand de Médicis, grand collectionneur et mécène, chargea le Florentin Bartolomeo Ammannati de transformer la demeure en un palais digne de son illustre famille. La particularité de la villa est d'offrir, côté ville, une façade austère et dépouillée, tandis que ses plus beaux décors ne se dévoilent que côté jardin. Ferdinand y fit aménager une longue galerie destinée à exposer les plus belles pièces de sa collection d'œuvres d'art et d'antiques. La façade côté jardin (*loggia*) fut ornée d'une série de bas-reliefs antiques dignes d'un musée à ciel ouvert, célébrant ainsi la richesse et l'érudition du maître des lieux. Éloigné des regards, un petit pavillon fut également édifié dans la muraille d'Aurélien. La décoration de ce *studiolo* par l'atelier de Jacopo Zucchi évoque une volière peuplée d'une multitude d'oiseaux et d'animaux issus des fables d'Ésope, et dévoile la villa à différentes époques.

Le jardin de la Villa Médicis conserve en partie son ordonnance du XVIe siècle. Ses huit hectares s'agencent en trois zones : l'esplanade (*piazzale*), les carrés (jardins clos de haies) et une forêt, pour la pratique de la chasse (*bosco*). Cette organisation, courante dans les jardins botaniques toscans, est guidée par les traités arboricoles de l'époque pré-Renaissance (voir *l'éléphant* n° 30). Dès qu'il s'installa ici, le cardinal da Montepulciano initia d'importants travaux de terrassement et d'irrigation. Il en confia l'expertise à l'ingénieur milanais Camillo Agrippa, qui enrichit le domaine de bassins et de fontaines. Ferdinand de Médicis, quant à lui, fit tracer la géométrie du *piazzale* et l'axe nord-sud qui mène au *bosco*. Il fit terminer le jardin par un belvédère qui abrite encore aujourd'hui les restes enfouis d'un temple romain dédié à la Fortune. Ce plan fut conservé pendant près de trois siècles. Au XIXe siècle, sous la direction du peintre Jean-Auguste-Dominique Ingres, lui-même prix de Rome, le jardin évolua de nouveau : l'artiste modifia le *piazzale* et fit planter de grands pins parasols. Le peintre Balthus, directeur de l'Académie de 1961 à 1977, décida de revenir au dessin du jardin de Ferdinand de Médicis, mais il conserva les fameux pins chers à Ingres.

Le groupe des Niobides. DANIELE MOLAJOLI

ET LES FEMMES ? Lucienne Heuvelmans (grand prix de Rome de sculpture en 1911), Lili Boulanger (grand prix de Rome de composition musicale en 1913) et Odette Pauvert (grand prix de Rome de peinture en 1925) furent les premières femmes à faire leur entrée à l'Académie de France à Rome.

ALLIX PIOT

La Villa Médicis aujourd'hui

Placée sous la tutelle du ministère de la Culture, la Villa Médicis organise aujourd'hui ses activités autour de trois missions. La « mission Colbert », sa vocation initiale, est tournée vers l'accueil des pensionnaires. Une vingtaine de disciplines sont représentées : architecture, musique, restauration d'œuvres d'art, histoire de l'art, cinéma, arts plastiques, photographie, littérature, bande dessinée, design, cuisine… Des résidences plus courtes, pour des recherches ponctuelles, sont également organisées. Dans le cadre de la « mission Malraux », l'Académie propose une programmation culturelle : expositions, colloques, publications scientifiques, concerts, projections de films, activités pédagogiques, visites guidées…, faisant ainsi rayonner la production artistique hexagonale au sein de la vie culturelle romaine. Enfin, la « mission Patrimoine » est tournée vers la conservation et la mise en valeur du lieu et des collections. Avec la nomination récente de Sam Stourdzé, les missions de l'Académie de France à Rome sont amenées à évoluer pour affirmer des priorités nouvelles, notamment en impliquant davantage les pensionnaires et leurs travaux, afin, selon le directeur, de « promouvoir une vision très contemporaine de la création française ». Son rayonnement n'en sera que plus grand. ●

BEAUTÉ

Le privilège de notre regard, ou de la théorie ?

La beauté n'est pas un sujet de préoccupation aussi futile qu'il y paraît. Les philosophes s'y sont intéressés.

PAR **MÉLANIE SEMAINE**, PROFESSEURE DE PHILOSOPHIE
ILLUSTRATIONS **LÉA TAILLEFERT**

« La beauté est dans les yeux de celui qui regarde. » Tirée du *Déclin du mensonge*, cette affirmation d'Oscar Wilde est plutôt encourageante. Car alors les objets usés, les moments embarrassés et les gueules cassées ont eux aussi une chance d'être beaux aux yeux de quelqu'un. Mais si tout peut être qualifié de beau… le terme a-t-il encore de la valeur ? Lorsqu'on souligne la beauté d'un objet ou d'un moment, on loue implicitement sa rareté. On a besoin que les belles choses se détachent sur un fond de banalité voire de laideur qui leur donne leur éclat. Mais existe-t-il des critères objectifs pour départager ainsi le beau du laid ?

Il semble plutôt que, comme l'affirme le dicton populaire, « tous les goûts sont dans la nature ». Certains trouvent sublimes les paysages de littoral et ne jurent que par le design contemporain et les couleurs sobres, d'autres leur préfèrent la montagne, le style rustique et les couleurs vives. Et il n'y a semble-t-il aucune raison pour que les goûts des uns aient plus de valeur que ceux des autres. Et pourtant, si tel est le cas, il devient difficile de définir la beauté. Éparpillée dans une infinité de points de vue n'ayant rien de commun entre eux, elle serait impossible à formaliser en critères précis et règles claires. Elle serait un je-ne-sais-quoi aux contours flous, mais sur laquelle nous avons pourtant des jugements bien arrêtés ! Alors, la beauté est-elle vraiment dans les yeux de celui qui regarde ? N'existe-t-il pas des critères objectifs rendant certaines choses belles en elles-mêmes, quelle que soit l'impression qu'elles nous font ?

Quiz

1. Quel nom porte la fameuse querelle qui, au XVIIIe siècle, oppose le philosophe Jean-Jacques Rousseau et le compositeur Jean-Philippe Rameau à propos de la beauté en musique ?

- ○ La querelle des Italiens
- ○ La querelle des Bouffons
- ○ La querelle des Anciens et des Modernes
- ○ La querelle des Chiens et des Chats

2. Quel est le titre de l'essai majeur de Pierre Bourdieu, paru en 1979, qui veut montrer l'importance du milieu social sur la perception du beau ?

- ○ *La Disparition*
- ○ *La Distinction*
- ○ *La Détermination*
- ○ *Le Diplodocus*

1. C'est la querelle des Bouffons, aussi dénommée guerre des Coins, et qui se tient entre 1752 et 1754.
2. Il s'intitule La Distinction. Cet essai est reconnu comme l'un des ouvrages fondamentaux en sociologie.

La beauté : un sentiment indéfinissable ?

Une chose est ou bien subjective – c'est-à-dire qu'elle réside dans le point de vue d'un sujet, d'une personne – ou bien objective. Au sens strict, ce qui est objectif est ce qui est concrètement dans un objet, indépendamment de tout regard porté sur lui. Mais, par extension, on peut également dire du regard de l'arbitre, du juge ou de l'expert qu'il est objectif, au sens où il s'exerce indépendamment de toute préférence personnelle et ne juge que les choses elles-mêmes. Alors, la beauté est-elle subjective ou objective ? Est-elle vraiment dans notre regard ou dans les objets eux-mêmes ?

> LA VRAIE BEAUTÉ EST SI PARTICULIÈRE, SI NOUVELLE, QU'ON NE LA RECONNAÎT PAS POUR LA BEAUTÉ.
> **MARCEL PROUST**

Pour répondre, on peut commencer par un test simple : ce qui est objectif existe à l'extérieur de notre esprit, dans le monde physique, et peut être touché ou au moins désigné. Par exemple, les cheveux d'une personne existent objectivement, indépendamment du jugement que l'on porte sur eux. Et on peut effectivement les pointer du doigt et les toucher. Mais si l'on parle cette fois-ci de la beauté du même visage, que désigner si ce n'est le visage en entier ? De même, si l'on déclare qu'un tableau est beau, on ne peut rien montrer de particulier qui le rende beau et on est forcé de désigner tout le tableau. Avec ce petit test naïf, on comprend une chose : la beauté semble ne siéger nulle part en particulier dans l'espace. Elle n'est donc pas objective au sens où elle serait dans les objets eux-mêmes. Si elle n'est pas objective, elle est alors subjective. La beauté serait l'impression subjective qu'on a parfois devant un objet, un paysage, un moment ou une personne.

Mais comment définir cette impression ? Au XVIIIe siècle, on pense généralement que cela n'est pas possible. À cette époque, la sensibilité, c'est-à-dire la manière propre à chacun d'être affecté par les choses, règne en maître, en philosophie comme en littérature. David

Hume, philosophe des Lumières écossaises, présente ainsi dans son ouvrage *La règle du goût* une thèse proche de la phrase de Wilde : « La beauté n'est pas une qualité qui se trouve dans les choses elles-mêmes : elle existe dans l'esprit qui les contemple, et chaque esprit perçoit une beauté différente. » L'origine de ce

« La beauté existe dans l'esprit qui contemple et chaque esprit perçoit une beauté différente. »

phénomène serait le sentiment (*feeling*). Ce que Hume appelle ainsi tient à la fois de la sensation et de l'émotion, choses éminemment subjectives, mais qui, pour lui, ne sont pas arbitraires pour autant. Tout sentiment de beauté est légitime et aucun ne peut être rationalisé (expliqué par des démonstrations et des règles) ou raisonné (modifié par un discours convaincant). Cette définition de la beauté prend ainsi place dans un débat plus large : l'affrontement entre sentiment et raison. Penser que la beauté est dans le regard, c'est dire qu'elle repose sur un sentiment propre à chacun qu'on ne peut ni contester ni généraliser. À l'inverse, penser que la beauté repose sur des caractéristiques objectives, c'est dire qu'elle est connaissable et qu'on peut l'appréhender par la raison. En France, c'est plutôt sur la musique que ce débat se cristallise, dans une controverse au nom qui prête à sourire : la « querelle des Bouffons » (1752-1754). L'écrivain et philosophe Jean-Jacques Rousseau, au diapason avec Hume, pense que la beauté des mélodies ne se fonde que sur un sentiment de plaisir propre à chacun. Le compositeur Jean-Philippe Rameau, lui, défend au contraire l'idée d'une harmonie objective, atteinte par le respect de critères et de

OSCAR WILDE (1854-1900)
Romancier, dramaturge et poète irlandais. Il étudie à Dublin puis à Oxford, où il s'imprègne de culture classique et construit son personnage de dandy. À Paris, il fréquente les grands artistes des années 1880. Marié en 1883, il assume ensuite son homosexualité, ce qui lui vaut une condamnation de deux ans pour « grave immoralité ».

méthodes fixes. Alors, la beauté a-t-elle des règles objectives ou est-elle une pure émotion propre à chacun ?

Les jugements objectifs sur la beauté

Faire de la beauté une pure émotion ou sensation, aussi indéfinissable qu'incontestable, ne revient-il pas à la confondre avec ce qui est agréable ? C'est le soupçon du philosophe Emmanuel Kant, qui enjoint dans la *Critique de la faculté de juger* à bien distinguer la beauté de l'agrément. Il existe entre ces notions deux différences nettes. D'abord, notre rapport aux choses agréables n'est jamais neutre : on en retire un intérêt. La nourriture comble un besoin vital, un canapé nous apporte du confort, un film d'action nous divertit, etc. Alors que notre rapport aux choses belles est désintéressé : la beauté de la lune et des étoiles nous procure bien un plaisir, mais nous n'en tirons pas de bénéfice concret. La seconde différence intéresse encore davantage Kant car elle porte sur l'usage que l'on fait des deux sentiments. Avec le sentiment d'agrément, pure sensation injustifiable, la discussion s'arrête net. Comme le dit l'adage, « des goûts et des couleurs, on ne discute pas ». Tandis qu'avec le sentiment esthétique, elle est sans fin. Si l'on est saisi par la beauté d'une chose et que notre voisin ne la reconnaît pas, on ne pourra s'empêcher d'être choqué. Et l'on voudra alors discuter jusqu'à lui faire reconnaître ce qui nous semble être une erreur voire une injustice. La beauté est donc subjective, au sens où elle est perçue par nous, qui sommes des sujets, mais pour autant elle n'est pas singulière (propre à chacun). Par les débats qu'elle engendre, nous recherchons au contraire un accord universel. Et même si, dans les faits, nous sommes rarement d'accord sur ce qui est beau, nous avons l'impression que nous *devrions* l'être. En rassemblant ces critères, Kant parvient à définir la beauté comme « ce qui plaît universellement en droit et de manière désintéressée ».

> LA BEAUTÉ N'EST QU'UN PIÈGE TENDU PAR LA NATURE À LA RAISON.
> **VOLTAIRE**

Autrement dit, la beauté est ce qui nous paraît digne de plaire à tout le monde.

Pour dire qu'une chose est belle, il faut donc se départir de ses préférences, ne pas regarder ce qui nous intéresse ou ce que nous aimons, mais uniquement ce qui mérite de remporter l'adhésion de tous. Par exemple, on peut dire que la mer est belle, non parce qu'on y passe de bonnes journées ou qu'à titre personnel on apprécie de se relaxer en la regardant, mais parce qu'on peut estimer que son immensité, son camaïeu de couleurs ou encore la délicatesse de sa ligne d'horizon sont dignes de plaire à tout être humain. Selon ce raisonnement, il n'y a aucune contradiction à dire d'un film : « Il était beau ; mais je n'ai pas aimé. » Cette phrase signifie que la qualité du film le rend digne de plaire, mais que nos goûts ne nous l'ont pas rendu agréable. En suivant Kant, on peut donc dire que la beauté est bien dans notre regard, mais que ce regard doit être neutre, et en ce sens objectif.

En théorie, cette idée a de quoi clore tous les débats : la beauté est bien subjective, mais cela n'empêche pas de la définir et de la distinguer du laid puisqu'elle repose sur un jugement universel. Mais est-ce pertinent dans la pratique ? Dans les faits, nous ne tombons jamais universellement d'accord sur ce qui est beau. Les critiques professionnels jugeant de la qualité esthétique d'une œuvre d'art peinent eux-mêmes à s'accorder. Pourtant, ils s'efforcent bien de mettre de côté leurs goûts personnels. Cette résolution est d'ailleurs bien difficile à tenir. Si un juge peut s'approcher de l'objectivité en adoptant un regard neutre sur une affaire judiciaire, c'est parce qu'il bénéficie de lois à appliquer. Mais il n'existe pas de telles lois pour légiférer sur la beauté. Ce qui est jugé digne de plaire change selon les lieux, les époques et les modes. Alors comment faire

La beauté est bien subjective, mais cela n'empêche pas de la définir et de la distinguer du laid.

pour tomber d'accord ? Et sommes-nous encore susceptibles de ressentir une émotion esthétique si nous mettons de côté tout ce que notre histoire personnelle nous a conduits à aimer ? Plus nous essayons de juger objectivement de la beauté, plus il semble que, telles des machines, nous nous rendions inaptes à l'émotion esthétique.

Alors faut-il vraiment faire abstraction de ses propres goûts et désirs pour voir la beauté des choses ? Pour le sociologue Pierre Bourdieu, cette exigence kantienne d'un jugement pur et désintéressé serait en réalité socialement construite, tout comme les réactions qu'elle suscite chez nous. Dans son ouvrage *La Distinction*, il montre que le milieu social auquel on appartient et l'éducation qu'on y reçoit ont deux conséquences majeures sur notre rapport à la beauté.

DAVID HUME (1711-1776) Philosophe et économiste, il est considéré comme un penseur majeur des Lumières écossaises. Il occupe plusieurs postes diplomatiques. En France, il se lie d'amitié avec Jean-Jacques Rousseau. Sceptique, il écarte toute légitimité d'une autorité, morale ou politique, et met en lumière les limites de la raison.

JEAN-JACQUES ROUSSEAU (1712-1778) Écrivain et philosophe suisse, il fait partie des philosophes des Lumières, bien que son image de précurseur du romantisme puisse être opposée au rationalisme de penseurs tels que Voltaire. Ses travaux sur la société et l'éducation mais aussi ses écrits littéraires connaissent un grand succès dès leur parution.

Beauté ≠ agrément

Ce qui est agréable nous procure un avantage et dépend de nos préférences personnelles, tandis que ce qui est beau suscite en nous un plaisir désintéressé, que nous ne voyons qu'en mettant de côté nos goûts personnels. ●

Une question d'*habitus*

D'une part, le milieu influence nos goûts en matière d'agrément. Pour le dire vite, on ne se divertit pas de la même manière selon qu'on appartient à un milieu populaire, à une classe moyenne ou à un milieu bourgeois. Et ce n'est pas une question d'argent. Car même à moyens financiers égaux, on ne choisit pas les mêmes vêtements, meubles, lieux de résidence ou loisirs. Cela explique que les grands gagnants du Loto choisissent souvent de suivre des formations sur l'œnologie ou l'opéra : leur seul gain ne leur offre pas un accès immédiat à un autre milieu. Il leur faut d'abord changer ce que Bourdieu nomme leurs *habitus*, c'est-à-dire l'ensemble des goûts et des pratiques adaptés à un milieu social.

D'autre part, notre milieu nous rend plus ou moins aptes à distinguer ces goûts de la beauté et à avoir un rapport désintéressé à celle-ci. Pour Bourdieu, seules les classes dominantes suivraient le conseil kantien. Ou l'inverse : Kant aurait peut-être simplement suivi les normes aristocratiques de son temps. Au sein de ces classes dominantes, on apprendrait dès le plus jeune âge à savoir faire abstraction de ses goûts personnels sur commande, pour pouvoir se mettre en posture de pure contemplation devant les œuvres culturelles, et par extension devant tout ce qui est susceptible d'être beau. Avec une telle éducation, il devient aisé d'apprécier la beauté de choses qui ne nous font pourtant même pas plaisir. Dans d'autres milieux, en revanche, les enfants n'apprendraient pas à distinguer ce qu'ils aiment et leur est agréable de ce qui est digne de plaire à tous, abstraction faite des goûts de chacun. La beauté se réduirait pour eux à l'agrément. Ils ne chercheraient pas la contemplation désintéressée prônée par Kant, mais le divertissement. Pour le sociologue, cela explique qu'on valorise plutôt dans ces milieux ce qui est ludique et accessible. Ce qui ne l'est pas semblera austère, prétentieux, froid. Tandis que, pour ceux que Bourdieu s'amuse à appeler les partisans du « goût pur », cette froideur n'est que la distance nécessaire pour apprécier la beauté d'un moment, d'un paysage ou d'une œuvre d'art. Kant n'aurait donc pas défini la beauté, mais la beauté selon les classes dominantes.

La bonne règle de mesure de la beauté

Si l'on peut former des jugements objectifs sur la beauté, pourquoi ne pas en faire une science ? C'est ce qu'ont tenté les mathématiciens de l'Antiquité en mettant au jour le nombre d'or. Il s'agit de la proportion parfaite entre le tout et les parties qui le composent. Si l'on applique ce critère, il s'avère que la nature est la meilleure des artistes, puisqu'elle produit régulièrement cette proportion idéale : on la retrouve dans l'agencement des graines d'une fleur de tournesol, dans la spirale de la coquille des ammonites et même dans la forme de certains virus ! La symétrie et la bonne proportion seraient-elles alors ce qui, pour reprendre le vocabulaire de Kant, est le plus digne de plaire universellement ? D'après les neurologues, les images symétriques sont en tout cas les plus faciles à coder pour notre cerveau. Une thèse séduisante, mais difficile à appliquer à la beauté des idées, des moments ou des sentiments… ●

EMMANUEL KANT (1724-1804)
D'abord disciple de David Hume, il s'éloigne ensuite de la théorie qui fait de la sensibilité l'origine de la connaissance. Ses analyses sont fondées sur quatre questions : que puis-je connaître ? Que dois-je faire ? Que m'est-il permis d'espérer ? Qu'est-ce que l'homme ? (voir *l'éléphant* n°13)

PIERRE BOURDIEU (1930-2002)
Agrégé de philosophie, il s'oriente ensuite vers la sociologie. Beaucoup de ses ouvrages sont consacrés à l'étude des modes de transmission de la culture, en particulier par le milieu et les parents. Il révèle les mécanismes de la reproduction sociale.

HANNAH ARENDT (1906-1975)
Fille unique de Juifs allemands, elle obtient la nationalité américaine en 1951. Élève de Martin Heidegger, elle entretient avec lui une abondante correspondance. Ses travaux portent surtout sur la modernité, la culture et le totalitarisme (voir *l'éléphant* n°29).

Si, pour Bourdieu, il n'y a pas de raison de perpétuer cette conception de la beauté, on peut toutefois en proposer une. Distinguer la beauté de l'agrément et rechercher ce qui nous paraît universellement digne d'être admis a en effet une vertu : cela peut servir à mieux former l'esprit à la réflexion sociale et politique, dans laquelle on doit précisément faire abstraction de ses préférences et intérêts de classe afin de trouver des règles dignes de devenir universelles. C'est le sens de la thèse qu'Hannah Arendt défend dans son ouvrage *Juger* : elle y affirme que le jugement esthétique chez Kant serait un excellent modèle pour la réflexion sociale et politique. La beauté et la politique sont deux notions qu'on n'associerait pas spontanément. Et pourtant, elles ont en commun l'absence de science parfaite et de recettes toutes faites. Pour Arendt, c'est d'ailleurs un atout : cela nous permet de considérer les œuvres ou les situations dans leur singularité et d'imaginer de nouvelles règles à partir d'elles. Et si l'on suit la définition kantienne de la beauté, son appréhension a également en commun avec la réflexion politique le devoir de se détacher de ses propres goûts, intérêts et évidences. Cette capacité à réfléchir à partir de ce que Kant nomme un « sens commun », en se mettant à la place de tout autre individu et en recherchant le consensus, est effectivement essentielle à tout projet collectif.

La beauté et la politique sont deux notions qu'on n'associerait pas spontanément.

Ainsi, la beauté n'est pas un sujet de préoccupation si futile qu'il y paraît. Si elle provoque de l'émotion, on peut également formuler à son égard des jugements neutres et en débattre. Et comme elle ne se laisse enfermer dans aucune règle définitive, ces débats sont inépuisables et nous aident à mieux penser en commun. ●

À l'époque…

PAR **MÉLANIE SEMAINE**

Qu'y a-t-il de commun entre un sonnet de Du Bellay, un opéra de Wagner et un portrait de Rembrandt ? Ce sont bien sûr des œuvres d'art, mais qu'est-ce qui nous permet de les reconnaître comme telles ? La philosophie éprouve des difficultés à définir précisément ce qu'est une œuvre d'art, principalement du fait de la diversité des formes artistiques. Et si l'histoire de l'art nous montre la succession des médiums et des courants artistiques, elle n'y voit pas pour autant un progrès qui nous permettrait de mieux identifier ce que doit être une œuvre. Alors pourquoi ne pas allier les deux disciplines pour y voir plus clair ? Petit point sur la définition de l'œuvre d'art propre à chaque époque.

ANTIQUITÉ › XVIIIe SIÈCLE

L'œuvre d'art est une imitation de la nature

Dans l'Antiquité, on pense que les artistes ne font qu'imiter ce qu'ils voient. Les meilleurs sont alors ceux qui produisent des œuvres si ressemblantes qu'on peut les confondre avec la réalité. Dans son histoire de l'art, Pline l'Ancien raconte ainsi que, au ve siècle avant notre ère, le peintre Parrhasios propose à son rival Zeuxis un défi afin de savoir qui des deux est le meilleur artiste : peindre un tableau reproduisant son sujet le plus fidèlement possible. Zeuxis représente des grappes de raisin si saisissantes de réalité que des oiseaux, leurrés, tentent de les picorer. C'est alors au tour de Parrhasios de montrer son tableau. Zeuxis avance la main pour tirer le rideau qui le dissimule et découvre stupéfait qu'il se trouvait déjà devant le tableau : le rideau était peint. Parce que Parrhasios a réussi à tromper un être humain et Zeuxis seulement des animaux, le premier est reconnu meilleur artiste. Ce critère de ressemblance aux choses domine l'art durant des siècles. Au XVIIIe siècle, il définit même la catégorie des beaux-arts : ce sont les œuvres capables de susciter un plaisir raffiné qui vient de l'imitation de la nature.

UN PHILOSOPHE

PLATON (*LA RÉPUBLIQUE*)

Pour lui, l'art est un miroir tendu à la nature. La sculpture, la musique ou encore la peinture ne feraient qu'imiter le monde sensible, celui auquel on a accès par l'entremise de nos cinq sens. Loin d'être impressionné par ces œuvres d'art, Platon considère qu'elles sont le plus bas degré de la réalité. Au sommet se trouvent les Idées, qui nous permettent de connaître, puis les objets concrets, qui nous permettent d'acquérir des savoir-faire, et, tout en bas de cette échelle, les œuvres d'art, qui ne sont que de pâles copies des objets. Elles sont non seulement inutiles, mais dangereuses puisqu'elles tendent à nous tromper. Platon veut donc chasser les artistes, producteurs d'illusions néfastes, hors de la cité.

UNE ŒUVRE EMBLÉMATIQUE

LE *DORYPHORE* DE POLYCLÈTE (VERS - 440)

Le sculpteur Polyclète serait l'inventeur du *contrapposto*, une posture de corps sculpté laissant le poids sur une jambe et l'autre libre. Cette convention doit permettre de représenter le corps dans un léger mouvement, donnant aux œuvres davantage de réalisme.

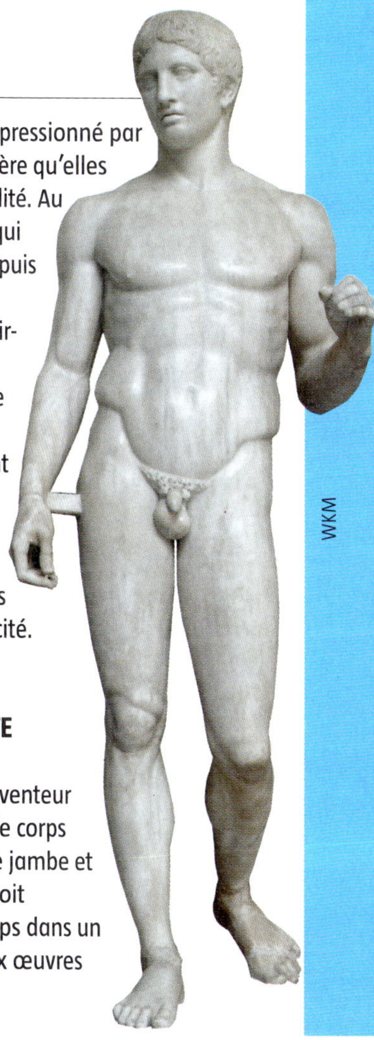

WKM

XIXe › XXe SIÈCLE

L'œuvre d'art est une expression de la subjectivité

Avec le tournant de la peinture impressionniste, qui ne représente plus les choses telles qu'elles apparaissent mais telles qu'elles sont ressenties, la définition de l'œuvre d'art comme imitation de la nature paraît dépassée. Le dessin brut de Vincent Van Gogh et les couleurs invraisemblables de Paul Gauguin ne peuvent plus passer pour des copies de la réalité. Ces distorsions du réel traduisent plutôt l'intériorité de l'artiste ou restituent les sentiments et les atmosphères des sujets représentés. Et cette définition de l'œuvre d'art comme expression de la subjectivité – c'est-à-dire des croyances et des sentiments – peut s'appliquer *a posteriori* aux œuvres du passé : si celles-ci ressemblaient à la réalité, cela signifie-t-il pour autant qu'elles n'en étaient qu'une simple copie ? Pas nécessairement. Car elles dévoilaient aussi la vie intérieure de l'artiste et son rapport au monde, ou encore l'atmosphère des lieux et les sentiments des personnes représentées. L'œuvre d'art serait donc plutôt ce qui exprime la subjectivité.

UN PHILOSOPHE

HEGEL (*ESTHÉTIQUE*)

Le philosophe s'élève contre la conception de l'art comme simple imitation de la nature. Pour lui, les œuvres d'art font davantage puisqu'elles expriment l'esprit, la vie intérieure de l'artiste ou du sujet représenté. Il le démontre en prenant l'exemple de l'art hollandais : cette peinture, qui compte beaucoup de scènes de genre et de natures mortes, est pourtant réputée très imitative. Mais, pour Hegel, ces choix artistiques révèlent bien plus : ils expriment l'attachement affectif des Hollandais aux choses concrètes (la terre, le commerce, la nourriture ou l'artisanat) ; et celui-ci s'explique par l'histoire mouvementée d'un peuple qui a dû lutter pour conquérir une vie matérielle confortable.

WKM

UNE ŒUVRE EMBLÉMATIQUE

***LA DENTELLIÈRE* DE JOHANNES VERMEER (1671)**

Si la peinture est très réaliste, elle ne se contente pas de dupliquer la réalité. En s'attachant à une activité concrète, elle révèle « l'esprit du peuple » hollandais. Et en choisissant de montrer le visage de la dentellière, absorbée dans sa tâche, et non son ouvrage, le tableau attire notre attention sur une chose d'ordinaire invisible : la vie intérieure de cette femme.

AUJOURD'HUI

L'œuvre d'art est ce qui a une signification dans le « monde de l'art »

AKG IMAGES. ADAGP 2021

Avec l'émergence de l'art contemporain et plus encore du ready-made (littéralement, un objet prêt à l'emploi), la définition de l'œuvre d'art est bouleversée. L'œuvre peut désormais être indiscernable d'un objet du quotidien. Standard et produite en série, elle n'exprime plus une subjectivité particulière. Alors qu'est-ce qui en fait encore une œuvre d'art ? C'est sa signification. Une fois placés dans un lieu d'exposition dans le seul but d'être contemplés, les objets perdent leur visée utilitaire et acquièrent une signification imaginée par l'artiste. Au monde ordinaire se superpose donc le « monde de l'art », dans lequel n'importe quel objet, qu'il soit unique ou produit en série, utile ou non, beau ou laid, peut être identifié comme une œuvre, à condition d'incarner un sens. Et demain… ?

UN PHILOSOPHE

ARTHUR DANTO (*CE QU'EST L'ART*)

Dans un contexte de bouleversement des codes de l'art, Arthur Danto avance un nouveau critère de définition de l'œuvre d'art : celle-ci ne doit pas se définir par ce à quoi elle ressemble (que ce soit la nature ou nos sentiments) mais par ce qu'elle signifie. Cette signification est rendue compréhensible par l'existence de théories, artistiques bien sûr, mais aussi scientifiques, économiques ou encore sociales. Celles-ci nous permettent d'interpréter une œuvre et de chercher le sens que l'artiste a pu lui donner. Critère élitiste ? Pas nécessairement, car pour Danto une bonne œuvre d'art doit pouvoir transmettre son sens aisément, même à quelqu'un possédant très peu de connaissances préalables.

UNE ŒUVRE EMBLÉMATIQUE

***BOÎTES DE SAVON BRILLO* D'ANDY WARHOL (1964)**

Devant l'entassement des *Boîtes de savon Brillo* d'Andy Warhol, que l'on soit familier ou non des théories artistiques et politiques du pop art, on peut être saisi par le poids de la consommation de masse et la signification ironique de l'œuvre. ●

pour retenir

LES **3 POINTS** ESSENTIELS DU DOSSIER

- Subjectif *vs* objectif. Est subjectif ce qui n'existe que dans le regard d'un sujet. Est objectif ce qui existe indépendamment de tout point de vue (dans un objet concret) ou de toute préférence personnelle (dans un jugement neutre).

- Émotion esthétique *vs* jugement esthétique. Si la beauté est une émotion, alors elle est subjective et indiscutable : on ne peut pas débattre du fait qu'on ressent une émotion, on peut juste tenter de la décrire. Si elle est un jugement, alors elle s'appuie sur la raison et se prête au débat.

- Beauté *vs* agrément. La beauté nous procure un sentiment de plaisir désintéressé (nous n'en tirons aucun avantage concret) dont nous pensons qu'il devrait être universel. L'agrément, à l'inverse, suscite un plaisir intéressé et propre à chacun selon ses goûts.

L'autrice vous conseille

- **François Jullien, *Cette étrange idée du beau* (Le Livre de poche, 2011)**
  Le philosophe et sinologue nous montre que la notion de beauté n'est pas universelle : c'est un concept occidental qui n'existe pas dans la pensée chinoise.

- **Michael Fried, *Pourquoi la photographie a aujourd'hui force d'art* (Hazan, 2013)**
  Un très beau livre confrontant philosophes et photographies contemporaines. Tous les textes et visuels choisis nous montrent que l'art peut révéler la beauté de l'ordinaire, et qu'il est peut-être même le seul moyen d'y accéder.

Prolonger le dossier avec...

... DES EXPOSITIONS

- Il faut se souvenir des expositions de la rentrée, ou parcourir leurs catalogues, pour mieux comprendre Hegel. À Paris, l'exposition sur la peinture danoise au Petit Palais a ainsi permis de vérifier que les tableaux de genre ne copient pas seulement des scènes mais restituent « l'esprit d'un peuple ». De même, la rétrospective Cindy Sherman à la Fondation Louis Vuitton, montrant des portraits d'individus absorbés dans leur tâche ou au regard perdu vers un hors-champ, a été l'occasion de voir de quelle manière l'art révèle l'intériorité des personnes.

... UN SITE INTERNET

- Celui du premier robot artiste : www.ai-darobot.com. L'art est vecteur d'émotions ; mais faut-il pouvoir les ressentir pour être un artiste ? L'inventeur et galeriste Aidan Meller a créé le premier robot capable de réaliser des œuvres d'art. Si Ai-Da est déjà une artiste à succès, la question se pose de savoir qui est l'auteur de ses œuvres : la machine ou son programmeur ?

L'anecdote

En 1917, la Société des artistes indépendants de New York fait savoir qu'elle est prête à exposer toutes les œuvres qu'elle recevra, sans sélection, afin de promouvoir la démocratisation de l'art. L'artiste français Marcel Duchamp envoie en guise d'œuvre d'art un urinoir public qu'il baptise *Fontaine*. L'objet est trivial voire grossier. Il est manufacturé et produit en série. Il est simplement signé d'un faux nom : R. Mutt, un jeu de mots entre le nom de la fabrique d'urinoirs américaine Mott et le terme signifiant « crétin ». L'urinoir essuie un refus, disparaît, est retrouvé puis présenté discrètement. À l'occasion d'une nouvelle exposition, une polémique naît : on trouve l'œuvre dégradante, pour le spectateur comme pour le monde de l'art. Depuis, la provocation de Duchamp a fait date et les œuvres d'art incluent désormais les objets du quotidien.

pour retenir

Beaux jeux

Nombre de points

/17

BEAU TÉNÉBREUX 1

Qui se cache derrière cette charade ?

– Mon premier est une forme ancienne du mot « beau ».
– Mon second désigne l'ensemble de la planète en italien.
– Mon tout est un acteur de cinéma.

LA POMME DE LA DISCORDE 6

On parle d'une « pomme de discorde » pour désigner un sujet de désaccord. Cette expression tire son origine d'un épisode de la mythologie grecque. Remettez à leur place les protagonistes de cette histoire : Aphrodite (2 fois) – Héra – Hélène – Ménélas – Éris – Pâris – Thétis – Athéna – Zeus – Pélée – Hermès

La déesse de la discorde, ……………, est furieuse de ne pas avoir été invitée au mariage de la nymphe …………… et du roi ……………. Pour se venger, elle jette au milieu du banquet une pomme où est inscrit « À la plus belle ». Trois déesses se disputent le fruit : ……………, déesse de l'amour, ……………, déesse de la guerre, et ……………, déesse du mariage. Pour clore le débat, …………… envoie …………… chercher le plus beau jeune homme de la Terre, ……………, pour les départager. Chacune des déesses lui fait miroiter une promesse dans l'espoir d'être choisie. Il élit ……………, qui lui promet de lui donner la plus belle femme du monde pour compagne, ……………, fille de ……………, roi de Sparte. Cela provoque la guerre de Troie, qui oppose Troyens et Grecs.

MODE ET BEAUTÉ 5

Sous l'Ancien Régime, le souci de paraître des nobles – hommes et femmes – leur fait employer divers accessoires ou techniques destinés à rehausser la beauté. À quoi sont-ils destinés ?

A. La fraise est un rond de tissu plissé porté autour du cou…
B. La céruse est un fard…
C. La mouche est un petit rond de taffetas noir…
D. Le rouge est un fard coloré…
E. La perruque cendrée, souvent parfumée, est…

1. … destiné(e) à faire ressortir la blancheur du teint
2. … destiné(e) à évoquer la sensualité
3. … destiné(e) à rendre le teint blanc
4. … destiné(e) à adoucir le visage
5. … destiné(e) à mettre en valeur le visage

AU DÉBOTTÉ 5

Vous avez les auteurs des œuvres ci-dessous. À vous de compléter pour retrouver les titres !

A. *Bel-*…………… de Guy de Maupassant
B. *Belle du* …………… d'Albert Cohen
C. *Le Beau* …………… de Johann Strauss fils
D. …………… *est belle* de Roberto Benigni
E. *La Belle*…………… de Jacques Roubaud

Beau ténébreux : *bel-mondo* : Jean-Paul Belmondo, bien sûr !
La pomme de la discorde : Éris, Thétis, Pélée, Aphrodite, Athéna, Héra, Zeus, Hermès, Pâris, Aphrodite, Hélène, Ménélas.

Mode et beauté : A-5, B-3, C-1, D-2, E-4.
Au débotté : A. *Bel-Ami* ; B. *Belle du Seigneur* ; C. *Le Beau Danube bleu* ; D. *La vie est belle* ; E. *La Belle Hortense*.

CYRUS NORTH

Cyrus North

« La philosophie stoïcienne correspond à l'idée de développement personnel »

En abordant des concepts philosophiques avec humour, le youtubeur cherche à stimuler notre curiosité

PROPOS RECUEILLIS PAR MÉLINA JUIN, JOURNALISTE

Depuis 2013, Cyrus North parle de philosophie sur YouTube. L'existentialisme de Sartre, le désir de Schopenhauer, le déterminisme de Spinoza… Autant de grands concepts expliqués avec humour et pédagogie. Suivi par plus de 470 000 abonnés aujourd'hui, le youtubeur s'est diversifié ces dernières années pour aborder des sujets politiques, sociétaux, technologiques ou plus personnels. Le lancement d'une chaîne YouTube pour préparer les élèves au brevet ou au bac, la création, avec France.tv, d'une émission visant à décrypter l'actualité, l'animation d'une web-série sur Arte consacrée aux nouvelles technologies… Tous les projets de Cyrus North en appellent à la même impulsion : la curiosité.

Pourquoi la philosophie ?

J'ai découvert la philosophie assez tard, au lycée, comme la plupart des étudiants. En terminale et en classe prépa, j'ai aussi eu de super professeurs de philosophie. Il y avait des concepts qui me retournaient la tête ! Je me suis demandé pourquoi je n'avais pas découvert cela plus tôt. La physique, par exemple, on y est initié bien avant d'entrer au lycée, parce que c'est au programme au collège et qu'il y a *C'est pas sorcier* à la télévision. C'est en discutant de cela avec des amis que je me suis dit : un *C'est pas sorcier* de la philo, ce serait fou ! J'avais aussi découvert un blog passionnant, *Philosophy Bro*. Son auteur y parle de philosophie, mais comme s'il était en train de parler à son pote. Tout y était très clair ! Ce sont aussi des livres spécialisés qui m'ont donné le goût de la philosophie, à chaque fois lorsque j'étais aux États-Unis. J'ai de la famille là-bas – mon père et ma sœur y habitent depuis dix ans maintenant – et j'ai pu constater que la culture en général y était beaucoup moins sacralisée qu'en France. Un jour, je suis tombé sur un livre intitulé *The Philosophy Book : Big Ideas Simply Explained* qui avait l'air amusant, coloré, et qui s'est révélé très complet.

CYRUS NORTH EN QUELQUES DATES

2 AOÛT 1990
Naissance à Clamart

2008
Entrée en classe préparatoire HEC au lycée La Bruyère à Versailles

2010
Rejoint la Kedge Business School, école de commerce à Bordeaux

2013
Lancement de sa chaîne YouTube et création du « Coup de Phil' »

2016
Création de la chaîne YouTube *Quelle histoire Cyrus !* avec France TV Éducation et du format « T'imagines si »

2017
Lancement de la chaîne YouTube *L'Antisèche*

2018
Animation de la web-série d'Arte *Homo digitalis*

2019
Partenariat avec Yahoo ! Green : reportages sur des problématiques environnementales

À L'AFFICHE

Sur sa chaîne

Au début très orientées vers la philosophie, abordant des sujets comme le divertissement pascalien, la dialectique de Hegel, le contrat social de Rousseau ou encore l'impératif catégorique de Kant, les vidéos de Cyrus North se sont progressivement diversifiées et abordent aujourd'hui des sujets plus variés : la technologie, la politique, les voyages ou le développement personnel. Parmi les derniers sujets traités, on retrouve par exemple l'addiction aux réseaux sociaux, les pouvoirs de la solitude, les bienfaits de la méditation ou les risques de psychose entourant la crise sanitaire.

Zoom : la peine de mort

Le 11 octobre 2020, le youtubeur a publié une vidéo, en partenariat avec Amnesty International, concernant la peine de mort. Sa réalisation a été impulsée par la parution, le 15 septembre, d'un sondage réalisé par IPSOS pour *Le Monde* intitulé « Fracture française 2020 ». Ce sondage dévoile que 55 % des Français sont aujourd'hui favorables à la peine capitale. En se questionnant sur la cause d'une telle augmentation, Cyrus North propose une réflexion sur l'idée même de peine de mort. Il oppose ainsi à l'idée de justice celle de vengeance : pourquoi punir quelqu'un pour un crime en répétant ce même crime ? Si le meurtre est condamné, explique-t-il, alors la société ne peut pas se permettre de le perpétuer elle-même, un État de droit comme la France se fondant sur d'autres valeurs que celles des individus qu'il condamne. ●

Cette idée de culture désacralisée, comme aux États-Unis, a-t-elle beaucoup influencé votre travail ?

Totalement. D'ailleurs, ce que je fais actuellement se rapproche plus du développement personnel que de la philosophie. L'image qu'en ont les États-Uniens est complètement différente. En France, on a tendance à déconsidérer ce qui se rapporte au « coaching ». On m'a dit que la philosophie et le développement personnel n'avaient rien à voir : je ne suis pas d'accord ! Sénèque qui a écrit *De la vie heureuse* ou *De la brièveté de la vie*, Épictète et son *Manuel* : personne ne doute du fait qu'ils sont des philosophes, pourtant ce qu'ils écrivent correspond exactement à l'idée de développement personnel. Ce sont des stoïciens qui tentent de comprendre quelle est la meilleure façon de vivre pour atteindre le bonheur. Ces thématiques m'intéressent beaucoup en ce moment – sûrement parce que je commence à vieillir… Il y a aussi, dans cette vision états-unienne de la culture, un pragmatisme qui me correspond bien, et qui vient peut-être de l'éducation que j'ai reçue de mes parents. Ils sont tous les deux nés en Iran et ont émigré suite à la révolution islamique. Lorsqu'ils sont arrivés en France, ils se sont débrouillés comme ils le pouvaient. Ils m'ont transmis une façon d'appréhender le monde très pragmatique, et l'idée selon laquelle il n'y a pas de barrière : on peut faire et parler de ce que l'on veut.

Vous souvenez-vous des premiers textes, des premiers concepts qui ont éveillé votre intérêt pour la philosophie ?

Le premier concept qui me vient en tête, c'est le *cogito* de Descartes : l'idée selon laquelle rien ne me prouve que tout ceci est réel. La preuve en est que, lorsque je rêve, je crois vraiment à ce que je vois, jusqu'à ce que je me réveille. Je ne peux donc pas faire confiance à mes sens ou à mon raisonnement. Alors, qu'est-ce qui est réel ? On en vient à cette première vérité : « Je pense donc je suis. » Autrement dit, la seule réalité, c'est le fait que je pense. C'est une de mes premières « claques » philosophiques. C'est la même idée qui sous-tend l'intrigue de *Matrix* : la secousse que l'on peut ressentir en regardant *Matrix*, on la ressent tout aussi puissamment lorsqu'on s'intéresse à Descartes. Dans cette même logique, il y a *The Truman Show* et – cela peut paraître étonnant – le film d'animation *Toy Story*. Ce dernier soulève une question : est-ce que cela existe si je ne le vois pas ? Si je ne vois pas ces jouets s'animer, rien ne me prouve qu'ils restent immobiles quand j'ai le dos tourné. Ce qui signifie que, tant que mes sens ne me prouvent pas l'inverse, tout peut arriver.

RÉVOLUTION ISLAMIQUE
Les réformes menées dans les années 1970 par le shah (« roi des rois ») Muhammad Reza Pahlavi ayant suscité la révolte en Iran, le monarque doit fuir le pays en 1979. L'ayatollah Khomeini, qui vivait en exil en France depuis quinze ans, rentre alors à Téhéran. Accueilli en héros, il instaure une république islamique nationaliste, anticapitaliste, antisioniste et anti-impérialiste.

MATRIX
Série de trois films de science-fiction réalisés par les sœurs Lana et Lilly Wachowski, dont le premier volet est sorti en 1999. Dans un futur dystopique, les humains évoluent dans une simulation virtuelle de la réalité appelée « Matrice », créée par des machines dans le but de les asservir. Lorsque le héros, Neo, en prend conscience, une rébellion s'amorce.

> La philosophie est importante car elle nous donne des outils pour appréhender le monde.

J'ai utilisé certains extraits de films dans mes vidéos pour illustrer des concepts qui pourraient en premier lieu sembler un peu abrupts, alors qu'ils ne le sont pas tant. La scène du Choixpeau magique dans *Harry Potter*, par exemple, m'a servi à expliquer ce que Sartre appelle le « libre arbitre ». La philosophie est importante car elle nous donne des outils pour appréhender le monde. Quand j'ai commencé avec des formats courts, c'était dans l'idée de fournir ces outils-là : chaque « Coup de Phil' » donnait au spectateur un outil qu'il pourrait utiliser devant un film, un livre, un discours…

Pourquoi choisir un format vidéo sur YouTube ?

J'ai compris un jour que j'aimais la philosophie, mais pas dans sa pratique académique. Je l'aimais quand elle était discutée, vécue, pratiquée ; j'aimais les discussions jusqu'à pas d'heure avec mes amis pour refaire le monde… J'ai eu envie de faire quelque chose de cet

LES STOÏCIENS

Courant philosophique fondé par Zénon de Citium en 304 avant notre ère à Athènes et qui se développe durant près de cinq siècles. Ce sont en fait les textes issus du stoïcisme tardif qui ont le plus marqué ce courant : les *Lettres à Lucilius* de Sénèque (- 4/+ 65), le *Manuel* et les *Entretiens* d'Épictète (50-125) et les *Pensées pour moi-même* de Marc Aurèle (121-180).
À la base de la morale stoïcienne se trouve une distinction première, entre ce qui dépend de nous et ce qui ne dépend pas de nous. Selon Épictète, le sage doit concentrer son effort sur ce qui dépend de lui (par exemple, vérifier les cordages sur un navire) et non sur ce qui n'en dépend pas (la tempête qui va frapper le navire). Une des idées majeures portées par les stoïciens est que l'état initial de l'être humain est celui du trouble intérieur, et que la philosophie est nécessaire pour parvenir à l'absence de trouble, qui définit le bonheur. ●

Buste cuirassé de Marc Aurèle, vers 170. Musée Saint Raymond (Toulouse). PIERRE-SELIM

engouement. C'est à peu près au même moment que j'ai découvert YouTube. Je n'y connaissais pas grand-chose : je regardais des vidéos de Norman, Cyprien, Mister V, Antoine Daniel – les plus connus à l'époque. Il y a sept ou huit ans, alors que j'étais en boîte de nuit, j'ai croisé Norman et je suis allé lui parler. Ç'a été un déclic ! J'avais déjà fait du théâtre et je m'étais déjà retrouvé derrière la caméra pour faire des montages de famille, des petits courts métrages avec ma sœur, etc. En fait, YouTube était au croisement de beaucoup de choses que j'aimais : le fond – la philosophie, l'écriture –, la technique, la comédie et bien sûr l'idée de partage. Tous les podcasts, les vidéos de voyages, de DIY (*Do It Yourself*), les tutoriels… c'est toujours du partage. Avec les reprises de musique, c'est pareil : il s'agit de transmettre. Maintenant, partager, c'est mon job !

Vous vous êtes peu à peu éloigné de la philosophie dans vos vidéos. Pourquoi ?

Je pense que je me suis lassé. J'ai réalisé une trentaine de « Coup de Phil' », qui demandaient toujours un peu le même processus d'écriture. Avec le temps, les envies évoluent. J'ai commencé à regarder les *late shows* états-

> Tous les podcasts, les vidéos de voyages, de DIY, les tutoriels… c'est toujours du partage.

uniens et je me suis dit que ce serait marrant de m'essayer à ce format, plus centré sur l'actualité. Alors j'ai fait « Cyrusly?! », où j'ai parlé de politique. Puis j'ai eu envie de faire des vidéos avec d'autres personnes, quelque chose de collaboratif : c'est comme ça qu'est née « T'imagines si », une série de vidéos dans lesquelles je recevais un invité avec qui je rebondissais sur des commentaires d'internautes. C'était un format très spontané, sans

ADOBE STOCK

YOUTUBE

Site web d'hébergement de vidéos, créé en février 2005 par Steve Chen, Chad Hurley et Jawed Karim, trois anciens employés de PayPal. La plateforme permet de partager et de visionner des vidéos gratuitement. En 2006, elle est rachetée par Google pour 1,65 milliard de dollars. Elle devient disponible en France en 2007.
Exempte de publicité à ses débuts, YouTube monétise son audience à partir de 2011. L'entreprise installe des bureaux à Paris en 2015 ; du matériel professionnel y est mis à disposition des youtubeurs. En 2020, la plateforme est disponible dans plus de quatre-vingt-dix pays et dans quatre-vingts langues différentes : 95 % des internautes du monde peuvent ainsi y avoir accès. Plus de deux milliards d'utilisateurs se connectent à YouTube chaque mois et le site comptabilise plusieurs milliards de vues par jour, soit plus de 82 000 vidéos vues en une seconde. ●

LIBRE ARBITRE
Dans *L'Être et le Néant* (1943), Jean-Paul Sartre (1905-1980) déclare que « l'homme est condamné à être libre ». Selon lui, l'être humain n'a pas de nature intrinsèque, ou « essence » : il est libre de se déterminer lui-même. Plus encore, il est condamné à user de cette liberté pour pouvoir se déterminer.

NORMAN THAVAUD (Né en 1987)
Youtubeur, humoriste et acteur, il se fait d'abord connaître en 2008 sur Dailymotion au sein du trio Le Velcrou, puis lance en 2010 sa chaîne YouTube *Norman fait des vidéos*. En juin 2020, il est le troisième youtubeur francophone, avec plus de douze millions d'abonnés.

écriture, qui me plaisait bien. Dans un tout autre genre, j'ai aussi parlé de cybernétique en faisant l'expérience de m'implanter un capteur sur le torse. Ce capteur vibrait lorsque je m'orientais vers le nord – c'était comme avoir développé un nouveau sens ! En repensant à cet entretien, vous vous souviendrez de ce qu'il y avait autour de nous, du vent, peut-être des odeurs de la cuisine. Avec le capteur, c'est comme si vous aviez en plus une boussole en tête. Je n'avais pas besoin de penser : « Où est le nord ? », c'était une sensation immédiate, comme la vue ou l'odorat : que je le veuille ou non, je recevais cette information. C'était une expérience très particulière ! Avec ce genre de vidéos, il s'agissait toujours de réfléchir au monde dans lequel nous vivons, mais d'une autre façon.

> Qu'on parle politique ou pop culture, j'ai envie de montrer que tout peut porter à réflexion.

Avec « Cyrusly?! », vous avez aussi expliqué les programmes politiques des candidats à la présidentielle de 2017.

Je pense que c'est important d'aller voter pour un programme et pas seulement pour un candidat. L'idée de ces vidéos était de rendre ces programmes plus accessibles, mais de les amener sur YouTube de la manière la plus neutre possible. Il s'agissait de présenter le monde tel qu'il est, pour que les internautes puissent le comprendre, l'analyser, s'en indigner ou l'approuver, peut-être en utilisant certains des outils que je donnais avec le « Coup de Phil' ». J'ai également envie de montrer que tout peut porter à réflexion. C'était aussi l'idée derrière « Pop Up », des vidéos dans lesquelles je parlais d'éléments de la pop culture : les Pokémon, l'overboard, *Star Wars*… Je prenais un concept de la vie de tous les jours et je me

Joseph Campbell, sa femme Jean Erdman et l'anthropologue Joan Halifax dans les années 1970. WKM

LE HÉROS AUX MILLE ET UN VISAGES (1949)

Essai dans lequel le spécialiste des mythes américain Joseph Campbell (1904-1987) commence à élaborer sa théorie du « monomythe ». Cette théorie énonce que les principaux mythes présents à travers le monde suivent tous le même archétype de schéma narratif. Le héros débute dans un « monde ordinaire », puis il est appelé à l'aventure. S'il accepte cette invitation, il accède, grâce à un mentor, à un autre monde et s'engage sur une route semée d'embûches qu'il va devoir surmonter, seul ou accompagné. Au plus haut de son parcours, il doit relever un défi particulièrement dangereux, à l'issue duquel il remportera un trophée ou un don lui permettant d'améliorer le monde ordinaire, dans lequel il retourne en fin de quête. L'auteur a développé ce schéma et ses différentes formes dans d'autres de ses œuvres. Très influente, cette théorie a été utilisée dans la conception de nombreuses narrations, comme celles des films de la saga *Star Wars* ou de la série *Lost : Les Disparus*. ●

demandais : « Qu'est-ce que ça peut nous dire d'un point de vue philosophique ? », un peu à la manière de Roland Barthes dans *Mythologies*.

Vous parlez de pop culture. Y a-t-il des références culturelles particulières qui ont nourri votre travail ?

Tout ce qui a trait au « storytelling », à l'art de raconter, me passionne, que ce soit à travers des séries, des films ou sur une scène. Joseph Campbell dans *Le Héros aux mille et un visages* émet l'idée qu'il n'existe qu'une seule histoire, et que toutes les histoires que l'on connaît n'en sont que des déclinaisons. Gandalf, Yoda, Dumbeldore… C'est le même personnage ! Campbell explique que, dans chaque histoire, il y a un héros qui vit dans le « monde ordinaire ». Ce héros va recevoir un appel de l'aventure, qu'il commencera par refuser avant de rencontrer un mentor. La démonstration se poursuit jusqu'au retour du héros dans le monde ordinaire (voir encadré). Même les comédies romantiques suivent ce schéma ! Je me suis demandé comment l'appliquer à la réflexion philosophique. On peut partir d'un élément très ordinaire, voir comment un philosophe peut changer les choses, placer des ennemis sur notre route (les contradictions) puis rentrer à la maison transformé… C'est le chemin que j'ai essayé de suivre dans mes vidéos.

Pour l'humour, qui est un élément important dans la mémorisation, je pense que je me suis imprégné de séries comme *The Office* ou *Scrubs*, où l'on pousse la blague à l'extrême. Mon ami Tom Aguilar m'a souvent aidé à écrire les blagues, parce qu'il va toujours très loin. Il est le coauteur de beaucoup de « Coups de Phil' », et c'est avec lui que j'ai réalisé le jeu de société « T'imagines si » et créé « le Meilleur Podcast ». Si je monte un *late show* plus tard, j'aimerais que ce soit avec lui ! ●

MYTHOLOGIES
Recueil de cinquante-trois textes écrits par Roland Barthes (1915-1980) entre 1954 et 1956. Inspirées par l'actualité (la presse, le cinéma, la technologie…), ces réflexions sociologiques et sémiologiques s'intéressent à ce qui fait la mythologie contemporaine. Barthes y définit le mythe comme un outil de l'idéologie.

PAR **DAVID LOUAPRE,** YOUTUBEUR SCIENTIFIQUE, AUTEUR*

Ingrédient central du fonctionnement de la vie sur Terre, le carbone, désigné par la lettre C, est rangé dans la sixième case du célèbre tableau périodique de Mendeleïev. Cette position n'a rien d'arbitraire ; comme pour tous les autres éléments chimiques de cette classification, elle nous renseigne sur la structure interne des atomes correspondants. Le fait qu'il soit dans la case numéro 6 nous indique qu'un atome de carbone est constitué d'un noyau comportant six protons (chargés positivement) autour duquel on trouve six électrons (chargés négativement). Mais protons et électrons ne sont pas les seules particules qui constituent les atomes (voir schéma page 107) : au sein du noyau, en complément des pro-

La technique de la spectrométrie de masse par accélérateur utilisée pour la datation au carbone 14. SCIENCE PHOTO LIBRARY/GOETGHELUCK, PASCAL

Rouleaux de la mer Morte, suaire de Turin ou peintures de la grotte Chauvet : autant de découvertes célèbres que l'on a pu dater grâce au carbone 14.

CARBONE 14

Une machine à remonter le temps

tons, on trouve aussi des neutrons, dont le nombre peut varier. Ainsi, le noyau d'un atome de carbone comporte généralement six, sept ou huit neutrons. Le nombre de ces neutrons n'influe pas de façon majeure sur les propriétés chimiques d'un atome, mais il peut jouer un rôle dans certains processus physiques.

Ces différentes versions d'un même élément chimique s'appellent des isotopes. On les distingue en leur attribuant un numéro ; celui-ci est calculé comme la somme du nombre de protons et du nombre de neutrons de leur noyau. Ainsi, le carbone à six neutrons est appelé carbone 12 ; avec sept neutrons, nous avons du carbone 13 ; enfin, les atomes de carbone comportant huit neutrons sont les fameux atomes de carbone 14.

Quiz

1. Pourquoi le carbone 14 est-il si rare ?

- ○ Il se dissout dans l'eau
- ○ Il est trop léger
- ○ Il est trop instable
- ○ Il se carbonise

2. En 1960, il reçoit le prix Nobel de chimie pour sa découverte de la datation au carbone 14. Il se nomme…

- ○ Willard Libby
- ○ Dmitri Mendeleïev
- ○ Albert Einstein
- ○ Louis Quatorze

1. Le carbone 14 est instable, c'est-à-dire qu'il peut changer d'identité : par exemple, se transformer en azote 14.
2. C'est le chimiste américain Willard Libby qui obtient le prix Nobel en 1960 pour sa géniale découverte.

Un cas isolé…

Ces différents isotopes ne sont pas tous aussi abondants les uns que les autres à l'état naturel : le carbone 12 représente à lui seul presque 99 % du carbone qui nous entoure, tandis que le carbone 13 est présent à hauteur de seulement 1 %. Quant au carbone 14, il est rarissime ! Seul un atome de carbone sur 1 000 milliards appartient à cet isotope.

Une des raisons de ce déséquilibre, c'est que le carbone 14 est instable : contrairement au carbone 12 et au carbone 13, qui, eux, sont stables, il a une fâcheuse tendance à se désintégrer, ou plus exactement à changer d'identité. Un noyau de carbone 14 peut ainsi spontanément se convertir en azote 14 tout en émettant un rayonnement. Ce phénomène de transformation n'a rien d'exceptionnel ou de spécifique au carbone 14 : tous les éléments du tableau périodique possèdent des isotopes instables, qui se désintègrent à un rythme plus ou moins élevé en émettant des rayonnements. Ce sont ces désintégrations qui sont à l'origine du phénomène de la radioactivité, particulièrement présent chez les éléments les plus lourds, comme l'uranium, le polonium, le radium, etc. Mais si la radioactivité de certains éléments peut être dangereuse, aucun risque avec le carbone 14. Non seulement il est très peu abondant, mais en plus ses désintégrations sont extrêmement rares : à chaque siècle qui passe, un atome de carbone 14 a environ 2 % de chances seulement de disparaître !

> LES LOIS DE LA NATURE, CONTRAIREMENT AUX LOIS DE LA GRAMMAIRE, NE PERMETTENT AUCUNE EXCEPTION.
> **Dmitri Mendeleïev**

Pour quantifier le rythme de ces désintégrations, on peut extrapoler ce résultat sur des durées plus longues. Imaginez que vous possédiez un tas d'atomes de carbone 14 : au bout de 5 700 ans, il ne vous en restera plus que la moitié – on dit que le carbone 14 possède une « demi-vie » de 5 700 ans. Attendez encore 5 700 ans, soit 11 400 ans au total, vous n'aurez plus que 25 % de la quantité initiale. Et ainsi de suite : la quantité de carbone 14 restante sera divisée par deux tous les 5 700 ans. Avec ces indications, il est possible de tracer ce qu'on appelle la courbe de décroissance du carbone 14, qui indique à quel rythme une quantité initiale donnée se désintégrera au fur et à mesure du passage du temps (voir schéma). C'est cette courbe qui permet au carbone 14

La durée d'existence du carbone 14

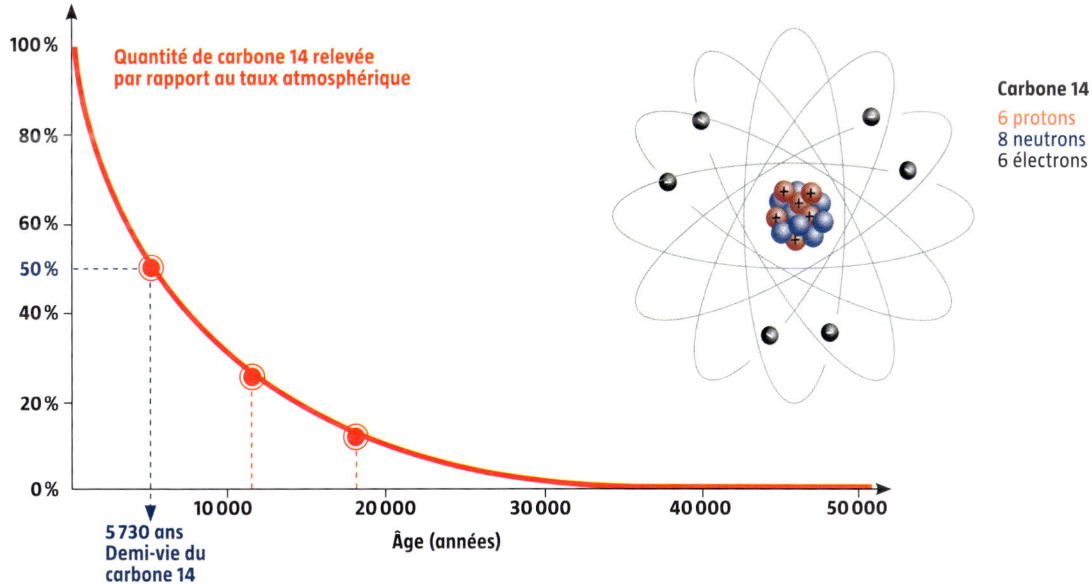

de servir en quelque sorte d'horloge naturelle et de réaliser des datations.

… présent chez tous les êtres vivants

La demi-vie du carbone 14 – 5 700 ans environ, donc – peut paraître bien longue à l'échelle d'une vie humaine, mais pas à celle de la Terre. Nous savons en effet que notre planète s'est formée il y a environ 4,56 milliards d'années. Il y a là un paradoxe apparent : depuis le temps, presque tout le carbone 14 de la Terre aurait dû se désintégrer et il ne devrait plus en rester du tout. Mais ce qui maintient la faible proportion de carbone 14 que l'on trouve autour de nous, ce sont les rayons cosmiques. Ces derniers viennent en effet frapper régulièrement l'atmosphère de la Terre et transforment des noyaux d'azote 14 en noyaux de carbone 14. L'atmosphère terrestre est donc le siège d'une production continue d'atomes de carbone 14 qui viennent compenser les pertes liées aux désintégrations. C'est cet équilibre qui assure ce taux constant de carbone 14 dans l'atmosphère – soit environ un atome de carbone 14 pour 1 000 milliards d'atomes de carbone.

DMITRI MENDELEÏEV (1834-1907)
Chimiste russe. Son travail sur la classification des éléments périodiques (ou « tableau de Mendeleïev »), présenté en 1869, est encore utilisé aujourd'hui. Les éléments chimiques sont rassemblés par groupes ayant des propriétés communes et triés par masse atomique croissante. Le scientifique avait laissé des cases vides dans son tableau, pour les éléments non encore découverts.

Après avoir été produits, ces atomes se retrouvent presque systématiquement associés à de l'oxygène pour former des molécules de gaz carbonique (CO_2). Or, nous savons que ce CO_2 atmosphérique est utilisé par les plantes lors du processus de photosynthèse : c'est dans l'atmosphère qu'elles trouvent le carbone qui entre dans la composition de toutes leurs molécules. Et puisque les plantes renouvellent régulièrement leurs cellules, leur taux de carbone 14 se trouve lui aussi constant et égal à celui de l'atmosphère. Les plantes se situant au tout début de la chaîne alimentaire, ce carbone 14 se transmet ensuite aux herbivores,

> L'atmosphère terrestre est le siège d'une production continue d'atomes de carbone 14.

Découvrir l'Amérique !

Parmi les exemples de datations ayant fait grand bruit, citons le cas de ce qu'on a appelé la « carte du Vinland ». Il s'agit d'une carte manuscrite qui serait une reproduction d'une carte plus ancienne attribuée au viking Leif Eriksson (voir *l'éléphant* n° 32). Petit détail qui fait son intérêt : elle comporte, à l'ouest de l'Atlantique, un tracé qui ressemble fort à la côte est de l'Amérique du Nord. Cette carte serait-elle donc une confirmation supplémentaire de la découverte de l'Amérique par les vikings ?

Les analyses au carbone 14 ont permis de dater le parchemin de façon assez précise, entre 1423 et 1445 ; c'est-à-dire postérieurement à l'époque viking, mais clairement avant la découverte de l'Amérique par Christophe Colomb en 1492 ! Toutefois, la controverse subsiste. Le carbone 14 a permis de dater le support lui-même, mais le tracé de la carte pourrait bien être un faux beaucoup plus récent réalisé sur un parchemin resté vierge : c'est ce que des analyses de l'encre utilisée tendent à confirmer, bien que le débat soit encore vivace.

Une page du manuscrit de Voynich. BRIDGEMAN IMAGES

Autre datation médiatisée, celle du manuscrit de Voynich, découvert en 1912 près de Rome dans la bibliothèque d'une communauté religieuse. Ce manuscrit écrit dans un code inconnu, et toujours pas déchiffré à ce jour, aurait été écrit entre 1404 et 1438 d'après le carbone 14. Mais le mystère demeure quant à son auteur et à sa signification. Quoi qu'il en soit, aujourd'hui, les datations au carbone 14 sont utilisées de façon routinière partout dans le monde pour dater des objets anciens et des

> Le carbone 14 ne permet pas de dater des vestiges ayant plus de quelques dizaines de milliers d'années.

découvertes archéologiques, et parfois réviser des chronologies connues, comme celle de l'Égypte ancienne.

Avec sa demi-vie de 5 700 ans, le carbone 14 ne permet pas de dater des vestiges ayant plus de quelques dizaines de milliers d'années. Mais il existe d'autres méthodes, fondées sur des isotopes d'autres éléments. Ainsi, c'est le béryllium 10 qui a été utilisé par l'équipe du paléoanthropologue Michel Brunet pour dater le crâne de Toumaï, trouvé au Tchad en 2001 : on a estimé son âge à 7 millions d'années, ce qui en ferait le plus vieux représentant connu de la lignée humaine. Encore plus loin de nous, des méthodes sophistiquées s'appuyant sur la désintégration en plomb de l'uranium – dont la demi-vie est de 700 millions d'années – ont pu être employées pour dater le plus vieux fragment de roche connu à ce jour : un zircon découvert en Australie qui se serait formé il y a 4,4 milliards d'années, soit quasi à l'époque de la formation de la Terre ! ●

* David Louapre est le créateur de la chaîne YouTube *ScienceEtonnante* ; il est l'auteur de *Mais qui a attrapé le bison de Higgs ?* (Flammarion, 2016, Prix du livre scientifique) et *Insoluble mais vrai ! Des énigmes et casse-tête qui résistent encore à la science* (Flammarion, 2019).

PHOTOSYNTHÈSE
Du grec *phos*, « lumière », et *synthesis*, « combinaison ». Réaction biochimique se produisant chez les végétaux et chez certaines bactéries. L'énergie créée grâce à l'énergie solaire et au gaz carbonique captés permet de fabriquer de la matière organique.

WILLARD LIBBY (1908-1980)
Sa découverte de la datation par le carbone 14 révolutionne le monde scientifique, en particulier l'archéologie. Il découvre aussi la façon de dater l'eau et le vin grâce au tritium. En 1945, il devient professeur de radiochimie à l'université de Chicago. C'est deux ans plus tard qu'il rend publique sa grande découverte, restée secrète jusque-là.

« Une datation au carbone 14 a permis de proposer une chronologie absolue de l'Ancien Empire égyptien »

Entretien avec **Anita Quilès**

Responsable du pôle archéométrie de l'Institut français d'archéologie orientale (Le Caire, Égypte)

PROPOS RECUEILLIS PAR **DAVID LOUAPRE**

Créé en 1880 par un décret signé de Jules Ferry, l'Institut français d'archéologie orientale (IFAO) étudie les civilisations qui se sont succédé en Égypte depuis la préhistoire. Il abrite notamment des laboratoires de restauration, d'analyse des matériaux et de datation au carbone 14, regroupés sous le pôle archéométrie. Celui-ci assure la conservation et la restauration du mobilier archéologique mis au jour sur les chantiers de fouilles et réalise l'analyse physico-chimique d'échantillons archéologiques.

Quelle méthode utilise-t-on pour doser le carbone 14 dans un échantillon ?

Cela peut se faire de deux façons. La méthode conventionnelle, mise au point dans les années 1960, consiste à mesurer la radioactivité de l'échantillon à l'aide d'un compteur. Cette technique présente une limite : elle est très consommatrice. Il faut un échantillon de 15 à 20 grammes, ce qui interdit son utilisation sur des objets précieux comme les papyrus. Depuis les années 1990, on utilise une autre méthode : la spectrométrie de masse par accélérateur. Cette technique, qui mesure les teneurs relatives des différents isotopes, nécessite mille fois moins de matière, en plus d'être beaucoup plus rapide. Mais elle demande un équipement bien plus coûteux.

En 2016, vous avez contribué à une importante publication sur la datation de la grotte Chauvet-Pont d'Arc. Comment date-t-on une grotte ?

J'ai travaillé sur ce sujet avec Hélène Valladas, une chercheuse en charge des datations au carbone 14 de

Pyramide sur le site de Saqqarah, en Égypte. ANITA QUILES

la grotte Chauvet-Pont d'Arc, qui a rassemblé un grand jeu de données depuis sa découverte en 1994. Une spécificité importante de la grotte Chauvet, c'est que les peintures noires y sont faites à base de charbon, un matériau d'origine organique que l'on peut donc dater au carbone 14. C'est la grande chance de cette grotte, par comparaison à d'autres cavités, pour lesquelles la peinture noire est à base de manganèse. Il a été possible de réaliser quelques datations directes sur les peintures, mais également sur des charbons et des structures de combustion retrouvés au sol. Ces différentes analyses révèlent deux périodes de fréquentation humaine bien distinctes : la première à l'Aurignacien, 37 000 à 34 000 ans avant notre ère ; la seconde au Gravettien, environ 5 000 ans plus tard.

Nous avons exporté cette approche intégrée de la datation d'un site archéologique à un projet que nous menons actuellement en Colombie-Britannique, au Canada, près de la ville de Hedley. Il s'agit d'un site sacré et rituel conservant un art rupestre fait d'ocre rouge, qui rassemble la mémoire de tous les temps d'une société toujours vivante, les Upper Similkameen Indian Band. Notre projet vise avant tout à faire le lien entre nature, paysage inscrit, géométrie des formes et fréquentation humaine pour restituer toutes les temporalités enregistrées sur le site, dans des temps longs et courts, et ensuite pour les rapporter aux fréquentations de cet abri, de la vallée dans laquelle il s'inscrit, et, plus largement, aux origines du peuplement de cette région d'Amérique du Nord.

Vous travaillez aujourd'hui à l'Institut français d'archéologie orientale, au Caire. Sur quels genres de datations ?

L'IFAO fait partie du réseau des cinq écoles françaises à l'étranger. J'y suis responsable du pôle archéométrie, qui rassemble des laboratoires de restauration, d'étude des matériaux et de datation au carbone 14. C'est aujourd'hui le seul laboratoire de datation C14 en activité en Égypte. Cette activité est extrêmement importante car toutes les analyses sur des échantillons archéologiques doivent être menées sur le territoire égyptien. Or, paradoxalement, on connaît mal les dates exactes de la chronologie égyptienne, surtout pour les périodes les plus anciennes. Chaque fois que j'emmène quelqu'un aux pyramides, la première question qu'on me pose, c'est : de quand ça date ? En fait, on ne le sait pas vraiment ! Du moins pas avec une bonne précision.

Il faut savoir qu'on dispose d'une bonne chronologie relative, qui positionne les règnes des pharaons les uns par rapport aux autres. Mais comme les Égyptiens avaient l'habitude de désigner les dates en fonction du pharaon régnant, et donc de recommencer un nouveau décompte à chaque changement de règne, il est difficile d'ancrer ces chronologies relatives dans notre calendrier à nous afin de créer une chronologie absolue. Pour différentes raisons, le carbone 14 a été très peu utilisé en égyptologie, et les égyptologues se retrouvent avec des estimations plus ou moins grandes des périodes. Plus on remonte aux périodes lointaines, comme l'Ancien Empire, plus les incertitudes sont larges, avec parfois des chronologies historiques qui sont très divergentes entre certains chercheurs. Une première étape importante a été franchie en 2010 avec une étude coordonnée par l'université d'Oxford, à laquelle j'ai eu la chance de participer pendant ma thèse.

Quel en était le principe ?

L'idée était de réaliser des datations au carbone 14 sur plus de deux cents échantillons conservés dans différents musées tout en intégrant, comme contrainte à la datation, des informations archéologiques concernant les règnes et provenant de différentes sources. Cette étude a permis d'améliorer l'ancrage de la chronologie relative et de proposer une chronologie absolue. Mais de grandes incertitudes subsistent encore, notamment pour la période de l'Ancien Empire, qui porte le début de l'état pharaonique, et pour laquelle on n'a identifié en musée que très peu d'objets organiques bien contextualisés, c'est-à-dire quand la mort de l'organisme daté peut être clairement associée à un règne particulier. Et même pour certaines dynasties de cette période, les chronologies relatives sont imprécises : on ne connaît pas bien les durées de règne, et peut-être même nous manque-t-il des rois ! Concernant la IIIe dynastie, on sait ainsi qu'il y a le règne de Djoser, mais on n'est pas sûr de ce qu'il se passe après. Ces questions sont d'autant plus importantes que la chronologie de l'Égypte influe sur celle de toutes les autres civilisations du bassin méditerranéen, qui sont connues par synchronisme avec l'Égypte.

Comment pourrait-on améliorer ces résultats ?

Une des difficultés, avec l'approche de l'étude d'Oxford, était l'utilisation de pièces de musée qui n'étaient pas toujours bien contextualisées, surtout pour les périodes anciennes. C'est l'intérêt pour nous de travailler directement en Égypte aujourd'hui, avec les missions archéologiques et suivant leurs problématiques chronohistoriques, car cela permet de réfléchir sur le terrain à la contextualisation des échantillons. Le contexte, on l'a sous les yeux ! Cela permet d'avoir cette approche intégrée qui combine la datation à d'autres méthodes. Il y a beaucoup d'autres informations chronologiques qui sortent des études archéologiques et stratigraphiques, historiques, textuelles, céramologiques, sédimentologiques. Le projet a avant tout vocation à faire se parler tous les champs disciplinaires pour rassembler toutes les informations chronologiques disponibles.

On retrouve toujours cette approche multidisciplinaire ?

Ce programme s'inscrit avant tout dans une démarche multi et interdisciplinaire, qui fait travailler ensemble des archéomètres, des égyptologues, des archéologues, des historiens, des conservateurs pour construire un modèle chronologique dynamique et interactif capable de rassembler toutes les données chronométriques disponibles. Au-delà, toute l'équipe du pôle archéométrie est impliquée dans ces recherches. Nous n'allons pas du terrain au laboratoire C14 directement : il est essentiel de comprendre le matériau avant de le dater. Nous menons ainsi des études plus larges pour qualifier la nature et comprendre la physiologie des organismes analysés, et surmonter les artefacts méthodologiques que nous pouvons rencontrer. L'IFAO est le seul institut aujourd'hui en Égypte à réaliser ce genre d'approche. Nous ne travaillons pas uniquement avec les missions françaises et nous sommes ouverts à toutes celles qui veulent faire des analyses. ●

Nous n'allons pas du terrain au labo C14. Il faut comprendre le matériau avant de le dater.

pour retenir

LES **5 POINTS** ESSENTIELS DU DOSSIER

- La datation au carbone 14 se fonde sur la désintégration progressive des atomes de carbone 14 que les végétaux et les animaux absorbent.
- Elle ne fonctionne que pour les objets issus d'organismes vivants : bois, tissu, peau, os, etc.
- La datation est efficace jusqu'à un âge maximum d'environ 50 000 ans.
- La méthode est utilisée tant en archéologie de la préhistoire que pour des objets médiévaux.
- La datation au carbone 14 est généralement utilisée en complément d'autres méthodes.

L'auteur vous conseille

Il n'y a pas d'ouvrage spécifique sur le carbone 14, mais on peut citer :

- **Jean-Paul Demoule *et al., Guide des méthodes de l'archéologie* (La Découverte, 2009)**
  Un livre sur les méthodes utilisées par les archéologues, qu'il s'agisse du terrain, du traitement des données ou des interprétations.

- **Nicolas Grimal, *Histoire de l'Égypte ancienne* (Le Livre de poche, 1994)**
  Nicolas Grimal est professeur au Collège de France, titulaire de la chaire d'égyptologie. Ce livre est une synthèse de l'histoire de l'Égypte depuis l'Ancien Empire jusqu'à la fin de la période grecque.

Prolonger le dossier avec...

... UNE ÉMISSION DE RADIO

- *Carbone 14*, le magazine d'archéologie de France Culture, qui ne parle pas que de carbone 14 !

... UN SITE INTERNET

- Celui de l'Institut national de recherches archéologiques préventives (INRAP) : www.inrap.fr.

... UNE LEÇON INAUGURALE

- Celle de l'égyptologue Nicolas Grimal au Collège de France, « Civilisation pharaonique : archéologie, philologie, histoire » : www.college-de-france.fr/site/nicolas-grimal/inaugural-lecture-2000-10-24.htm.

L'anecdote

Le 13 octobre 1988, le cardinal Ballestrero rend publics les résultats d'une datation du suaire de Turin réalisée par trois laboratoires différents sous l'égide de l'Académie pontificale des sciences et du British Museum : les analyses révèlent que le linceul supposé du Christ est en fait âgé d'environ 700 ans et qu'il est donc un faux datant du Moyen Âge. Malgré ces résultats, par ailleurs acceptés par l'Église catholique, le débat est encore vif avec les partisans de l'authenticité du suaire.

pour retenir

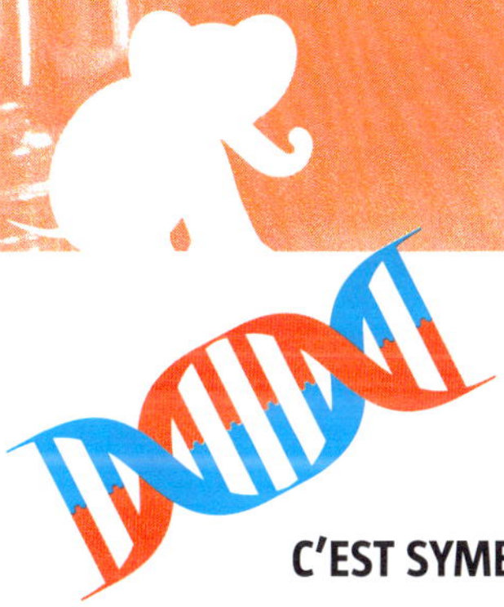

Gaz hilarants

Nombre de points

/20

C'EST SYMBOLIQUE 7

Les symboles chimiques sont les abréviations des noms des éléments. Retrouvez les éléments chimiques de la liste qui suit. Attention, leurs noms étant formés à partir du mot latin, certaines abréviations sont inattendues !

1. Ni
2. Cu
3. Ca
4. Mg
5. Au
6. Rh
7. Mn

VRAI OU FAUX 4

1. Après la Seconde Guerre mondiale, les essais nucléaires atmosphériques ont fait doubler le taux normal de carbone 14 dans l'atmosphère.
   VRAI FAUX

2. Le carbone 14 et le potassium 40 sont les deux sources de radioactivité du corps humain.
   VRAI FAUX

3. Les teneurs en carbone 14 dans le milieu terrestre sont beaucoup plus variables que celles mesurées dans le milieu aquatique.
   VRAI FAUX

4. Le carbone 14 artificiel et libéré en grande quantité par accident est retenu par la végétation alentour.
   VRAI FAUX

RÉCOMPENSE PARTAGÉE 2

Henri Becquerel obtient en 1903 le prix Nobel de physique « en reconnaissance des services extraordinaires qu'il a rendus en découvrant la radioactivité spontanée ». Mais cette année-là, le Nobel est aussi attribué à deux autres chercheurs, un homme et une femme, pour leur découverte du polonium et du radium. Qui sont-ils ?

ÇA CARBURE DANS LES RÉSERVOIRS 3

Citez les trois lieux de réservoir du carbone 14 naturel en remettant en ordre les lettres de chaque mot :

– EPARSMTOHE
– SANEOC
– IREBHOSPE

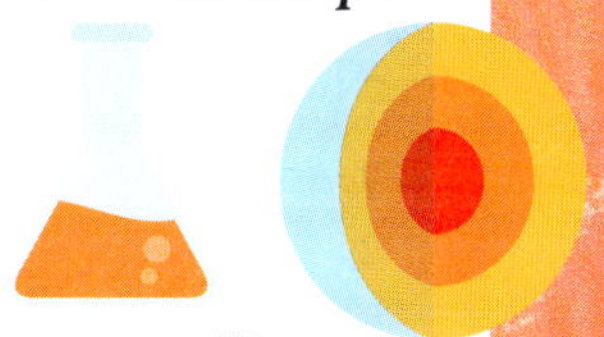

PAS LES MÊMES GROTTES 4

La grotte Chauvet et la grotte de Lascaux sont toutes les deux de célèbres grottes françaises recouvertes de dessins que la datation au carbone 14 a permis de situer dans le temps. Quand ont-ils été réalisés ? En bonus : indiquez le département de chacune des grottes !

1. Grotte Chauvet — a. Dordogne
2. Grotte de Lascaux — b. Ardèche

A. 33 000 ans
B. 17 000 ans

C'est symbolique : 1. nickel ; 2. cuivre ; 3. calcium ; 4. magnésium ; 5. or (*aurus*) ; 6. rhodium ; 7. manganèse.
Vrai ou faux : 1. vrai ; 2. vrai ; 3. faux, c'est l'inverse ; 4. vrai, il peut être rejeté dans l'air des années plus tard, ou à l'occasion d'un feu de forêt.

Récompense partagée : ce sont les célèbres Pierre et Marie Curie.
Ça carbure dans les réservoirs : atmosphère ; océans ; biosphère.
Pas les mêmes grottes : 1-A-b ; 2-B-a.

Pourquoi compte-t-on jusqu'à 10 ?

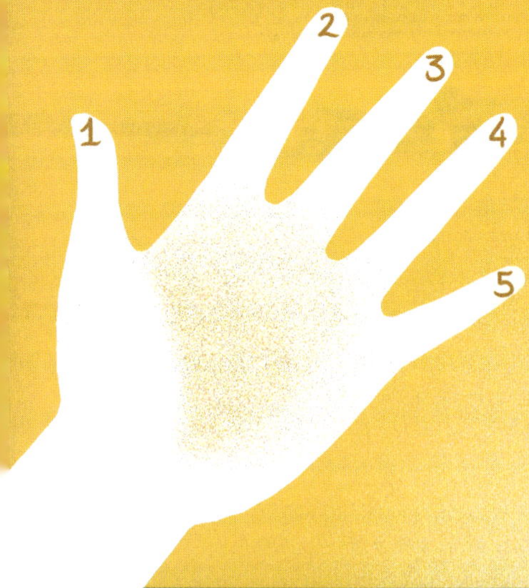

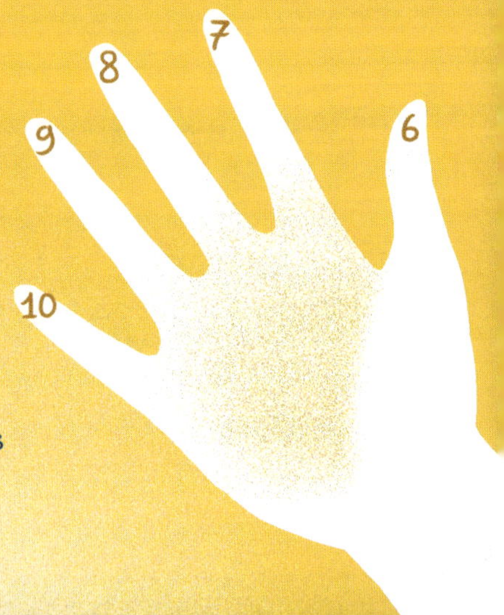

Certainement parce que la nature nous a dotés de dix doigts ! Mais est-ce si évident ?

TEXTE ET ILLUSTRATION PAR **MATHIEU UGHETTI**

Nous regroupons les nombres par paquets de dix. Il y a dix unités dans une dizaine, dix dizaines dans une centaine, etc. On dit que l'on compte en « base 10 ». Ce système s'est imposé dans le monde, mais il n'est pas le seul. Certaines civilisations ont fait d'autres choix et, aujourd'hui encore, d'autres bases sont utilisées.

Base 5

De nombreux peuples préféraient la base 5. Ils comptaient sur les doigts d'une seule main, la deuxième pouvant servir pour les retenues (le nombre de « cinquaines »).

On en retrouve la trace dans des langues comme le wolof et le khmer où...

6 se dit « 5-1 »
7 se dit « 5-2 »
8 se dit « 5-3 »

Base 20

D'autres cultures ont fait le choix de la base 20.

C'est le cas des Mayas, qui disposaient de 20 chiffres s'écrivant à l'aide de magnifiques glyphes sophistiqués représentant des têtes de divinités.

Heureusement pour les experts-comptables mayas, il existait aussi une écriture plus simple et rapide.

Au-delà de 19, il suffisait d'empiler les symboles.

Base 12

L'avantage de la base 12 par rapport à la base 10, c'est qu'elle est divisible par 3, 4 et 6. Cela simplifie les calculs. Pour cette raison, on la retrouve dans des anciennes monnaies et unités de mesure d'avant la calculatrice. Par exemple, il y a 12 pouces dans 1 pied ou bien 12 deniers dans 1 sou. Si vous devez partager un sou entre trois amis, c'est très simple. Alors que partager un euro, c'est une autre affaire…

Mais dans ce cas, comment compter sur les doigts ? Les partisans de la base 12 ont trouvé la solution. Il suffit de parcourir avec le pouce les phalanges des quatre autres doigts.

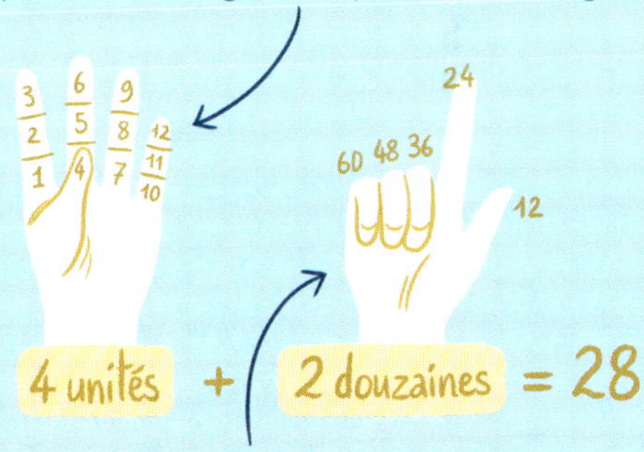

Et si l'on se sert de l'autre main pour les retenues (le nombre de douzaines), on obtient la façon de compter des Babyloniens en base 60 !

Base 60

Cela peut paraître loufoque de choisir une telle base, mais en réalité elle est encore plus pratique pour les calculs, car 60 est divisible par 3, 4, 6 mais aussi par 5.

La façon de compter babylonienne a laissé un héritage important puisqu'elle est encore utilisée pour mesurer le temps (60 minutes dans une heure) et les angles (60 minutes d'angle dans un degré).

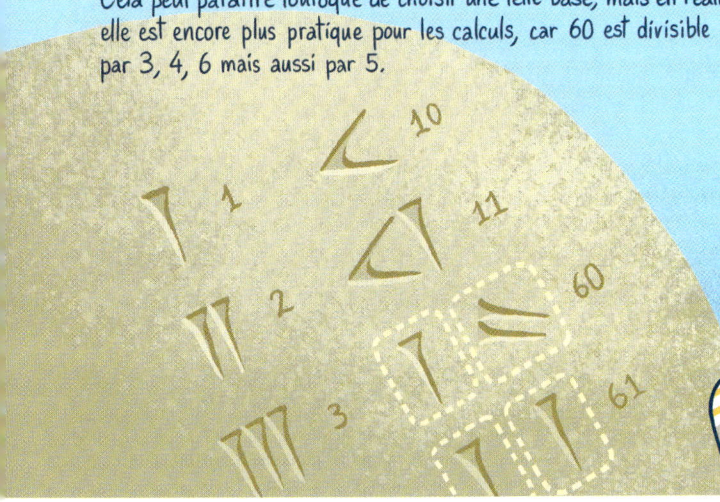

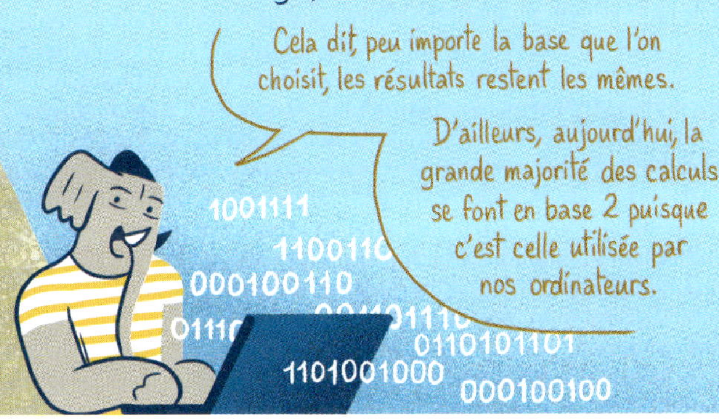

CHARLES DICKENS

Écrivain visionnaire et réformateur

Écrite au XIXe siècle, l'œuvre de Dickens transcende son époque et continue encore aujourd'hui à nous inspirer.

PAR **NATHALIE VANFASSE,** PROFESSEURE DE LITTÉRATURE BRITANNIQUE À L'UNIVERSITÉ D'AIX-MARSEILLE, SPÉCIALISTE DE CHARLES DICKENS

L'œuvre de Dickens est marquée par un combat acharné contre l'injustice sociale et la misère criante qui règnent à son époque au cœur de la nation la plus urbanisée et la plus industrialisée du monde et de son grand empire. Le Royaume-Uni est alors le pays le plus puissant et le plus prospère de la planète. Pourtant, les conditions de vie et de travail des pauvres y sont souvent scandaleuses – mais largement ignorées par le grand public et négligées par le gouvernement. Dans ses fictions mais aussi dans ses articles pour la presse, l'écrivain décrit les conditions d'existence effrayantes des populations défavorisées, à Londres et dans d'autres villes industrielles de Grande-Bretagne. Nourri de sa propre expérience, son travail influencera l'opinion et contribuera à promouvoir des réformes majeures des politiques publiques en faveur des plus démunis.

Le Rêve de Dickens, tableau inachevé de Robert William Buss (1870). Musée Charles Dickens (Londres). MP/LEEMAGE

Charles Dickens naît le 7 février 1812 à proximité de Portsmouth, en Angleterre. Ses parents appartiennent à la classe moyenne, mais ils vivent au-dessus de leurs moyens et rencontrent très vite de graves difficultés financières. Lorsque Dickens a 12 ans, les ennuis pécuniaires de sa famille l'obligent à quitter l'école et à travailler dans une fabrique de cirage. Son père est incarcéré pour dettes. Tandis que sa mère part vivre avec son mari détenu à la prison de la Maréchaussée, à Londres, emmenant avec elle leurs autres enfants, le jeune Charles se retrouve seul et doit continuer à travailler à la fabrique. Après avoir hérité d'un peu d'argent, son père sort cependant de prison et Charles peut retourner à l'école. Mais l'écrivain restera traumatisé à vie par la détention de son père et la détresse éprouvée dans une situation semblant n'offrir aucune perspective.

Quiz

1. Quel a été l'événement traumatisant de l'enfance de Dickens ?

○ La mort de sa mère
○ L'emprisonnement de son père
○ La fréquentation de l'école
○ Il visite la France

2. Quel est le titre du tout premier roman de Dickens ?

○ *La Maison d'Âpre-Vent*
○ *Les Hauts de Hurlevent*
○ *Les Papiers posthumes du Pickwick Club*
○ *Charles Dickens par lui-même*

1. L'emprisonnement de son père pour dettes marque profondément le jeune Charles Dickens, alors âgé de 12 ans.
2. Les Papiers posthumes du Pickwick Club connaît un grand succès dès sa parution en feuilleton en 1836. Dickens a alors 24 ans.

Dickens l'économiste

Cet épisode douloureux de la vie de Dickens, les lecteurs ne le découvriront qu'après sa mort, dans un fragment rédigé par son ami et biographe John Forster. Sa publication permet de comprendre rétrospectivement certaines allusions figurant dans deux grands romans de Dickens écrits à la première personne : *David Copperfield* (1850), où un chapitre dépeint le petit David travaillant dans un entrepôt de vin, et *Les Grandes Espérances* (1860-1861), où Pip, le héros, rêve d'échapper à sa condition d'apprenti forgeron pour devenir un gentleman cultivé et épouser Estella, une lady. Le sentiment très puissant de déclassement social ressenti par Dickens dans sa jeunesse et la peur de sombrer dans la misère sont des thèmes qui marqueront l'intégralité de son œuvre.

> DANS LE PETIT MONDE OÙ VIVENT LES ENFANTS, RIEN N'EST PLUS DÉLICATEMENT PERÇU ET SENTI QUE L'INJUSTICE.
> ***Les Grandes Espérances***

L'imprévoyance de son père inspire à l'écrivain des passages à la fois drôles et très pertinents, encore aujourd'hui, d'un point de vue économique et social. Dans *David Copperfield*, le truculent personnage de Mr Micawber, logeur du jeune David, prétend partager avec son locataire des principes financiers très raisonnables : « Revenu annuel : vingt livres ; dépenses annuelles : dix-neuf livres, dix-neuf shillings, six pence ; résultat : le bonheur. Revenu annuel : vingt livres ; dépenses annuelles : vingt livres, zéro shilling, six pence ; résultat : la misère » (chapitre 12). Mais il est en fait lui-même incapable d'appliquer ces principes et se trouve donc, comme le père de Dickens, constamment endetté. Par-delà le comique de situation, le romancier nous donne une leçon d'économie tout à fait sérieuse. Ces dernières années, les économistes se sont d'ailleurs beaucoup intéressés au rapport entre la psychologie humaine et leur spécialité. L'Américain Robert Shiller, prix Nobel en 2013, a ainsi publié un ouvrage, fondé sur les remarques d'Alan Greenspan, ancien président de la Réserve fédérale des États-Unis, sur « l'exubérance irrationnelle » – un concept qui n'est pas sans rappeler Mr Micawber. Mais ce n'est pas tout : à travers ce personnage, Dickens expose aussi le choix fait par certains individus, à un moment donné, d'ignorer pathologiquement et collectivement le principe de réalité. C'est justement ce que décrit l'économiste français Daniel Cohen dans *La Prospérité du vice* (2009) : l'auteur y démontre la capacité de la nature humaine à modifier les lois d'airain de

Dickens décrit la façon dont ses personnages, riches et pauvres, se laissent aveugler par un financier véreux.

l'économie. N'est-ce pas précisément ce que fait Mr Micawber ? Son imprévoyance est pathologique – il ne peut tout simplement pas résister à l'envie de dépenser son pécule –, tout comme le grand-père de la petite Nell, qui ne se refuse aucun jeu d'argent dans *Le Magasin d'antiquités* (1840). Outre la compulsion, Daniel Cohen distingue deux autres raisons d'ignorer le principe de réalité : l'ego et l'envie irrépressible de prendre ses désirs pour des réalités. Dans son roman *La Petite Dorrit* (1857), Dickens décrit précisément la façon dont ses personnages se laissent séduire et aveugler par un financier véreux, Mr Merdle : les plus riches, parce que cela flatte leur ego d'être invités à investir dans des projets « exclusifs » réservés à quelques clients fortunés ; les plus pauvres, parce que les promesses de Mr Merdle les font rêver à un avenir meilleur. Tout cela nous rappelle étrangement la crise des prêts hypothécaires à risque ou l'affaire Bernard Madoff (2007-2008) et illustre bien la modernité de Dickens et sa capacité, à travers la fiction, à saisir la psychologie humaine.

À 15 ans, Dickens commence à travailler comme clerc d'avocat – une expérience qui lui inspirera les nombreux passages de satire juridique dans ses esquisses et ses fictions ultérieures. Il décide ensuite de faire carrière dans le journalisme. Son expérience de journaliste parlementaire lui fait connaître certaines des facettes les plus sombres de la révolution industrielle et il se sent vite désabusé face aux mesures législatives supposées améliorer la situation. Sur la base de ses observations, il développera une vision pré-kafkaïenne du droit et d'une bureaucratie envahissante dont les manifestations les plus saisissantes sont un interminable procès dans *La Maison d'Âpre-Vent* (1853), qui engendre la folie des parties concernées, ou le « ministère des Circonlocutions » dans *La Petite Dorrit*, qui illustre le désordre, l'incompétence et l'inertie du Parlement et des administrations, tout en dénonçant le parasitisme et la corruption de ces mêmes administrateurs. Lorsque le héros de ce roman, Arthur Clennam, tente d'obtenir des informations au sujet du créancier de William Dorrit, emprisonné pour dettes, l'un des innombrables employés du ministère lui répond ainsi : « Vous n'avez qu'à demander jusqu'à ce que l'on vous réponde. Alors vous adresserez une lettre à ce bureau (d'après le

Gravure représentant Charles Dickens, d'après une photographie par Robert Hindry Mason (1860). MARY EVANS/BRIDGEMAN IMAGES

***DAVID COPPERFIELD* (1850)**
De son titre complet *L'Histoire, les aventures et l'expérience personnelles de David Copperfield le jeune*, il est le premier roman de Charles Dickens à être écrit à la première personne et est considéré comme autobiographique. Il peint la vie d'un enfant rebelle, orphelin de père, envoyé à l'internat puis à l'usine, et qui connaît des aventures en tous genres.

modèle que l'on vous aura indiqué) pour obtenir la permission d'envoyer une requête à un autre bureau. Si vous l'obtenez (chose possible après un temps d'attente), votre requête sera enregistrée dans le bureau et renvoyée pour être enregistrée à l'autre bureau, puis de nouveau renvoyée au premier bureau pour être signée, lequel la reverra pour la faire contresigner par le second bureau. [...] Lorsque vous aurez écrit à ce bureau-ci, puis à ce bureau-là sans obtenir satisfaction, ce que vous aurez de mieux à faire sera de... continuer à écrire » (livre I, chapitre 10).

Dépeindre les invisibles

Au début des années 1830, Dickens publie une collection de croquis semi-fictionnels intitulée *Sketches by Boz* qui lui vaut d'être reconnu rapidement comme écrivain. Suivent alors des esquisses de scènes de rue illustrant la vie quotidienne à Londres, ville qu'il arpentera de bout en bout tout au long de sa vie et qui manquera cruellement à son imagination créatrice dès qu'il s'en éloignera pour séjourner en Italie, en France, en Suisse ou aux États-Unis. Les esquisses ont tant de succès qu'elles sont rapidement éditées en deux volumes : les *Esquisses de Boz* (1836), illustrées par le célèbre dessinateur George Cruikshank. Mais c'est avec la publication de son premier roman, *Les Papiers posthumes du Pickwick Club* – d'abord en feuilleton en 1836, puis sous forme de livre l'année suivante –, que Dickens commence à vivre de sa fiction. Publié alors qu'il n'a que 25 ans, ce livre fait de l'écrivain une célébrité littéraire. Le duo formé par Mr Pickwick et son valet Sam Weller, souvent comparés à un Don Quichotte et un Sancho Panza transposés dans l'Angleterre pastorale d'avant l'industrialisation, fera du roman un best-seller. Un an plus tard, *Oliver Twist*, avec sa puissante évocation du monde criminel londonien, sombre et labyrinthique, porte la popularité de Dickens vers de nouveaux sommets.

Par le biais de ses écrits, l'auteur œuvre pour l'amélioration des réseaux d'assainissement public et pour l'introduction de nouvelles lois réduisant le temps de travail et limitant celui des femmes et des enfants dans les usines et les mines. Il contribue également à l'amélioration des conditions de vie dans les

***LES GRANDES ESPÉRANCES* (1860-1861)**
L'ouvrage reflète les préoccupations de l'auteur à propos de la pauvreté et de la violence sociale. Au début du livre, le jeune héros et narrateur rencontre un forçat évadé qui le contraint à l'aider. Après de nombreuses péripéties, l'ambitieux Pip finit par comprendre la vanité des « grandes espérances ».

***LA PETITE DORRIT* (1857)**
La petite Dorrit naît dans une prison où toute sa famille est enfermée pour dettes. L'héroïne connaîtra tour à tour la pauvreté puis la richesse. C'est le roman le plus politique de Charles Dickens : il y dénonce l'absurdité de l'incarcération pour dettes – les inculpés ne pouvant travailler pour les rembourser – et les institutions de l'époque.

Une famille pauvre dans un quartier insalubre de Londres, gravure de la fin du XIXe siècle. ROGER VIOLLET

L'Angleterre victorienne

Le règne de Victoria (1819-1901) s'étend de 1837 à 1901. Lorsqu'elle monte sur le trône, à 18 ans, la corruption et la vie dissolue des rois précédents ont fragilisé l'institution monarchique. Elle doit imposer son autorité dans une Angleterre en pleine révolution industrielle qui bouleverse la société : la population des villes explose, la misère s'accroît. En 1834, une nouvelle « loi sur les indigents » met fin à l'aide octroyée aux pauvres à domicile, jugée trop coûteuse. Beaucoup doivent alors travailler dans des *workhouses*, sortes d'hospices-prisons. La fracture sociale est immense. Ce que l'on nomme « éducation victorienne » renvoie à la conviction que l'ordre social ne peut être assuré que par un respect de valeurs morales élevées. ●

prisons – un sujet qui le passionnera tout au long de sa vie. Mais Dickens en appelle aussi à la responsabilité morale et politique de ses lecteurs avec des romans comme *Oliver Twist*, *Nicholas Nickleby* (1839), *La Petite Dorrit*, *La Maison d'Âpre-Vent* ou encore *L'Ami commun* (1865), dans lesquels il décrit le sort des pauvres de façon saisissante. Dans *La Petite Dorrit*, les habitants pauvres de la cour du Cœur-Saignant doivent des arriérés de loyer (livre I, chapitre 23). Ils ne sont pas en mesure de les payer parce qu'ils sont pour la plupart au chômage et ne peuvent, malgré tous leurs efforts, trouver du travail, qui semble être « devenu clandestin » (livre I, chapitre 12). Leur existence est rythmée par la visite redoutée de Mr Pancks, le collecteur de loyers, chargé par le propriétaire des logements de la cour du Cœur-Saignant de faire rentrer de l'argent. Mr Pancks se montre intraitable et insensible à la détresse de ces débiteurs impécunieux. Dans des scènes répétitives et lancinantes, le roman pose une question qui résonne encore aujourd'hui : est-il immoral de s'endetter pour pouvoir se loger ? Oliver l'orphelin et Nancy la prostituée dans *Oliver Twist*, le balayeur de rue, Jo, dans *La Maison d'Âpre-Vent*, les travailleurs de la ville industrielle de Coketown dans *Les Temps difficiles*

Dickens en appelle aussi à la responsabilité morale et politique de ses lecteurs.

(1854) sont autant d'images de la détresse et de la souffrance de ceux qui « meurent autour de nous tous les jours » (*La Maison d'Âpre-Vent*, chapitre 47) dans la plus grande indifférence, et à qui les romans de Dickens donnent une voix et une visibilité. Dans ses intrigues, les gamins des rues sont souvent maltraités, chassés, emprisonnés. Peu de gens se soucient de leur éducation. Dickens est d'autant plus soucieux de leur sort qu'il a partagé leur quotidien à un moment de son existence dont il écrira plus tard : « J'aurais pu si facilement devenir un petit voleur ou un petit vagabond » – propos rapportés par son ami John Forster dans *La Vie de Charles Dickens* (1872-1874, livre I, chapitre 2).

***OLIVER TWIST* (1837)**
Héros le plus connu de Charles Dickens, Oliver Twist est placé dans un hospice après la mort de sa mère. Puis il doit travailler chez un croque-mort, mais il finit par s'en échapper. Arrivé à Londres, il se laisse persuader par un jeune pickpocket de rejoindre le métier. La peinture des bas-fonds de la capitale britannique est saisissante.

Le Royaume-Uni en 1870

- Il étend son règne sur un quart de la surface du globe.
- C'est la nation la plus riche du monde, qui possède le plus grand empire colonial.
- La moitié du coton et de la laine du monde est filée dans ses usines.
- Sa sidérurgie représente 40 % de la production mondiale.
- Un navire sur deux dans le monde sort de ses chantiers et vogue sous pavillon britannique. ●

Source : *Grande-Bretagne*, coll. « Guides bleus » (1976).

Une imagerie moderne

C'est aussi l'émergence de la modernité que Dickens nous permet de saisir, par exemple les chemins de fer, qu'il évoque dans *Le Dossier de la Maison Dombey et fils* (1848) en décrivant des zones brutalement transformées par l'arrivée du rail. Par son style, l'auteur parvient à transmettre l'idée même du mouvement et de la puissance, à la fois fascinante et terrifiante, des trains. Une autre nouvelle, *Le Signaleur*, en offrira une vision fantastique et hallucinatoire, un an après que Dickens a miraculeusement survécu à un accident de train.

Dans l'œuvre fourmillante de Dickens est aussi abordée – et dénoncée – la question des violences faites aux femmes. Dans *Oliver Twist*, la jeune prostituée Nancy est assassinée. Florence Dombey, personnage du *Dossier de la Maison Dombey et fils*, est quant à elle maltraitée et frappée par son père. Dans *David Copperfield*, Rosa Dartle est défigurée par Steerforth, lequel séduit une jeune femme des classes populaires pour ensuite l'abandonner. Le viol d'une jeune paysanne par des aristocrates se retrouve au cœur de l'intrigue du *Conte de deux villes* (1859), roman historique

Oliver Twist demande une deuxième ration au cuisinier, gravure de 1838. HERITAGE IMAGES/LEEMAGE

sur la Révolution française. Dickens consacre lui-même beaucoup d'énergie à la création et à l'administration d'un foyer, financé par son amie Angela Burdett-Coutts, une riche philanthrope, et destiné à la réhabilitation des femmes ayant sombré dans la prostitution ou la petite délinquance. Paradoxalement, cette bienveillance affichée envers les femmes tranche avec l'attitude de l'écrivain envers sa propre épouse, Catherine Hogarth, fille d'un de ses premiers éditeurs : à la suite de leur séparation, il fait publier dans la presse une déclaration cinglante et cruelle accusant Catherine d'avoir été une mauvaise épouse.

On doit également à Dickens l'image de Noël telle que nous nous la formons aujourd'hui. Les célébrations festives, centrées autour de l'arbre de Noël, sont originaires d'Allemagne ; elles ont été introduites en Angleterre par le prince Albert, époux allemand de la reine Victoria. Mais dans le *Conte de Noël* (1843) et ses autres récits sur cette période de l'année, l'écrivain y a ajouté sa touche en décrivant des réunions de famille chaleureuses et généreuses ou en peignant un Noël sous la neige – image largement répandue par le *Conte de Noël*. La deuxième contribution de Dickens à l'esprit de Noël réside dans la profondeur philosophique que ses récits ont apportée à ces festivités. En 1843, il écrit le *Conte de Noël* pour éveiller la conscience de

On doit également à Dickens l'image de Noël telle que nous nous la formons aujourd'hui.

ses lecteurs aux souffrances des pauvres et les mettre en garde contre le terrible danger que représente, pour la société, l'indifférence à cette misère – autrement dit, pour prôner une responsabilité sociale. Son histoire de fantômes, ou d'esprits de Noël, relate la conversion de l'avare Scrooge à la bienveillance. Elle connaît un succès immense, au point que Scrooge devient en Angleterre, à l'instar d'Harpagon en France, l'archétype littéraire de l'avarice. Le *Conte de Noël* pose une question quasi existentielle : que ferions-nous si nous pouvions revivre le passé et le changer ? Il sera suivi d'un récit plus politique, *Les Carillons*, puis par *Le Grillon du foyer* et *La Bataille de la vie*. Un dernier livre de Noël, *L'Homme hanté ou le Pacte*, souligne encore une fois le rôle des fantômes dans l'œuvre de Dickens, par ailleurs passionné, comme beaucoup de victoriens, par les phénomènes occultes et paranormaux (spiritisme et tables tournantes, hypnose). À partir de 1850, l'écrivain édite son propre magazine hebdomadaire, *Household Words*, dont les numéros de Noël, rédigés par plusieurs auteurs, notamment Dickens lui-même, ont beaucoup de succès.

Une écriture graphique

La passion que Dickens entretient depuis toujours pour le théâtre l'amène à donner, à partir de 1858, des lectures publiques d'extraits de ses œuvres. Il se lance bientôt dans une série de lectures hebdomadaires payantes. Ses biographes, notamment Michael Slater, rapportent qu'il se tenait derrière un pupitre spécialement conçu, brillamment éclairé par des becs de gaz. Cet accent sur la lumière et sur les lectures publiques souligne le caractère très visuel et vivant de l'écriture de Dickens, qui a inspiré le cinéma à ses débuts : certains des premiers réalisateurs, comme D. W. Griffith ou Sergueï Eisenstein, ont reconnu avoir été influencés par leurs lectures de Dickens. L'écrivain a en effet contribué à créer certaines des conventions du cinéma, comme le montage parallèle, très présent dans *Un conte de deux villes*, qui juxtapose les scènes révolutionnaires collectives et les gros plans sur des personnages individuels en action. Une autre scène extraite de ce roman illustre bien ce caractère très graphique de l'écriture. Le jeune Jerry Cruncher vient de découvrir avec horreur que son père est déterreur de cadavres. Il rentre en courant chez lui, terrorisé : « Il avait la forte impression que le cercueil qu'il avait vu courait après lui, et il l'imaginait en train de sautiller derrière lui, debout, sur la tranche, toujours sur le point de le dépasser et de sautiller à ses côtés – peut-être en lui prenant le bras » (livre II, chapitre 14).

Illustration pour le *Conte de Noël* d'après Edwin Austin Abbey.
BRIDGEMAN IMAGES

Le 9 juin 1870, alors qu'il travaille sur *Le Mystère d'Edwin Drood*, Charles Dickens est pris d'un malaise : il décède d'une attaque cérébrale, deux mois après que le premier volet est paru. Le roman, dont l'intrigue mystérieuse se déroule dans la région de son enfance, restera inachevé. Se développe alors ce qui sera plus tard appelé « l'industrie Drood » : une multitude d'auteurs s'emploient – et continuent de s'employer – à proposer une solution plausible au mystère ou à exploiter des pistes esquissées par Dickens. Le roman de l'Américain Dan Simmons, *Drood* (2009), et la comédie musicale qui s'en est inspirée témoignent de cette industrie florissante. Alors que l'écrivain a disparu il y a plus de cent cinquante ans, l'œuvre de Dickens, qui a été adaptée en pièces de théâtre, films, séries télévisées et même comédies musicales – sans oublier un parc à thème appelé Le Monde de Dickens dans le Kent, ou encore un épisode du jeu vidéo *Assassin's Creed* –, reste, elle, plus vivante que jamais. ●

Dickens en Amérique

PAR **NATHALIE VANFASSE**

Charles Dickens se rend aux États-Unis pour la première fois en 1842. Il est habité d'une vision du Nouveau Monde comme étant un lieu idéal ayant su se préserver de la corruption et des travers européens. L'idée d'une nation qui s'invente son propre destin le fascine. Il décide ainsi d'écrire un récit de voyage qui rende compte de son expérience et qu'il intitulera *Billets d'Amérique*[1].

Voyage au bout du monde

En choisissant de visiter les États-Unis, Dickens illustre la fascination contemporaine des Européens pour cette société en construction, où tout semble possible. La modernisation des moyens de transport permet alors aux voyageurs de satisfaire plus facilement leur curiosité : un voyage aux États-Unis prend, à la fin du XIXe siècle, entre deux et huit semaines en bateau à voile et cinq jours en bateau à vapeur. En 1842, Dickens, lui, met un peu plus de deux semaines à rejoindre Boston en bateau à vapeur – mais, traumatisé, préférera rentrer en voilier : le voyage durera vingt jours.

> Le récit de Dickens illustre la fascination des Européens pour cette société en construction.

Les *Billets d'Amérique* font en effet état de la montée de l'angoisse des passagers, embarqués à Liverpool, à mesure que l'heure du départ approche, que la perspective d'une longue séparation se profile et que les souvenirs de naufrages d'autres bateaux refont surface. Ils traduisent aussi la sensation de roulis éprouvée pendant les dix-huit journées en mer : Dickens réussit à reproduire, par l'écriture, une sensation de déséquilibre et d'instabilité quasi permanente. Une description amusante présente la cabine sens dessus dessous : la cruche évolue « comme un dauphin » dans l'eau qui a envahi la chambre et les chaussures de l'écrivain deviennent des « péniches de transport de charbon échouées sur un sac de voyage » (chapitre 2). Le bateau à vapeur est quant à lui dépeint comme « un colosse noir embrasé de l'intérieur et fendant les vagues dans l'obscurité ». Le paysage marin devient audible : le lecteur entend « les hurlements du vent, les grondements de la mer, la pluie battante, le bruit des marins courant et criant sur le pont et dans le navire, le son de l'eau dans les dalots, le bruit furieux des vagues s'écrasant sur le pont du bateau, et les coups de tonnerre retentissant sous la voûte céleste » (chapitre 2). Mais, après s'être échoué quelques heures sur un banc de sable et avoir fait escale à Halifax, au Canada, le navire arrive finalement à bon port.

La Nouvelle-Angleterre, berceau de la société américaine[2], permet à Dickens de voir certains de ses idéaux de justice sociale réalisés et, par la même occasion, de remettre en question quelques idées préconçues répandues en Angleterre. À Boston, il visite un certain nombre d'institutions publiques, asiles, hôpitaux ou prisons, qu'il trouve remarquablement bien conçues. Mais il se montre plus critique à mesure qu'il s'enfonce dans le continent. L'écrivain est d'abord atterré par le comportement des Américains : leur habitude de cracher – y compris sur les tapis de la Maison-Blanche, car ils ont coutume de mastiquer de la chique –, leur façon rustre de manger, leur manque d'hygiène… mais aussi par l'absence de vie privée, et par la violence et la vulgarité des discours publics.

Un changement s'esquisse dans le récit de Dickens lorsqu'il arrive à New York. Les impressions négatives l'emportent. Il y dépeint l'horreur d'une prison surnommée « les Tombes » et celle du pénitencier de Philadelphie, où les détenus sont soumis à un isolement total. À Washington, l'écrivain est choqué de voir les principes de la Déclaration d'indépendance et de la Constitution bafoués par les hommes politiques. Il s'interroge, avec une ironie cinglante, sur la Chambre des représentants : « Ai-je reconnu dans cette assemblée un groupe d'hommes qui s'attachent à corriger

Vente de billets pour une lecture de Dickens durant son voyage aux États-Unis. GRANGER COLLECTION/BRIDGEMAN IMAGES

dans un nouveau monde certains des mensonges et des vices de l'ancien, […] débattent et votent des lois pour le bien commun, et n'ont d'autre parti que leur pays ? » (chapitre 8). En route pour Richmond, en Virginie, il dénonce l'hypocrisie des grands idéaux américains, niés par l'existence même de l'esclavage, en reprenant les termes exacts de la Déclaration d'indépendance : « Dans le wagon réservé aux nègres qui faisait partie du train dans lequel nous voyagions se trouvaient une mère et ses enfants qui venaient d'être vendus, le mari et père étant resté avec l'ancien propriétaire. Les enfants pleurèrent pendant toute la durée du trajet, et leur mère était l'image même de la détresse. Le défenseur "de la Vie, de la Liberté et de la Poursuite du Bonheur" qui les avait achetés voyageait dans le même train » (chapitre 9).

Culture et désolation

Alors qu'il avait imaginé aux États-Unis une culture de masse correspondant à ses idéaux égalitaires et populistes, Dickens est de nouveau déçu. Il décrit des foules grossières, obnubilées par l'argent, et à qui la démocratie ne semble avoir apporté aucun raffinement. La question du copyright continue de nourrir son désamour du Nouveau Monde : choqué de voir ses œuvres et celles d'autres auteurs anglais pillées à grande échelle aux États-Unis, et de constater les pertes conséquentes de revenu qui en découlent, il tente au cours de sa visite de faire valoir l'importance de la propriété intellectuelle et de la mise en place d'un copyright international. Mais les Américains lui opposent le principe de la liberté de la presse – c'est elle qui publie ces textes piratés – et les avantages que cette diffusion à grande échelle représente en termes de circulation des œuvres. Un débat qui n'est pas sans rappeler les questions de propriété intellectuelle et d'accès soulevées aujourd'hui par Internet…

La déception de Dickens s'étend jusqu'à sa perception du paysage. Arrivé à la jonction de l'Ohio et du Mississippi, l'écrivain découvre un environnement bien différent de l'eldorado auquel il s'attendait. Sa description du Mississippi bascule ainsi dans une vision infernale et fantastique : « Un énorme fossé, parfois d'une largeur de deux ou trois miles, débitant de la boue liquide à six nœuds de l'heure : son cours puissant et écumeux bloqué et obstrué de tous côtés par d'immenses rondins […] qui défilent comme des corps monstrueux dont les racines enchevêtrées ressemblent à une chevelure emmêlée, tantôt glissent séparément comme des sangsues géantes et tantôt se tordent en tournoyant dans le vortex d'un petit tourbillon d'eau, semblables à des serpents blessés » (chapitre 4). Appliquant une sorte de géographie morale, l'écrivain voyageur identifie dans le caractère désolé des contrées esclavagistes qu'il visite entre Fredericksburg et Richmond les traces d'une pratique contre-nature qui le révolte : « Il y a partout une atmosphère de décomposition et de tristesse, qui est indissociable du système. Les granges et dépendances tombent en ruine, les hangars sont rapiécés et en partie sans toit » (chapitre 1). Sa découverte de l'esclavage le décide à rebrousser chemin.

> Dickens saisit avec clairvoyance les maux qui gangrèneront la jeune démocratie américaine.

Une violence omniprésente

L'histoire des Amérindiens pousse également Dickens à accentuer sa satire. La répression dont ils sont victimes inspire l'écrivain, déjà engagé dans la défense des opprimés : il tente de fixer par l'écriture une image de ces peuples en train de disparaître. Il décrit ainsi longuement sa rencontre avec « un certain Pitchlynn, chef de la tribu indienne des Choctaw » (chapitre 4), et souligne son caractère noble et fier : « Un gentleman aussi digne et aussi accompli que la Nature ait jamais produit à mes yeux. » Il souligne les souffrances et les injustices dont sont victimes les Amérindiens aux mains des autorités américaines et nuance dans sa description les clichés du bon sauvage – mais il ne parvient pas lui-même à se départir complètement de ses propres idées reçues…

En somme, Dickens saisit avec une rare clairvoyance certains des maux qui gangrèneront la jeune démocratie américaine jusqu'au XXIe siècle : le culte de l'argent, les tensions raciales et la violence des armes, qu'il dénonce tout au long de son récit. Cette dernière apparaît dès le début du voyage, lorsque Dickens rencontre sur le bateau un homme « portant plus de pistolets que Robinson Crusoé » (chapitre 1). Elle est de nouveau dénoncée avec force dans l'avant-dernier chapitre des *Billets d'Amérique*, où l'écrivain juxtapose des extraits de journaux évoquant les sévices infligés à des esclaves en fuite et des faits divers sanglants à propos de règlements de comptes armés. L'énumération de ces annonces morbides qui se succèdent et se ressemblent produit chez le lecteur une vive impression de malaise mêlée de dégoût et d'indignation. Dickens offre aussi des spécimens de petites annonces parues dans les journaux et destinées à retrouver des esclaves en fuite : « En fuite, la négresse Caroline. Portait un collier de fer avec une mâchoire tordue » ; « En fuite, une femme noire, Betsy. Avait une barre de fer à la jambe droite » ; « En fuite, le nègre Manuel. Nombreuses marques de fers » ; « En fuite, la négresse Fanny. Portait un collier de fer autour du cou » ; « En fuite, un garçon noir d'environ 12 ans. Avait autour du cou un collier de chien avec le nom "De Lampert" gravé dessus » (chapitre 9). Le catalogue ainsi créé par les textes mis bout à bout sur plusieurs pages forme un ensemble insoutenable qui suffit à lui seul à dénoncer l'atrocité de l'esclavage.

Après avoir rêvé de décrire une société idéale qui pourrait servir d'exemple au Vieux Continent, Dickens revient donc chargé d'un récit de voyage destiné à servir de repoussoir à l'Europe. Dans *Martin Chuzzlewit* (1844), il fera vivre à son héros, de passage aux États-Unis, des désillusions assez semblables aux siennes. Les deux ouvrages seront évidemment très mal accueillis outre-Atlantique. Mais le désamour entre Dickens et l'Amérique ne sera pas définitif : vers la fin de sa vie, l'écrivain s'y rendra de nouveau pour y faire une tournée triomphale de lectures publiques[3]. ●

1. *American Notes*, traduit en français par *Billets d'Amérique* ou encore *Voyage en Amérique* dans la traduction de Gérard Piloquet et Éric Chédaille aux éditions Phébus (1994).
2. Le terme « américain » a ici été préféré au terme « états-unien » par souci de correspondance avec les mots employés dans la traduction française citée en note 1.
3. Pour plus d'informations sur Dickens en Amérique et sur ses autres voyages, voir Nathalie Vanfasse, *La Plume et la Route : Charles Dickens écrivain voyageur* (Presses universitaires de Provence, 2017).

pour retenir

LES **4 POINTS** ESSENTIELS DU DOSSIER

- L'enfance de Charles Dickens est marquée par l'emprisonnement pour dettes de son père et par une extrême précarité. Il décrira dans ses livres l'injustice sociale qui frappe Londres à son époque.

- Ses romans regorgent d'observations sur la psychologie, l'économie, l'industrie et la bureaucratie qui restent pertinentes aujourd'hui.

- Dickens, qui œuvre par ailleurs pour réduire le temps de travail ou améliorer les conditions de détention, en appelle à la responsabilité morale et politique de ses lecteurs, tout en décrivant avec force l'émergence de la modernité.

- Son œuvre a aussi largement contribué à forger l'image que nous avons aujourd'hui des fêtes de Noël : les réunions de famille chaleureuses, la neige, etc. En sensibilisant ses lecteurs à la souffrance des pauvres, il leur a aussi donné une portée morale.

L'autrice vous conseille

- **Peter Ackroyd, *Dickens : biographie* (Stock, 1993)**
Une biographie de plus de mille pages rédigée par un grand romancier britannique contemporain, qui se lit comme un roman.

- **Charles Dickens, *Histoires de fantômes* (Folio, 2016)**
Dix histoires, écrites entre 1840 et 1866, qui font découvrir les « mille et un visages » des fantômes de Dickens et permettent d'approfondir la passion du romancier pour le surnaturel.

- **Charles Dickens, *Les Papiers posthumes du Pickwick Club* (Quarto Gallimard, 2019)**
Une redécouverte de l'œuvre qui fit la gloire de Dickens à l'âge de 25 ans. Cette édition permet de se faire une idée des romans illustrés du XIXe siècle et de découvrir la cartographie de Londres à la période victorienne.

Prolonger le dossier avec…

… UN FILM
- *Slumdog Millionaire* de Danny Boyle (2008) : adapté du roman de l'écrivain indien Vikas Swarup, librement inspiré d'*Oliver Twist*, ce très beau film dépeint la résilience des enfants des rues dans les bidonvilles de Mumbai.

… UN TÉLÉFILM
- *Le Mystère d'Edwin Drood*, adapté en deux parties par la BBC en 2012. Dans cette toute première adaptation pour la télévision, la scénariste Gwyneth Hughes propose un dénouement inédit au roman inachevé de Dickens.

… UNE CARTE
- Le site londonist.com propose une carte interactive de Londres où les lieux emblématiques de l'œuvre de Dickens sont indiqués et associés aux passages des romans concernés. Page en anglais : https://londonist.com/2016/09/the-london-of-charles-dickens-mapped.

L'anecdote

Passionné par le théâtre, Dickens s'investit corps et âme dans ses lectures publiques. Il apprend ses textes par cœur, adopte les accents et les manières des personnages, s'adapte à la réaction du public… Sa lecture sensationnelle du meurtre de Nancy dans *Oliver Twist* devient même difficilement soutenable pour l'auditoire. Il met tant d'énergie dans ses lectures qu'elles finissent par nuire à sa santé : en 1870, il doit cesser de se produire. Il fait alors ses adieux à son public : « De ces lumières éclatantes, je disparais maintenant pour toujours. »

Parodickens en tous genres

Comme Charles Dickens dans* La Petite Dorrit*, il est facile de parodier les démarches complexes d'une administration aux ramifications infinies ! À quelle œuvre reliez-vous chaque extrait ci-dessous ?

Nombre de points

/5

A. « Nous avons répondu à ce décret en remerciant et en disant que nous n'avions pas besoin d'arpenteur. Mais cette réponse ne semble pas être revenue au bureau A – appelons-le A si vous voulez – mais, par erreur, à un autre bureau, par exemple le bureau B. Le bureau A est donc resté sans réponse, et de son côté le bureau B n'a pas reçu la totalité de notre lettre ; soit que le contenu du dossier fût resté chez nous, soit qu'il se fût perdu en route – pas au bureau, en tout cas, j'en mettrais ma main au feu –, il n'arriva au bureau B qu'une chemise portant pour toute indication que son contenu – égaré – avait trait à la nomination d'un arpenteur. »

B. « Mademoiselle, le laissez-passer A38. – Vous avez le formulaire bleu ? – Le formulaire bleu ? Non. – Alors comment voulez-vous obtenir le laissez-passer A38 ? – Et où trouverai-je le formulaire bleu ? – Guichet 1. – Mais j'en viens ! […] – Ce formulaire vous permettra d'obtenir le formulaire rose. – Le formulaire rose ? – Il est nécessaire pour l'obtention du laissez-passer A38. Guichet 12, deuxième étage, escalier B. »

C. « Vous n'avez qu'à demander jusqu'à ce que l'on vous réponde. Alors vous adresserez une lettre à ce bureau (d'après le modèle que l'on vous aura indiqué) pour obtenir la permission d'envoyer une requête à un autre bureau. Si vous l'obtenez (chose possible après un temps d'attente), votre requête sera enregistrée dans le bureau et renvoyée pour être enregistrée à l'autre bureau, puis de nouveau renvoyée au premier bureau pour être signée, lequel la reverra pour la faire contresigner par le second bureau… »

D. « Entièrement composée de petits esprits, la bureaucratie mettait un obstacle à la prospérité du pays, retardait sept ans dans ses cartons le projet d'un canal qui eût stimulé la production d'une province, s'épouvantait de tout, perpétuait les lenteurs, éternisait les abus qui la perpétuaient et l'éternisaient elle-même ; elle tenait tout et le ministre même en lisière ; enfin elle étouffait les hommes de talent assez hardis pour vouloir aller sans elle ou l'éclairer sur ses sottises. »

E. « Vous avez votre fiche d'inscription ? – Je viens de la récupérer. – Mais il n'y a rien qui est rempli, là ! Qu'est-ce que vous voulez que je fasse avec ça, moi ? – Mais je viens de l'avoir, ils avaient perdu mon dossier, je suis obligé d'en remplir un autre. – C'est ça, en attendant vous êtes vraiment tous pareils, vous vous y prenez toujours au dernier moment pour remplir des dossiers qui demandent des papiers qui viennent de… – Je l'avais fait, mais ils ont perdu mon dossier ! »

1. *L'Auberge espagnole*, film de Cédric Klapisch (2002)
2. *La Petite Dorrit*, roman de Charles Dickens (1857)
3. *Le Château*, roman de Franz Kafka (inachevé et posthume)
4. *Les Douze Travaux d'Astérix*, film d'animation de René Goscinny et Albert Uderzo (1976)
5. *Les Employés ou la Femme supérieure*, roman d'Honoré de Balzac (1838)

Parodickens en tous genres : A-3, B-4, C-2, D-5, E-1.

ADOPTE UN MOT

Chaque année, les deux dictionnaires de français les plus populaires, le Larousse et le Robert, s'enrichissent de plus de cent définitions. Que penser des nouveaux membres de notre lexique ?

PAR **SARA QUEMENER**

Quand un néologisme émerge, il donne corps au réel. Les concepts et les phénomènes se font plus concrets lorsqu'on peut les écrire sans mettre de guillemets. Ainsi, le confinement n'est pas un mot nouveau, mais le déconfinement et le covid (ou la covid) sont apparus dans l'édition 2021 du Robert. Certaines définitions ont été actualisées pour inclure les notions de gestes barrières, de distanciation sociale ou physique, d'immunité collective, de vague épidémique ou de traçage (dans le sens de suivi des déplacements de quelqu'un). Le Larousse 2021 n'intègre pas encore ces jeunes termes, pourtant sur toutes les lèvres pendant de longs mois, mais d'autres comme l'antivax (mouvement d'opinion marqué par une opposition à certains vaccins ou à la vaccination en général), les black blocs (militants radicaux, anarchistes et autonomes, organisés pour attaquer les symboles de l'État ou du capitalisme), la gréviculture (tendance à recourir de manière quasi systématique à la grève), le sans-abrisme ou le féminicide.

Le monde est connecté

Les dictionnaires font également la part belle aux mots nouveaux issus du monde du travail et des réseaux. Le verbe « télétravailler » a rejoint l'entrée « télétravail », qui existait déjà. On peut désormais brainstormer, blacklister ou se faire spammer en bon français d'après le Robert, mais aussi déposer des fichiers sur le cloud, poster sa story ou regarder des vidéos ASMR (sensation de bien-être provoquée par certains stimulus, notamment auditifs). Chez Larousse, on parle d'influenceurs ou de brouteurs (mot ivoirien qui désigne un arnaqueur opérant sur Internet). Si rien de tout cela ne vous parle, peut-être souffrez-vous d'illectronisme, terme qui désigne l'incapacité d'utiliser ou de créer des ressources numériques.

Signes de mutation

S'ils reflètent le visage grave de l'actualité, les néologismes sont aussi des indicateurs d'évolution et d'ouverture. Le Robert adopte le sexto, le polyamour et la pansexualité. On y évoque également le fait de transitionner (engager une démarche visant à faire correspondre son expression de genre à son identité de genre). La démocratisation de concepts liés à la pollution et à l'écologie se matérialise dans les pages du Larousse, avec la déconsommation, le frugalisme (vivre en dessous de ses moyens afin de quitter la vie active bien avant l'âge légal de la retraite pour se soustraire à la société de consommation), le biorecyclage ou le caractère antigaspi d'une recette, par exemple. Le Larousse s'inspire de l'authenticité danoise avec le hygge, sentiment de bien-être ou de sérénité fondé sur les plaisirs simples, ou de la philosophie suédoise avec le lagom, qui prône la simplicité, le naturel, l'équilibre. Le Robert fait voyager nos papilles avec le dal indien, le mochi et le tataki japonais ou le halloumi chypriote.

Et demain ?

La langue française bouillonne. Emprunts à d'autres langues, termes issus de la francophonie ou mots totalement nouveaux, les néologismes découvrent des idées inédites, de nouvelles façons de penser. Ils témoignent d'innombrables réalités, individuelles ou collectives, celles de citoyens, de poètes, d'enfants, d'ouvriers. Il y a cent cinquante ans, le Larousse comptait 35 000 mots ; il en compte plus de 63 000 aujourd'hui. Et cela n'a pas fini d'augmenter ! ●

PAR **ÉTIENNE AUGRIS,** PROFESSEUR D'HISTOIRE-GÉOGRAPHIE
ILLUSTRATION **JULIAN JEANNE** CARTE **ALLIX PIOT**

L'Argentine est une idée somme toute récente. Utilisé dès le XVIe siècle, le nom actuel du pays n'est adopté officiellement qu'en 1880, plus de soixante ans après son indépendance. Reprenant un mot espagnol plus noble que celui de *plata* pour désigner l'argent, ce terme rappelle que les conquérants espagnols concevaient l'estuaire du Río de la Plata (« fleuve de l'argent ») surtout comme le débouché des métaux précieux descendus des montagnes andines. La constitution des frontières s'est également faite tardivement, avec la sécession des autres composantes des « Provinces-Unies du Río de la Plata » (Uruguay, Paraguay, Bolivie) et l'expansion des Argentins vers le sud au détriment des Amérindiens au XIXe siècle. Le résultat est un des pays les plus méridionaux de la planète, qui s'étend de la zone subtropicale aux confins antarctiques. Il dispose d'ailleurs de plusieurs bases et d'un secteur en Antarctique. S'étalant sur plus de 5 000 kilomètres du nord au sud et sur 1 500 kilomètres d'est en ouest, l'Argentine est ainsi composée d'une multitude de paysages et de climats : du nord au sud, le Chaco (savane), la Pampa (plaine) puis la Patagonie ; à l'ouest, le Cuyo, l'Altiplano argentin, bordé par un espace au climat désertique mais arrosé par des cours d'eau ; au nord-ouest, une « Mésopotamie », entre les fleuves Paraná et Uruguay, constitue l'ensemble qualifié de Litoral (Entre Ríos, Corrientes).

Les oubliés du récit national

La population argentine a des origines très variées, aujourd'hui essentiellement européennes. Aux Espagnols de l'époque coloniale se sont ajoutés de très nombreux Italiens. Les Amérindiens sont peu en proportion. Quelques centaines de milliers de personnes parlent encore le guarani (nord-est), le quechua ou l'aymara (nord-ouest). Dans le sud et l'ouest, la population amérindienne, qui vivait aux portes de Buenos Aires jusqu'à l'indépendance, a été exterminée ou assimilée progressivement – situation semblable à celle du Chili ou des États-Unis. Quant aux Noirs, encore nombreux et surtout esclaves au début du XIXe siècle, en particulier à Buenos Aires, ils ont payé un lourd tribut comme chair à canon lors des guerres d'indépendance et leur nombre a considérablement diminué, jusqu'à être oubliés dans le récit national construit par les *criollos* (créoles), les descendants d'Européens. Être argentin aujourd'hui, c'est donc, plus qu'ailleurs en Amérique du Sud, appartenir à un monde dont les Amérindiens et les Noirs ont quasi disparu. À bien des égards, les Argentins se sont construit une identité très européenne, en particulier sur le plan culturel, produisant parfois un rejet de la « sauvagerie » américaine. *A contrario*, la valorisation d'une culture spécifique assumant sa part d'américanité a émergé au cours du XIXe siècle autour de la figure du gaucho, ce gardien de vaches un peu sauvage sirotant du maté, la boisson nationale, et aux origines métissées, dont a été vanté l'esprit d'indépendance et de liberté. Sauf que la modernisation dans laquelle se lance la jeune Argentine à la fin du XIXe siècle est aussi synonyme de disparition de ce même gaucho et de son mode de vie ! ●

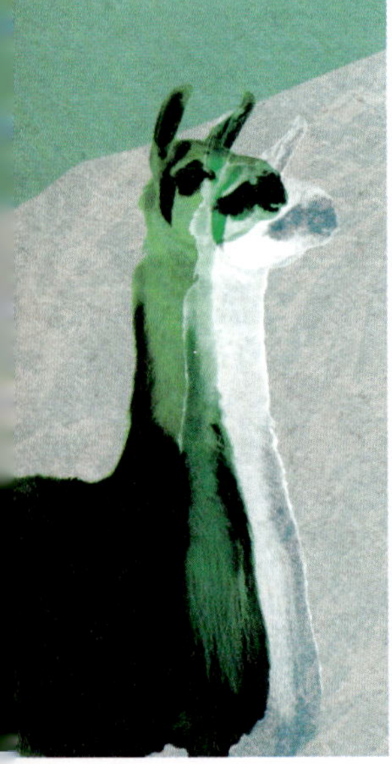

Remerciements à Romain R. C.

7 MOMENTS QUI ONT CONTRIBUÉ À FAÇONNER L'ARGENTINE

CHRONOLOGIE

1536 Première fondation de Buenos Aires
1580 Refondation de Buenos Aires
1776 Création de la vice-royauté du Río de la Plata, dont le siège est à Buenos Aires et qui s'étend sur l'Argentine, le Haut-Pérou (actuelle Bolivie), le Paraguay et l'Uruguay
1810 Création de la junte de Buenos Aires
1816 Le congrès de Tucumán proclame l'indépendance
1814-1880 Guerres civiles
1853 Nouvelle Constitution et abolition de l'esclavage
1865-1870 Guerre de la Triple-Alliance contre le Paraguay
1870-1884 « Conquête du désert » : guerres contre les Amérindiens au sud et à l'ouest
1880 Le pays prend officiellement le nom d'Argentine
1930 Premier coup d'État, fin de la période « radicale »
1946 Élection de Juan Perón à la présidence de la République
1955 Coup d'État renversant Perón
1973 Retour de Perón à la présidence
1976-1983 Dictature militaire
1978 L'Argentine accueille la Coupe du monde de football et la remporte
1982 Guerre des Malouines (Falkland)
1986-1987 Lois d'amnistie du « point final » et de « l'obéissance due »
2001 L'Argentine en défaut de paiement
2005 La Cour constitutionnelle déclare anticonstitutionnelles les lois d'amnistie

REPÈRES

Nom officiel : République argentine
Capitale : Buenos Aires (aire urbaine : 15 millions d'hab.)
Devise : « Dans l'unité et la liberté »

Langues : espagnol, guarani, quechua
Superficie : 2 780 400 km^2
Population : 45 376 763 hab. (densité : 16,32 hab./km^2)

Régime politique : république fédérale présidentielle
Président de la République : Alberto Fernández (depuis 2019)

L'ARGENTINE PRÉCOLOMBIENNE

Avant la colonisation européenne, le territoire de l'actuelle Argentine est relativement peu peuplé. La documentation disponible, essentiellement archéologique, est très parcellaire, contrairement au territoire inca. Aux marges septentrionales et montagneuses vivent alors des peuples qui parlent quechua, aymara ou guarani. Pour désigner les plaines plus au sud, ils utilisent un terme quechua pour décrire un champ ouvert : *pampas*. Au centre et au sud, les Amérindiens de la Pampa, de Patagonie et de la Terre de Feu (Tehuelche, Het et Puelche) sont peu nombreux. Avant de disparaître sous les coups de boutoir des guerres indiennes des années 1870 menées par le général Roca, ils sont pour beaucoup soumis à l'influence mapuche (Chili) au XVIIIe siècle. Leurs langues s'éteignent progressivement au cours du XXe siècle. ●

(1516-1810)

LE RÍO DE LA PLATA

DÉBOUCHÉ ATLANTIQUE DE L'AMÉRIQUE ESPAGNOLE

En 1516, l'Espagnol Juan Díaz de Solís navigue dans l'estuaire des fleuves Paraná et Uruguay, qu'il pense être une mer ; il y meurt, tué par des Amérindiens. Fernand de Magellan s'y rend en 1520 et constate qu'il s'agit bien d'un estuaire. En 1526, Sébastien Cabot – fils de Jean Cabot, explorateur du nord de l'Amérique – parvient à remonter le Paraná. C'est lui qui donne le nom de Río de la Plata à cet estuaire, en référence à l'argent qu'il a obtenu des Amérindiens. Sur ses rives, Pedro de Mendoza fonde en 1536 Nuestra Señora Santa María de los Buenos Aires (les « bons vents »), abandonnée dès 1541. À cette époque, les Espagnols laissent de nombreux chevaux, ainsi que des bovins, qui prolifèrent dans la pampa, vers l'ouest et le sud. Ces chevaux sont domptés par les Amérindiens, qui peuvent ainsi chasser les bovins et être plus mobiles contre les Espagnols. Ces derniers reviennent en 1580, cette fois-ci par Asunción (capitale de l'actuel Paraguay) au nord, établie en 1537. Juan de Garay refonde alors Buenos Aires. Grâce à l'élevage, les Espagnols trouvent un revenu tiré de la viande et des cuirs. Les premières estancias, de vastes fermes, sont formées. Les Amérindiens ne vivent alors qu'à quelques dizaines de kilomètres de Buenos Aires.

Dans l'Amérique coloniale, le territoire du Río de la Plata est dépendant de la vice-royauté du Pérou, installée à Lima. Il dispose de son propre gouverneur, basé à Buenos Aires, qui est également dotée entre 1661 et 1671 puis au XVIIIe siècle d'une *audiencia*, un tribunal qui étend son ressort sur un vaste domaine et a des pouvoirs exécutifs et législatifs. Dans la ville, le *cabildo* abrite le siège de la municipalité, contrôlée par les Espagnols – nés en Espagne – et les créoles – les descendants blancs d'Espagnols, nés en Amérique. Buenos Aires est au débouché de plusieurs axes qui convergent à Santa Fe, au nord-ouest de la ville. Un premier axe vient de l'ouest, depuis Santiago, au Chili, en passant par Mendoza et Córdoba ; un deuxième, le Camino del Rey, entre Atlantique et Pacifique, vient du Pérou par le nord-ouest *via* Salta, Tucumán et Santiago del Estero ; enfin, le long du Paraná, Corrientes marque une étape depuis Asunción.

La hiérarchie du sang

Buenos Aires est le port d'exportation de l'argent de Potosí (Pérou), qui constitue alors les deux tiers de son trafic. Dans ce territoire, seul le nord de l'Argentine actuelle (au nord d'une ligne Buenos Aires-Santiago) est alors peuplé par les Européens, et la densité est plutôt faible. À l'est, la Banda Oriental (futur Uruguay, à l'est du fleuve du même nom) est peu occupée avant le XVIIIe siècle et la fondation de Montevideo.

La société coloniale est très hiérarchisée, malgré des relations quotidiennes entre les différents groupes. Les *castas* – un mot espagnol avant qu'il soit appliqué

Fondation de Buenos Aires, tableau de José Moreno Carbonero (1923). WKC

à l'Inde – correspondent à des classifications très précises, selon le pourcentage de sang indien ou noir. Métis (nés de parents espagnols et amérindiens) et mulâtres (nés de parents espagnols et noirs) viennent bien sûr après les Blancs. Ceux-ci, c'est-à-dire les Espagnols et les créoles, dominent cette hiérarchie. Avec le temps, les créoles parviennent à gagner les positions les plus avantageuses et s'efforcent d'y intégrer rapidement les Espagnols fraîchement arrivés, par le mariage ou divers services.

Les prémices de l'affranchissement

Dès 1776, le Río de la Plata devient une vice-royauté, dont le siège est à Buenos Aires, ce qui place la ville sur le même plan que Lima ou Mexico. Par moments, la Couronne espagnole tente de mettre de l'ordre, par exemple en supprimant la vénalité des offices (le fait de pouvoir acheter et transmettre une fonction au service de la Couronne). C'est le cas en 1780 : les réformes décidées par Charles III, « despote éclairé », ont pour but d'introduire plus de rationalité dans le gouvernement des possessions. Ce faisant, elles bouleversent les habitudes prises par les créoles et contribuent à semer le doute dans leurs esprits quant à leur attachement à la monarchie. Ceci les prépare au changement, créant un contexte favorable à leur volonté d'affranchissement vis-à-vis de la Couronne lorsque celle-ci vacillera. D'autres changements importants ont lieu en cette fin de XVIIIe siècle marquée par les Lumières. Au nom de celles-ci, les Jésuites, très actifs au Paraguay et au nord de l'actuelle Argentine, sont chassés par la Couronne alors qu'ils encadraient considérablement les populations indiennes, dans un mélange d'injonctions et d'adaptations aux coutumes locales : cet épisode est magnifiquement évoqué par le film *Mission* de Roland Joffé (1986). Leur départ crée un vide propice à une certaine anarchie. Le sort de ce qui deviendra l'Argentine ne se distingue alors pas des autres parties de l'Empire espagnol en Amérique. Tout au plus, le rôle portuaire de Buenos Aires fait de la ville une plaque tournante propice à l'émergence d'une conscience locale. Avant l'indépendance, Buenos Aires ne dispose pas véritablement des caractéristiques d'une cité moderne et bien équipée.

L'effondrement de la monarchie espagnole sous la pression napoléonienne, qui force le roi à abdiquer en 1808, est une cause bien plus qu'une conséquence de l'émancipation de ses colonies en Amérique. Même si les historiographies nationalistes ont longtemps cherché à affirmer l'ancienneté des nations sud-américaines, le sentiment véritablement national ne se développe qu'au XIXe siècle, une fois acquise la souveraineté. D'autant plus que, dans le cas argentin, la population indienne est très minoritaire et ne peut fournir de substitut identitaire fort comme au Pérou, où les révoltes indiennes sont nombreuses en cette fin du XVIIIe (Túpac Amaru). ●

(1806-1820)

L'INDÉPENDANCE 2

FIN DE L'EMPIRE ET COMBATS CONTINENTAUX

Les deux décennies révolutionnaires en France et en Europe contribuent à couper les liens réguliers entre l'Espagne et ses colonies. Dès 1806, les attaques britanniques participent à souder les habitants de Buenos Aires contre un ennemi commun. L'occupation française de l'Espagne par Napoléon Ier et l'abdication forcée par ce dernier de Charles IV et de son fils Ferdinand VII, à Bayonne en 1808, obligent les habitants de l'Amérique, quel que soit leur statut, à réévaluer leurs allégeances : ces abdications, soudaines et imprévisibles, mettent fin à la légitimité de la Couronne et de toutes les institutions qui en découlent. Les communautés locales, en particulier les villes, doivent repenser en de nouveaux termes leur inscription dans un espace politique en crise, provoquant plusieurs décennies de lutte entre les différentes échelles de gouvernement, avec une tension entre la souveraineté et la représentation. Nombre de ces entités locales, livrées à elles-mêmes, forment des « juntes ». Elles acquièrent alors de fait une certaine souveraineté à laquelle elles ne souhaitent pas renoncer.

Buenos Aires, la pionnière

Le 25 mai 1810 est ainsi créée à Buenos Aires une « junte de gouvernement », dans un contexte de révolution qui aboutit à la destitution du vice-roi du Río de la Plata. Il faut néanmoins attendre le 9 juillet 1816 pour que soit proclamée, à Tucumán, l'indépendance formelle des « Provinces-Unies du Río de la Plata » – clin d'œil évident aux Provinces-Unies des Pays-Bas, qui ont causé tant de soucis à la monarchie espagnole deux siècles plus tôt. Celles-ci recouvrent les frontières actuelles de l'Argentine, de l'Urugay et d'une partie de la Bolivie.

Ces événements de Buenos Aires sont le déclencheur d'une vague sans précédent qui conduit en un peu plus d'une décennie à l'indépendance de toutes les colonies espagnoles, à l'exception de Cuba et de Porto Rico. Les soldats issus des provinces du Río de la Plata participent aux combats d'indépendance sur tout le continent. Ainsi, Manuel Belgrano contribue à l'élargissement de l'insurrection et crée le drapeau argentin. José de San Martín, quant à lui, libère le Chili et le Pérou, gagnant le surnom de Libertador. Il faudra cependant attendre 1853 pour que l'Espagne reconnaisse ces indépendances… Reste qu'en 1810, même si elle est indépendante, l'Argentine n'existe pas encore en tant que pays et encore moins en tant que nation. Quant à l'Uruguay, un temps accaparé par le Brésil, il sert de tampon entre ce dernier et les Provinces-Unies du Río de la Plata. ●

Le monument à José de San Martín sur la place du même nom à Rosario, réplique de celui de… Boulogne-sur-Mer, où le général est mort en exil en 1850. WKC

(1814-1880)
PROJETS CONCURRENTS ET GUERRES CIVILES 3
UN NOUVEL ÉTAT AUX LIMITES ET AU STATUT INCERTAINS

Une continuité juridique forte existe entre l'Empire espagnol et les nouveaux États : il faudra plusieurs décennies pour que des législations nationales émergent. De 1814 à 1880, c'est la période des guerres civiles entre les centralistes et les fédéralistes, entrecoupées de périodes de stabilité. La question des institutions, de la forme du gouvernement et de la répartition du pouvoir est l'occasion d'affrontements récurrents. Au moment de l'indépendance, les composantes de cette région conservent une très grande autonomie, ne partageant que les affaires étrangères et les douanes, confiées au gouverneur de la province de Buenos Aires, le plus puissant économiquement.

Dictature unificatrice

Le XIXe siècle est celui des potentats locaux, appuyés sur des milices armées. Contrôlant un territoire assez restreint, ils rejettent le pouvoir central. Ces *caudillos* constituent des personnages importants dans cette période d'ajustement entre l'indépendance et la stabilisation politique de la fin du siècle.

Le deuxième quart du XIXe siècle voit Juan Manuel de Rosas dominer. Gouverneur de la province de Buenos Aires, et non président des Provinces-Unies, il impose sa dictature entre 1835 et 1852. Contre les premiers projets centralisateurs des « unitaristes », guidés par un modèle républicain en partie inspiré de la Révolution française, il défend un projet fédéraliste, au fort ancrage local. Paradoxalement, en fondant l'État et l'armée, Rosas contribue à unifier l'Argentine.

Gaucho argentin en 1868.
COURRET HERMANOS FOTOGS (PÉROU)

Les Amérindiens, moins nombreux que dans les Andes, font les frais de cette unification. Dans toute l'Amérique, les nouvelles républiques les malmènent davantage que l'Empire espagnol. Chili et Argentine mènent ainsi une véritable extermination, à l'image des États-Unis durant la même période. Les dernières tribus libres disparaissent entre 1830 et 1880 avec l'avancée de la « frontière ». Les campagnes de Rosas contre les Amérindiens lui permettent de redistribuer leurs terres à ses soldats et à ses clients : les grands propriétaires deviennent, par cooptation, les grands bénéficiaires du régime. La taille des domaines augmente et quelques familles concentrent entre leurs mains d'énormes superficies. Soutenu par le petit peuple des villes et les gauchos, Rosas fait pourtant peu pour améliorer leur situation. Pendant sa dictature et au-delà, les luttes entre unitaristes et fédéralistes se prolongent par des affrontements militaires, entraînant de nombreux exils. Rosas lui-même est battu militairement : exilé en 1852, il mourra en Angleterre, en 1877.

Également mort en exil, en 1884, l'un des penseurs majeurs du XIXe siècle argentin : Juan Bautista Alberdi, qui parle de cette « province flottante de la République argentine » que constituent les émigrés politiques. En 2010, une « promenade du Bicentenaire » sera inaugurée à Buenos Aires, incluant symboliquement une vingt-cinquième province, celle des exilés. Alberdi, très critique vis-à-vis du « dictateur fantoche » Rosas, écrit en 1841 une pièce appelée à une grande postérité dans le continent, *El Gigante Amapolas*, souvent rejoué dans les temps de doute et de crise. En attendant, les idées d'Alberdi servent de boussole pour la nouvelle

Constitution qui, en 1853, met en place un régime présidentiel fort.

Le gaucho et le berger

Entre 1852 et 1880, la situation politique se complique sérieusement. Car la province de Buenos Aires, n'acceptant pas la nouvelle Constitution centralisatrice, fait sécession dès 1852 : c'est un cas unique pour un centre ! Au cœur du différend, la question des droits de douane. Les provinces ayant des économies différentes sont opposées sur la question du libre-échange. Buenos Aires s'ouvre aux marchés étrangers. À partir des années 1840, l'élevage des moutons mérinos permet de ne plus dépendre uniquement de l'exportation de viande et de cuirs : la laine représente dès 1865 près de la moitié de toutes les exportations, contre un quart pour la viande et les cuirs. Le berger remplace progressivement le gaucho. C'est paradoxalement le moment où José Hernández fait de ce dernier le héros d'une identité argentine dans son poème *El Gaucho Martín Fierro* (1872). À l'opposé, le libéral Domingo Faustino Sarmiento, futur président (1868-1874), le condamne comme responsable du retard national dans son *Facundo* (1845). Le gaucho, figure majeure des guerres du XIXe siècle, devient un mythe constitutif de l'identité argentine au moment où il disparaît.

La guerre contre le Paraguay, ou guerre de la Triple-Alliance (1865-1870), qui oppose Asunción à tous ses voisins, marque la fin des affrontements entre provinces et entre États, et fixe définitivement les frontières de l'Argentine avec l'Uruguay, la Bolivie et le Paraguay. ●

4 (1880-1930) UNE ARGENTINE NOUVELLE ET ATTRACTIVE

ÉTAT ET NATION S'AFFIRMENT

L'année 1880 constitue un tournant important. Le gouverneur de Buenos Aires est battu à l'élection présidentielle par Julio Argentino Roca (président à deux reprises, en 1880-1886 et 1898-1904), auréolé de la gloire acquise dans la « conquête du désert » contre les Amérindiens au cours de la décennie précédente. C'est la fin des affrontements à propos du statut de l'Argentine. Dans un consensus relatif qui contraste avec les conflits précédents, le gouvernement central est renforcé. En 1880, Buenos Aires est fédéralisée, c'est-à-dire séparée de sa province et placée sous l'autorité directe du gouvernement, ce qui résout l'épineuse question de son statut comme capitale à la fois du pays et de la principale province. Les milices provinciales sont dissoutes et une monnaie nationale est adoptée pour la première fois. L'enseignement primaire et l'état civil relèvent désormais de l'État. Le système présidentiel, prévu par la Constitution de 1853, est mis en place en pratique. La « génération de 1880 », marquée par le libéralisme économique et un certain conservatisme social, préside aux destinées de l'Argentine enfin unifiée, succédant aux intellectuels Bartolomé Mitre et Domingo Faustino Sarmiento, qui ont présidé le pays dans les décennies précédentes.

Six millions d'immigrants

Les libéraux au pouvoir conçoivent l'immigration comme une manière d'affirmer l'identité européenne du pays, au moment où les derniers Amérindiens sont violemment écartés. Ce projet rencontre celui de millions d'Européens du Sud et d'ailleurs, qui voient dans l'Argentine, ses pampas et ses usines un nouvel eldorado où tout est possible. Le pays accueille ainsi près de six millions de migrants entre 1871 et 1914 (dont plus de la moitié resteront) : après les États-Unis, c'est le plus grand territoire d'immigration européenne à cette époque. Cet afflux considérable contribue à la transformation de la société argentine, qui devient très diverse. Les plus nombreux sont les Italiens (estimés à 3,8 millions entre 1860 et 1920) et les Espagnols. Buenos Aires est le lieu d'arrivée de tous ces migrants : elle retrouve ainsi ce rôle d'interface et de ville-monde qu'elle avait à l'époque coloniale et connaît une croissance spectaculaire. Elle se dote des institutions culturelles propres à affirmer son européanité (opéra, théâtre, musées…) tout en voyant l'émergence, dans ses bas-fonds, d'une culture spécifique que les Porteños (le nom donné à ses habitants) laissent d'abord dans les marges avant de la revendiquer comme constitutive de leur identité. Le tango naît en effet dans ces années-là parmi les *conventillos*, ces taudis du sud de la ville qui logent misérablement les nouveaux arrivants. La musique et la danse qui l'accompagne sont le fruit des amours canailles entre des styles venus d'Afrique, d'Europe et du reste du continent qui se croisent à Buenos Aires. Le succès grandissant du tango et sa diffusion le transforment et le rendent plus sage, au point de devenir une danse de salon à Paris. Carlos Gardel, dans le premier tiers du xxe siècle, en fera un style véritablement national.

Pendant cette période, les oppositions continuent à se manifester à droite comme à gauche. Plusieurs tentatives révolutionnaires rythment la vie politique (1890, 1893, 1905). Elles sont menées par Leandro Alem, figure majeure de la gauche et éternel opposant, qui fonde en 1891 l'Union civique radicale (UCR), puis par son neveu Hipólito Yrigoyen, contre « l'oligarchie » au pouvoir.

Arrivée d'immigrants espagnols dans le port de Buenos Aires au début du xxe siècle. HERITAGE IMAGES/MITHRA – MINDEX/AKG-IMAGES

Forte croissance économique

Après trente-six ans de domination libérale, le système légal et politique argentin s'est néanmoins stabilisé. Sous la pression des radicaux, des socialistes et des anarchistes, une réforme du mode de scrutin le rendant véritablement démocratique est adoptée en 1912 : désormais, le vote est secret et obligatoire pour tous les hommes de plus de 18 ans – les femmes, elles, devront encore attendre jusqu'en 1947… Une période nouvelle s'ouvre alors pour le pays sur le plan politique. Une alternance se produit avec l'élection d'Yrigoyen à la tête du pays en 1916. Il effectue deux mandats (1916-1922 et 1928-1930) qui lui permettent de faire adopter des mesures progressistes dans un contexte d'essor de la classe moyenne et de forte croissance économique. En plus de l'exportation de viande et de laine, la culture céréalière prend son essor. Ces progrès entraînent un développement du secteur secondaire et, surtout, du secteur tertiaire. Le réseau ferré du pays se densifie considérablement et prend une forme radio-concentrique qui reflète l'importance de Buenos Aires et du littoral, qui attirent de plus en plus la population avec des migrations intérieures et extérieures. Entre 1869 et 1914, les quatre provinces littorales passent de 48 % à 72 % de la population totale !

L'expérience de la démocratisation et d'une certaine stabilisation se termine en 1930 lorsque l'opposition conservatrice parvient à revenir au pouvoir sous la protection des militaires. C'est le début d'un cycle d'incertitudes, avec une alternance de gouvernements civils et de juntes militaires (1930, 1943, 1955, 1962, 1966 et 1976) dans un contexte de grande polarisation de la société. Neutre pendant les deux conflits mondiaux, l'Argentine affiche néanmoins une attitude changeante face au nazisme, avant comme après la Seconde Guerre. Même si des républicains espagnols sont accueillis à l'issue de la guerre civile, Juan Perón se montrera très hospitalier pour les anciens dignitaires nazis : Josef Mengele et Adolf Eichmann trouveront refuge en Argentine sans être inquiétés, et les dernières paroles du second, avant son exécution en Israël en 1962, seront pour remercier son pays d'adoption. ●

(1946-1976)

PERÓN ET SON HÉRITAGE

L'IMPOSSIBLE ÉQUATION POLITIQUE ?

5

Juan Domingo Perón préside aux destinées du pays à deux reprises, en 1946-1955 et 1973-1974. Il incarne, aujourd'hui encore, une forme de populisme propre à l'Argentine dont les aspects idéologiques ont pu évoluer avec le temps. Ses soutiens se trouvent en effet à gauche comme à droite. La nature complexe du péronisme peut se résumer à un tragique événement : le massacre d'Ezeiza, l'aéroport de Buenos Aires, en 1973. Des millions de ses partisans sont alors venus accueillir Perón à son retour d'exil, mais des affrontements meurtriers éclatent entre différents groupes opposés, empêchant l'avion de se poser. L'avion est contraint d'atterrir à Montevideo, capitale de l'Uruguay.

Evita et Juan Domingo Perón en 1951.
UNIVERSAL HISTORY ARCHIVE/BRIDGEMAN IMAGES

L'homme providentiel

Militaire de carrière, Perón s'impose en 1946 à la tête de l'État comme un homme providentiel, défenseur des pauvres contre les nantis. Son mouvement, le justicialisme, prône un État fort, intervenant dans l'économie, s'appuyant sur les syndicats, mais sans négliger les entrepreneurs. Son immense popularité, augmentée de celle de sa seconde épouse, « Evita » (morte en 1952, à 33 ans), en fait la figure majeure du XXe siècle argentin. Un coup d'État militaire le chasse du pouvoir en 1955, mais l'attente de son retour d'exil permet à de nombreux Argentins d'espérer pendant près de deux décennies. Cette attente est palpable dans la première version d'une pièce du dramaturge Ricardo Monti, *Histoire tendancieuse*, jouée en 1971 : à ce moment-là, l'Argentine vit au rythme des mouvements révolutionnaires, dont certains aspirent au retour de Perón. Comme ailleurs en Amérique latine, certains de ces groupes d'extrême gauche recourent à la violence. Les Montoneros, créés en 1970, s'inscrivent dans la tradition des groupes paramilitaires de la guerre d'indépendance et des guerres civiles. Une grande partie d'entre eux est issue du péronisme de gauche. Ils pratiquent des assassinats ciblés. Mais Perón, finalement de retour en 1973, les expulse du mouvement et leurs troupes seront décimées pendant la dictature à partir de 1976. De son côté, l'Armée révolutionnaire du peuple, trotskiste, s'inspire de l'action d'Ernesto Guevara, sans doute l'un des Argentins les plus connus (« Che » étant une interjection couramment utilisée par les Argentins) : elle tente de créer des foyers d'insurrection (tactique du *foco*, théorisée par Régis Debray).

Perón meurt en 1974 ; c'est sa troisième femme, Isabel Martínez de Perón, qui lui succède. Mais en ce milieu des années 1970, l'instabilité politique a entraîné une radicalisation des opinions politiques, à gauche comme à droite. Malgré la dictature militaire instaurée en 1976, le péronisme survit à son fondateur et le Parti justicialiste est toujours l'une des principales formations argentines. Revenu au pouvoir en 1989, ce mouvement continue d'hésiter entre la droite et la gauche : Carlos Menem (1989-1999) penche vers le libéralisme économique et privilégie une politique officielle d'amnésie pour la période de la dictature, quand Nestor Kirchner (2003-2007), Cristina Fernández-Kirchner (2007-2015) et Alberto Fernández (depuis 2019) prennent le chemin inverse mais doivent composer avec l'héritage des politiques libérales, qui ont créé une dette énorme. ●

(1976-1983) LES ANNÉES SOMBRES DE LA DICTATURE 6

UN ÉTAT EN LUTTE CONTRE SON PEUPLE

Le 24 mars 1976, des officiers supérieurs décident de mettre fin au mandat présidentiel d'Isabel Perón. Une junte militaire dirigée par Jorge Rafael Videla, Emilio Eduardo Massera et Orlando Ramón Agosti est mise en place, qui décide d'un « processus de réorganisation nationale » consistant à lutter contre la « subversion » communiste et à imposer un « ordre moral », en lien avec les autorités de l'Église catholique argentine. Les libertés sont suspendues et la démocratie n'est plus. Un véritable terrorisme d'État conduit à des exécutions extrajudiciaires, à des tortures et à des disparitions, dont le nombre est estimé supérieur à trente mille. Le régime mène sa « guerre sale » avec l'appui des États-Unis et l'entraide des autres régimes dictatoriaux sud-américains (Chili depuis 1973, Brésil depuis 1964, Paraguay, Uruguay et Bolivie) dans le cadre du plan Condor (1975), en utilisant les méthodes de lutte antisubversive expérimentées par l'armée française en Algérie. Communistes, péronistes de gauche, Montoneros ou simples suspects aux cheveux longs sont surveillés par la sinistre SIDE, pourchassés, torturés et exécutés. La tristement célèbre École de mécanique de la marine (ESMA) devient un centre de torture. La technique d'exécution la plus utilisée est de jeter du haut d'un avion les prisonniers dans le Río de la Plata. Aucune fuite n'est possible dans les pays voisins pour les opposants ou supposés tels. L'Europe devient dès lors le seul espace de refuge. Mais la dictature argentine continue à surveiller ses ressortissants à l'étranger en infiltrant les groupes d'exilés, comme le fait Alfredo Astiz en France.

Jorge Videla s'exprime lors du coup d'État du 24 mars 1976.
AKG-IMAGES/TT NEWS AGENCY

Une troisième junte

Plusieurs centaines de bébés, nés en captivité de femmes arrêtées puis tuées, sont confiés pour adoption à des familles de militaires ou proches du régime. Après les mères des disparus qui commencent à défiler sur la place de Mai à Buenos Aires, celles qui sont les grands-mères de ces bébés lancent leur propre organisation, les Grands-Mères de la place de Mai (Abuelas de la Plaza de Mayo), qui exigent la vérité sur le sort de petits-enfants qu'elles n'ont souvent jamais connus. Pleines de ténacité et de courage, elles sont harcelées par le régime, qui ne parvient cependant pas à faire taire les doutes et leurs voix. La Coupe du monde de football en 1978, conçue par les militaires comme le moment de leur triomphe, permet paradoxalement aux journalistes étrangers venus couvrir l'événement sportif de relayer cette contestation. Cependant, malgré les appels internationaux au boycott, la compétition se déroule normalement et débouche sur… la victoire de l'Argentine. Videla peut jubiler en tribune présidentielle et s'assure un peu de tranquillité. Des soupçons de fraude et d'intimidation, y compris sur les joueurs argentins, pèsent néanmoins sur plusieurs matchs, en particulier celui contre le Pérou. De quoi faire oublier que le logo de cette édition, dessiné avant la dictature et qui n'a pu être changé, reproduisait le geste typique de Perón saluant la foule…

Manifestation des Mères de la place de Mai, en novembre 2018. JOSE MIGUEL ROJAS/SIPA

Sur le plan économique, un peu à l'image du Chili d'Augusto Pinochet, la junte mène une politique libérale qui creuse les inégalités. Le soutien au régime, réel au départ dans certains secteurs de la population, s'effrite inexorablement. La troisième junte, dirigée par Leopoldo Galtieri depuis 1981, décide alors d'un coup de poker pour faire diversion et ranimer la flamme nationaliste : elle lance contre les îles Malouines (Falkland), contrôlées par les Britanniques depuis 1833 mais revendiquées par les Argentins, une expédition militaire. L'opération d'invasion, couronnée de succès dans un premier temps en avril 1982, se heurte à la volonté guerrière de Margaret Thatcher, qui envoie un corps expéditionnaire reconquérir l'archipel, au prix de centaines de morts du côté argentin dont la moitié dans le torpillage du croiseur *General Belgrano*. Les soldats argentins, en particulier les prisonniers, sortent traumatisés d'un conflit qui contribue par son issue à la fin de la dictature, plus que jamais impopulaire.

Le retour de la démocratie

En 1983, le pouvoir est rendu aux civils et une élection présidentielle amène au pouvoir Raúl Alfonsín (1983-1989), qui consacre le retour de la démocratie. De centre gauche, il mène une politique courageuse vis-à-vis des militaires, tentant de faire juger les responsables des disparitions. Mais devant le mécontentement au sein de l'armée, il est contraint de faire adopter la loi du « point final » en 1986 et celle de « l'obéissance due » en 1987. L'amnistie prévaut dès lors, renforcée en 1990 par une loi voulue par le nouveau président, Carlos Menem, pourtant issu du parti péroniste, qui se tourne délibérément vers un futur libéral et enterre la mémoire des années sombres. En 1990, Ricardo Monti peut faire jouer une deuxième version de sa pièce *Histoire tendancieuse*, dans laquelle l'utopie révolutionnaire, qui avait le vent en poupe en 1971, a perdu de son pouvoir d'attraction au profit de l'idée de démocratie à laquelle aspirent les Argentins. Il faut attendre l'élection de Nestor Kirchner pour que les lois d'amnistie soient remises en cause et invalidées par la Cour constitutionnelle en 2005. La voie est dès lors ouverte pour les procès des décideurs et des tortionnaires. Plusieurs procédures ont également lieu en Europe en raison de la disparition de ressortissants étrangers. Environ soixante personnes sont jugées en Argentine même entre 2005 et 2009 pour crimes contre l'humanité. D'autres instructions sont en cours, même si les dirigeants de la junte, dont certains emprisonnés, sont le plus souvent décédés. ●

7

VIVRE AVEC LA DETTE

L'ARGENTINE À L'HEURE DE LA MONDIALISATION

Sous la présidence de Carlos Menem (1989-1999), les politiques néolibérales ont accompagné les années flamboyantes dont les Argentins payent le prix dans la décennie suivante. Sur le plan politique, le début du nouveau siècle est marqué par une grande instabilité qui laisse craindre un retour aux mauvaises habitudes. Pas moins de quatre présidents se succèdent lors du seul mois de décembre 2001 ! À l'origine, une crise économique majeure aux conséquences financières et sociales considérables pour le pays. Dès 1998, l'économie argentine entre en récession et le PIB se contracte d'un quart en quelques années. À la fin de l'année 2001, le gouvernement se déclare en défaut de paiement, ne pouvant plus rembourser ses différents crédits – une situation rarissime pour un pays.

L'explosion de la pauvreté

La population souffre terriblement de cette situation, avec un chômage en forte hausse et une pauvreté qui ramène le pays des décennies en arrière. La moitié des Argentins tombent sous le seuil de pauvreté. Cette crise précipite le retour du péronisme, dans une version plus à gauche que la précédente expérience, celle de Menem. Nestor Kirchner préside aux destinées du pays de 2003 à 2007 avant de laisser sa femme Cristina Fernández-Kirchner se présenter et être élue : malgré l'opposition qu'elle suscite, elle préside l'Argentine de 2007 à 2015. Le pays semble avoir retrouvé davantage de stabilité et s'offre même une alternance à l'issue d'un second tour : un président de centre droit, Mauricio Macri, est élu en 2015. En 2018, alors que la stabilité financière et monétaire est de nouveau menacée, le président obtient le plus grand prêt de l'histoire du Fonds monétaire international : 57 milliards de dollars. Mais les conditions imposées par les bailleurs – le FMI et des fonds privés, peu intéressés par l'impact social des remboursements – relancent l'appauvrissement de la population et le creusement des inégalités. Le taux de pauvreté repart de nouveau, ce qui coûte sa réélection à Macri, battu en octobre 2019 par un ticket associant Cristina Fernández-Kirchner comme vice-présidente et Alberto Fernández, principal artisan de la sortie de la crise entre 2003 et 2008 en sa qualité de chef de cabinet de Kirchner. Le gouvernement de Fernández suspend alors le versement de la dernière tranche du prêt du FMI et demande un rééchelonnement qui permettrait un remboursement différé. Il souhaite ainsi éviter la répétition du défaut de paiement. Les politiques de lutte contre la faim et la pauvreté, qui a bondi en quelques années à 40 % de la population, sont empêchées par les contraintes imposées par le FMI. Durant toutes ces années, la question du remboursement de la dette est une préoccupation majeure qui empêche le pays de se projeter vers l'avenir.

L'autre grand sujet est le débat sur la légalisation du droit à l'avortement dans ce pays très catholique. Malgré un fort ralliement, le projet de loi voté par la Chambre des députés en 2018 est rejeté par le Sénat. La mobilisation de nombreuses femmes en mars 2020, brandissant un foulard vert symbole du mouvement, conduit le président à faire la promesse de soumettre un nouveau projet de loi permettant la légalisation du droit à l'IVG. Ce qu'il a fait, après un certain délai dû à la crise du Covid, le 17 novembre dernier. Le texte devrait être accepté, selon les observateurs. ●

En 2003 à Buenos Aires, un manifestant avec le slogan « FMI dehors ». NATACHA PISARENKO/AP/SIPA

« Le fait que la dictature se soit attaquée à des enfants a contribué à maintenir le débat sur ce passé »

Entretien avec
Nadia Tahir

Maîtresse de conférences en études hispano-américaines à l'université de Caen Normandie*

PROPOS RECUEILLIS PAR **ÉTIENNE AUGRIS**

Comment la violence politique à l'œuvre entre 1976 et 1983 s'inscrit-elle dans l'histoire contemporaine de l'Argentine ?

Le coup d'État qui se produit le 24 mars 1976 est le sixième coup d'État militaire qu'expérimente l'Argentine au XXe siècle. On peut donc difficilement parler d'exception. Il y a une forme de continuité liée au rôle politique que jouent les militaires en Argentine à partir de 1930. Ainsi, lorsque se produit le coup en 1976, il n'y a pas d'opposition claire, et de nombreux acteurs, même des victimes de la dictature, soulignent qu'ils n'étaient alors pas forcément opposés à ce coup d'État car la situation politique était très chaotique depuis plusieurs années. Quant à la répression, elle avait été mise en place pendant les régimes militaires précédents, mais aussi pendant certains des régimes constitutionnels avec lesquels ils avaient alterné. La plupart des méthodes utilisées pendant la dictature de 1976-1983 ont été utilisées avant le coup d'État : de nombreux travaux de chercheurs argentins montrent que la torture était utilisée depuis les années 1930, que la mise en place du système de détention des personnes « détenues-disparues » a commencé avant 1976, pendant les mandats de Juan Perón et de son épouse, Isabel Martínez de Perón, au décès de ce dernier, et que les discours encourageant aussi bien la « violence de droite » que celle « de gauche » ne datent pas de 1976.

Il est néanmoins évident que ce dernier régime se caractérise par la mise en place d'une répression beaucoup plus poussée, avec l'utilisation massive de la disparition forcée de personnes comme méthode privilégiée pour distiller la peur dans toutes les strates de la société et pour lutter contre « la subversion », c'est-à-dire toutes les organisations – armée, syndicats, partis politiques, groupes de jeunesse – qui s'opposaient au projet idéologique de la dictature. Le bilan de ce régime est de loin le plus lourd, entre les détenus-disparus, les morts, les survivants des prisons politiques ou des centres clandestins de détention, les personnes qui ont perdu un ou plusieurs proches, ceux qui se sont exilés.

Quel rôle ont joué les Grands-Mères de la place de Mai dans la mémoire de la dictature jusqu'à aujourd'hui ?

L'association des Grands-Mères de la place de Mai lutte encore aujourd'hui pour retrouver les enfants enlevés pendant la dictature ou nés pendant la captivité de leur mère. Ces enfants ont ensuite été « appropriés » par des familles proches des secteurs militaires ou policiers pour qu'ils soient éduqués « correctement », c'est-à-dire dans les préceptes idéologiques du régime, loin de « la subversion ». Encore aujourd'hui, l'association, avec le large réseau de professionnels qui l'accompagne, contribue fortement à ce que des hommes et des femmes, maintenant âgés en moyenne de 40 ans, retrouvent leur famille biologique. Le fait que la dictature se soit attaquée à des enfants, auxquels on pouvait difficilement prêter des intentions politiques, c'est-à-dire des figures qu'on pourrait qualifier d'« innocentes », place la lutte de cette association au cœur de la sphère publique argentine, mais aussi internationale.

Cette singularité a contribué à maintenir le débat sur le passé dictatorial. Cependant, cette présence depuis bientôt quarante ans après la fin de la dictature n'est pas que le fruit de l'action de cette association. Il s'agit du travail de nombreux acteurs : d'autres associations de victimes, des survivants qui n'ont pas toujours pu s'exprimer sur leur vécu, des membres de la classe politique, des associations de défense des droits humains comme le CELS (Centro de Estudios Legales y Sociales), qui œuvrent pour que les procédures judiciaires à l'encontre des tortionnaires et des collaborateurs de la dictature aient actuellement lieu, mais aussi, bien entendu, des chercheurs argentins, qui contribuent activement à éclaircir les différents aspects de cette période.

Quels sont les autres périodes ou événements de l'histoire argentine qui font encore débat dans la société ?

Il est difficile de répondre à une telle question. Je vais commencer par une banalité, mais y a-t-il dans l'histoire de n'importe quel pays une période qui ne fait plus débat ? Il y a régulièrement des figures et des événements qui réapparaissent dans les débats, souvent lorsqu'ils sont l'objet d'une attention de la part d'un gouvernement ou de la classe politique. L'Argentine ne fait pas exception à cela. Par exemple, à partir de 2010, les célébrations liées au bicentenaire de l'indépendance ont été l'objet de nombreuses interventions et manifestations à travers le pays. Dans le cadre de ces actions et discours, il y a eu de nombreux débats et polémiques, qui ont parfois pris une couleur locale en fonction de la province dans laquelle cela se déroulait.

On entend aussi bien parler de débats sur des événements ou des figures du XIXe siècle que du XXe. Cependant, un aspect qui me semble très intéressant dans l'historiographie des vingt dernières années, et même plus largement dans les sciences sociales en Argentine, est la publication de travaux qui remettent en question certains marqueurs temporels qui semblaient figés. La dictature de 1976 en est un. Pendant longtemps, même si l'on savait que ce n'était pas le premier coup d'État, on semblait laisser entendre que de nombreux discours ou actions, du côté des militaires mais aussi de la classe politique ou d'autres organisations sociales, avaient commencé à cette époque. De plus en plus de travaux ont remis en cause ce marqueur de 1976 comme le début de la violence en Argentine, ou celui de 1983 comme le début de la démocratie dans le pays. Il est difficile de dire si cela est aussi le cas en dehors du cadre scientifique, mais c'est probablement une dynamique à suivre.

Qu'en est-il de la postérité de Perón ?

La figure de Juan Domingo Perón et le mouvement politique qu'il a initié ont pris énormément de place. Le(s) « péronisme(s) » étant au cœur de la polarisation de la vie politique en Argentine encore aujourd'hui, les références à cette personnalité et surtout l'évolution de son mouvement aux mains de très nombreux acteurs « de gauche » comme « de droite » ont souvent fait de l'ombre dans la sphère publique à d'autres figures politiques qui ont coïncidé avec lui. Je pense notamment aux gouvernements constitutionnels d'Arturo Umberto Illía (1963-1966) et Arturo Frondizi (1958-1962). Même si, aujourd'hui, les travaux sur Perón et le péronisme sont encore nombreux – notamment des travaux moins partisans, que ce soit « pour » ou « contre » –, on voit de plus en plus de références à d'autres pans de l'histoire dans les médias ou même de la part de la classe politique argentine. ●

* Nadia Tahir est l'autrice de *Argentine. Mémoires de la dictature* (Presses universitaires de Rennes, 2015).

pour retenir

LES **4 POINTS** ESSENTIELS DU DOSSIER

- À l'issue de la période coloniale, l'Argentine est devenue indépendante au XIXe siècle, mais elle a mis du temps à se construire, façonnée par une forte immigration européenne entre 1870 et 1930.
- Dans la deuxième moitié du XXe siècle, le général Juan Perón et ses admirateurs ont souvent présidé aux destinées du pays, mêlant des aspects idéologiques variés et parfois contradictoires.
- La terrible dictature militaire de 1976 à 1983 a profondément marqué les Argentins jusqu'à aujourd'hui.
- Exportatrice de produits primaires, l'Argentine vit depuis plusieurs décennies avec le fardeau de la dette, qui pèse sur ses orientations politiques et sociales et la plonge régulièrement dans des crises profondes.

L'auteur vous conseille

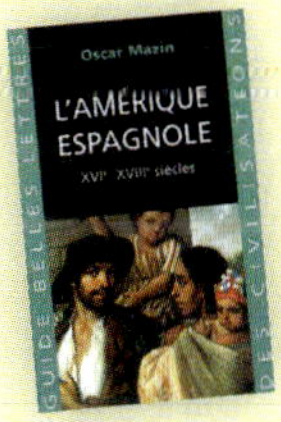

- **Oscar Mazin, *L'Amérique espagnole. XVIe-XVIIIe siècles* (Les Belles Lettres, 2005)**
- **Carmen Bernand, *Buenos Aires 1870-1930. Un mythe des confins* (Autrement, 2001)**

- **Nadia Tahir, *Argentine. Mémoires de la dictature* (Presses universitaires de Rennes, 2015)**

Pour explorer l'âme argentine, rien de tel que la littérature. Citons, parmi d'autres, Julio Cortázar, Rodrigo Fresán, Alberto Manguel et bien sûr l'inévitable Jorge Luis Borges.

Prolonger le dossier avec...

... UNE BANDE DESSINÉE

- (Re)lisez les aventures de Mafalda, dessinées par Quino et publiées entre 1964 et 1973 ! Petite fille faussement innocente de la classe moyenne argentine, Mafalda parle de préoccupations universelles sans cesser de faire référence à la société et à la politique de son pays. Quino, mort le 30 septembre dernier, interrompt les aventures en 1973, avant le retour de la dictature, qui verra son éditeur torturé à mort.

... UN FILM

- *L'Histoire officielle* de Luis Puenzo (1985) raconte l'histoire des bébés volés sous la dictature du point de vue de la femme d'un dignitaire du régime, laquelle mène l'enquête sur la fille qu'elle a adoptée. Le tournage a démarré avant le retour de la démocratie en 1983 et le film a bouleversé les Argentins.

L'anecdote

Football et identité sont étroitement liés en Argentine. La rivalité entre les clubs Boca Juniors et River Plate donne régulièrement lieu à des tensions. Mais les passions ne sont jamais aussi fortes que lorsqu'il s'agit de l'Albiceleste, la sélection nationale. Après l'humiliante défaite subie contre les Britanniques aux îles Malouines, la Coupe du monde 1986 offre l'occasion d'une revanche symbolique : l'Argentine et son génie Diego Maradona, décédé le 25 novembre 2020, affrontent l'Angleterre en huitième de finale. El Pibe de Oro (« le gamin en or ») marque deux buts qui entrent dans la légende pour des raisons différentes : le premier est marqué d'une main vite qualifiée de « main de Dieu », le deuxième, magnifique, est inscrit à l'issue d'une géniale course folle…

INVENTIONS ARGENTINES

PAR **MARIKA DRONEAU**

Ce trimestre, *l'éléphant* vous invite à (re)découvrir l'histoire de l'un des plus grands pays d'Amérique du Sud : l'Argentine (voir page 132). L'occasion pour nous de vous raconter la petite histoire méconnue de certaines inventions nées sur le territoire de Jorge Luis Borges, de Julio Cortázar et du « Che », ou conçues par l'un de leurs compatriotes. Saviez-vous que le premier stylo-bille et le premier long métrage d'animation étaient argentins ? Que l'on doit la création du premier cœur totalement artificiel de l'histoire au médecin Domingo Liotta, ancien ministre de la Santé ? Que l'ingénieur Juan Baigorri Velar prétendait avoir inventé une machine à faire tomber la pluie ? Faites vos valises et embarquez avec *l'éléphant* pour un nouveau tour d'horizon des inventions ! ●

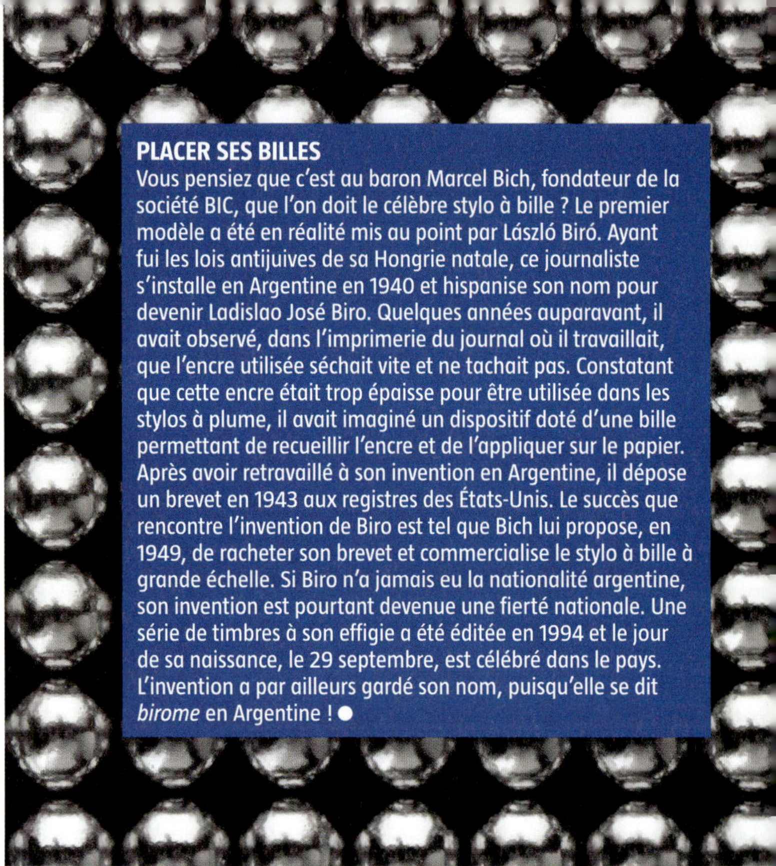

PLACER SES BILLES

Vous pensiez que c'est au baron Marcel Bich, fondateur de la société BIC, que l'on doit le célèbre stylo à bille ? Le premier modèle a été en réalité mis au point par László Biró. Ayant fui les lois antijuives de sa Hongrie natale, ce journaliste s'installe en Argentine en 1940 et hispanise son nom pour devenir Ladislao José Biro. Quelques années auparavant, il avait observé, dans l'imprimerie du journal où il travaillait, que l'encre utilisée séchait vite et ne tachait pas. Constatant que cette encre était trop épaisse pour être utilisée dans les stylos à plume, il avait imaginé un dispositif doté d'une bille permettant de recueillir l'encre et de l'appliquer sur le papier. Après avoir retravaillé à son invention en Argentine, il dépose un brevet en 1943 aux registres des États-Unis. Le succès que rencontre l'invention de Biro est tel que Bich lui propose, en 1949, de racheter son brevet et commercialise le stylo à bille à grande échelle. Si Biro n'a jamais eu la nationalité argentine, son invention est pourtant devenue une fierté nationale. Une série de timbres à son effigie a été éditée en 1994 et le jour de sa naissance, le 29 septembre, est célébré dans le pays. L'invention a par ailleurs gardé son nom, puisqu'elle se dit *birome* en Argentine ! ●

APRÈS MOI LE DÉLUGE

Voilà une invention bien mystérieuse que celle de l'Argentin Juan Baigorri Velar. Cet ingénieur, spécialisé dans la conception d'instruments dédiés à la détection de minerais électromagnétiques dans les sols, disait avoir conçu une machine à faire tomber la pluie ! C'est en 1926, alors qu'il recherche des minéraux dans un sol en Bolivie, qu'il observe un phénomène étrange : chaque fois qu'il met en marche son appareil, la pluie se met à tomber. Il avance que les précipitations seraient causées par « la congestion d'irradiation électromagnétique dans l'atmosphère produite par [sa] machine ». L'ingénieur fait une démonstration de son invention dans la province de Santiago del Estero, réputée pour sa sécheresse. Il prétend être à l'origine de l'averse qui y survient quelques heures après la mise en route de sa machine. Le même phénomène se serait reproduit quelques mois plus tard à Buenos Aires, faisant la une de plusieurs journaux, puis dans d'autres villes durant les années suivantes. Baigorri est sommé de révéler le fonctionnement de son invention, ce qu'il refuse. Il se voit dès lors interdit de l'utiliser. Selon la communauté scientifique, elle n'eut aucune incidence sur le climat, mais fut toujours actionnée dans des conditions météorologiques favorables aux précipitations. Alors, technologie méconnue ou vaste supercherie ? ●

ADOBE STOCK

EN ROUE LIBRE

Décliné dans de nombreuses villes, le Vélib' a pris ces dernières années une importance considérable. La multinationale américaine Clear Channel est à l'origine de la première version d'un système de vélos en libre-service entièrement informatisé, en 1998 à Rennes. Il semblerait toutefois que son inventeur oublié soit l'Italo-Argentin Pedro Kanoff. À l'occasion de l'arrivée du Vélib' dans la capitale française en 2007, le quotidien italien *Il Sole 24 Ore* réhabilitait l'ingénieur méconnu. Né à Buenos Aires en 1944, il émigre en Italie en 1972. Il conçoit à Milan un système de location de vélo géré de façon informatique. Chaque utilisateur, muni d'une carte à puce, peut débloquer un vélo à l'une des bornes disséminées dans la ville. Après avoir proposé son système au maire de Milan, qui le refuse, Kanoff se fait de nouveau éconduire à Paris lorsqu'il le présente à un certain Jacques Attali, alors conseiller de François Mitterrand. Brevetée en Italie en 1989, l'invention n'est plus protégée au bout de cinq ans et tombe dans l'oubli... jusqu'à refaire surface en France, sous une forme « très semblable », selon ses propres mots, à ce que Kanoff avait imaginé ! ●

LA MÉCANIQUE DU CŒUR

En 1969, un cœur artificiel est implanté pour la première fois chez un être humain, au Texas Medical Center de Houston. C'est à l'Argentin Domingo Liotta que l'on doit la conception de la prothèse. Né en 1924 à Diamante, Liotta fait ses études à l'université de Córdoba, où il crée des prothèses cardiaques, implantées avec succès à de petits animaux. Il poursuit sa carrière en Espagne puis en France, avant d'être embauché à Houston. En 1963, il réalise la première implantation d'une assistance circulatoire gauche visant à pallier l'insuffisance d'un ventricule défaillant. Six ans plus tard, il met au point un cœur artificiel, actionné de l'extérieur par un compresseur de 250 kilos. Il est implanté chez un homme de 47 ans en attente d'une greffe. La prothèse est retirée soixante-quatre heures plus tard, remplacée par le cœur d'un donneur – mais le patient ne survit pas à cette seconde transplantation. Liotta a cependant ouvert la voie à l'utilisation d'un cœur artificiel comme palliatif temporaire lorsqu'une greffe est attendue, ainsi qu'aux recherches autour d'un dispositif plus pérenne. Il retourne ensuite en Argentine, où il devient ministre de la Santé de 1971 à 1974 puis ministre de la Science et de la Technologie de 1994 à 1996. ●

DESSINE-MOI UN FILM !

Le cinéma d'animation n'a pas commencé avec l'indétrônable Disney. C'est d'ailleurs au sud du continent américain qu'il faut plutôt s'aventurer pour trouver le tout premier long métrage d'animation, créé en 1917. Certes, les premières tentatives d'animations ne datent alors pas d'hier : selon certaines théories, des essais de décomposition du mouvement se retrouveraient même sur les parois des grottes préhistoriques ! Le théâtre d'ombres asiatique, le folioscope, le zoopraxiscope d'Eadweard Muybridge puis le théâtre optique d'Émile Reynaud sont autant d'étapes conduisant, au début du xxe siècle, à la réalisation des premiers dessins animés sur support argentique. Mais ils se limitent alors à des pantomimes de quelques minutes. En 1917, le réalisateur Quirino Cristiani propose en Argentine *El Apóstol* (*L'Apôtre*), le premier film d'animation durant plus d'une heure. Il met en scène le président argentin Hipólito Yrigoyen qui, voulant combattre la corruption à Buenos Aires, s'invite au paradis afin d'emprunter les foudres de Jupiter pour les envoyer sur la ville. L'Argentine garde le monopole du long métrage d'animation durant plus d'une décennie, puisque ce n'est qu'en 1926 que le premier film européen, *Les Aventures du prince Ahmed*, sort en Allemagne. ●

LAISSER SON EMPREINTE

Une scène de crime. La police arrive sur les lieux et relève les empreintes laissées par le malfaiteur qui pourront permettre de l'identifier. La dactyloscopie est un procédé connu ; mais saviez-vous qu'elle est aussi appelée « méthode vuceticienne », du nom de son inventeur, le criminologue Juan Vucetich ? Né en Croatie en 1858, il arrive à 23 ans en Argentine, où il est naturalisé. Il entre au département central de la police de la province de Buenos Aires ; il y créera plus tard le Centre d'études des empreintes digitales. Prenant appui sur les travaux de l'anthropologue britannique Francis Galton, qui avait montré une décennie plus tôt qu'il existait une chance sur soixante-quatre milliards pour que deux individus aient les mêmes empreintes digitales, il propose d'utiliser l'identification par empreinte pour confondre les criminels. En 1891, il crée le premier fichier rassemblant les empreintes de vingt-trois personnes arrêtées. L'année suivante, il résout la sordide affaire Francisca Rojas : deux enfants assassinés, et une porte tachée par des empreintes sanglantes. La comparaison de ces empreintes avec celles de la mère, présente sur les lieux, permet d'arrêter la criminelle. Après cette affaire, la dactyloscopie est adoptée par la police de Buenos Aires, puis dans le monde. ●

LE SYSTÈME IMMUNITAIRE

Gardien de notre corps

Devenue une célébrité depuis l'épidémie de Covid-19, l'immunité apparaît comme un système bien rodé, mais qui n'a pas livré tous ses mystères.

PAR **SOPHIE VO**, JOURNALISTE
ILLUSTRATIONS **GWEN KERAVAL**

Nous vivons dans un océan de micro-organismes. Dans l'air que nous respirons, sur les aliments que nous ingérons ou sur les objets que nous touchons, des formes de vie invisibles à nos yeux viennent constamment à notre rencontre. Ce sont des virus, des bactéries, des champignons ou bien des parasites. Certains sont inoffensifs alors que d'autres, qu'on dit pathogènes, nous exposent à des maladies.

Pour nous protéger de ces agressions extérieures, notre système immunitaire veille jour et nuit. Tel un garde du corps, il discerne les éléments étrangers qui s'infiltrent dans notre corps et se charge d'éliminer ceux qui représentent une menace, tout en faisant le moins de dégâts possible sur nos cellules. Avec l'épidémie de Covid-19, ce système de défense fait aujourd'hui l'objet de toutes les attentions. Immunité collective ou croisée, réaction hyper-inflammatoire, mémoire immunitaire… Les questions se multiplient quant à notre immunité face à cette maladie infectieuse et c'est tout un pan de la recherche scientifique qui se mobilise devant ce défi. Si les réponses restent balbutiantes, il apparaît que notre système immunitaire est un allié indispensable dans la protection contre le virus. Pour mieux comprendre les enjeux de ces recherches, revenons sur le fonctionnement de cette machinerie complexe.

Immunité innée et immunité adaptative

Comme un vaste réseau de communication, le système immunitaire met en œuvre un ensemble d'organes spécialisés entre lesquels circulent les cellules de l'immunité. Ces cellules, des leucocytes appelés plus communément globules blancs, résident en grande partie dans nos organes lymphoïdes, lesquels comprennent la moelle osseuse, où elles sont produites, la rate et les ganglions lymphatiques. Elles cheminent à travers la lymphe et le sang, où elles sont en moindre proportion après les autres cellules sanguines que sont les globules rouges et les plaquettes. Il en existe plusieurs types, formant des bataillons qui travaillent de concert pour traquer les menaces avec une vigilance constante.

Repousser l'ennemi

Jour après jour, notre système immunitaire passe en revue les intrus qui traversent les barrières de notre corps et s'attaque à ceux qui risquent de nous nuire. Face aux potentiels envahisseurs, une première ligne de défense est assurée par la peau et les muqueuses – celles-ci tapissent la bouche, le nez, le vagin et l'anus –, l'ensemble formant une barrière qui empêche les germes d'entrer. C'est une barrière physique, à la manière d'un rempart, qui renferme aussi ses propres soldats défensifs. Les armes chimiques que sont la salive et le mucus contribuent également à bloquer les agents infectieux qui tentent de s'infiltrer dans notre organisme.

Il arrive toutefois qu'un corps étranger parvienne à s'engouffrer, profitant de toutes les brèches possibles : coupure, brûlure, défenses affaiblies… Lorsque le premier rempart est franchi et qu'un germe a réussi à pénétrer, celui-ci se retrouve confronté aux « cellules sentinelles » qui patrouillent un peu partout dans notre corps : mastocytes, cellules dendritiques et macrophages. Celles-ci détectent les éléments étrangers – qu'on nomme le « non-soi » – grâce à un ensemble de molécules situées à leur surface. Elles les différencient du « soi » – ce qui appartient à l'organisme –, épargnant ainsi nos cellules. Cette capacité à reconnaître les éléments du soi et ceux du non-soi est essentielle dans le bon fonctionnement de notre système immunitaire.

> LES THÉORIES ET LES ÉCOLES, COMME LES MICROBES ET LES GLOBULES, S'ENTRE-DÉVORENT ET ASSURENT, PAR LEUR LUTTE, LA CONTINUITÉ DE LA VIE.
> **Marcel Proust**

Quiz

1. Les cellules de l'immunité sont appelées…

○ Globules blancs
○ Globules rouges
○ Globules bleus
○ Globuleux

2. Le processus de phagocytose permet aux cellules immunitaires…

○ D'éliminer les cellules indésirables
○ De protéger les cellules fragiles
○ D'isoler les cellules malades
○ D'éloigner le médecin

1. Les cellules de l'immunité sont appelées globules blancs, ou bien leucocytes, du grec lukos, « blanc », et kutos, « cellule ». Pour être équitable, citons aussi l'étymologie latine du mot « globule » : globulus signifie « boulette ».
2. La phagocytose élimine les cellules indésirables en les ingérant. Sans doute l'équivalent d'un restaurant trois étoiles !

Après contact établi avec un pathogène tel qu'un virus ou une bactérie, la cellule sentinelle participe à la lutte de plusieurs façons. Elle peut réagir en libérant diverses molécules chimiques comme les cytokines, des messagers qui alertent d'autres cellules immunitaires pour qu'elles viennent en renfort sur le lieu de l'infection. D'autres médiateurs comme l'histamine, libérée par le mastocyte, permettent de dilater les vaisseaux sanguins pour augmenter la circulation du sang : non seulement celui-ci évacue les cellules mortes et les toxines, mais il permet le cheminement d'autres cellules immunitaires qui vont combattre le corps étranger. Parmi elles, les macrophages éliminent les indésirables et les débris cellulaires en les ingérant : on parle de phagocytose. Comme de véritables éboueurs, ils assurent ainsi le nettoyage de notre organisme. Les lymphocytes NK (pour « Natural Killer ») sont, comme leur nom l'indique, de véritables tueurs qui détruisent nos propres cellules infectées par les virus afin d'éviter leur propagation. Ces réactions de nos cellules

L'immunité adaptative est plus longue à se mettre en place car il lui faut apprendre à connaître l'ennemi.

immunitaires, du fait des molécules chimiques qu'elles libèrent, entraînent rougeur, gonflement et chaleur : c'est une inflammation. D'autres symptômes tels que douleurs corporelles, fièvre ou grippe peuvent apparaître. C'est la réponse normale de notre corps face à l'infection.

Ce premier mécanisme de défense, c'est l'immunité innée. Si les cellules immunitaires qui sont en première ligne repèrent les pathogènes et agissent rapidement, elles les « oublient » dès que ceux-ci sont éliminés. Un autre système se met alors en place : l'immunité dite adaptative.

Deux catégories de cellules circulant dans le sang, les lymphocytes B et T, sont les actrices principales de cette immunité. Les lymphocytes B produisent des anticorps qui, reconnaissant spécifiquement les antigènes – des substances reconnues comme étrangères –, s'y agglutinent pour neutraliser l'indésirable. Les lymphocytes T (80 % des lymphocytes), quant à eux, tuent les cellules infectées, ou bien orchestrent l'activation d'autres cellules immunitaires en produisant des cytokines.

L'immunité adaptative est plus longue à se mettre en place car il lui faut apprendre à connaître l'ennemi. Ce sont les cellules dendritiques, présentes dans tous nos tissus, qui assurent un pont entre immunité innée et immunité adaptative. Lorsqu'elles détectent un intrus potentiellement dangereux, elles en capturent l'antigène et le présentent aux lymphocytes pour leur apprendre à reconnaître ce danger. L'infection passée, un groupe de lymphocytes B et T « mémoires », entraînés à reconnaître un agent infectieux spécifique, reste en veille dans l'organisme. La population de lymphocytes est ainsi extrêmement diverse : il en existe des milliards de clones, chacun

IMMUNITÉ COLLECTIVE
Dite aussi immunité de groupe, elle peut être atteinte soit par l'infection naturelle, soit par la vaccination. Si un sujet infecté vit au milieu d'un groupe majoritairement protégé, il transmet l'agent pathogène à si peu de personnes que la maladie s'éteint d'elle-même.

IMMUNITÉ CROISÉE
L'expression désigne le fait qu'un anticorps spécifique d'un antigène (agent pathogène) puisse aussi se révéler efficace pour traiter un antigène proche.

LYMPHOCYTES
Petites cellules circulaires dotées d'un noyau, de la famille des leucocytes. Ils sont produits dans la moelle osseuse et se trouvent dans les organes lymphoïdes (rate, ganglions lymphatiques). Lors d'une infection, leur taux dans le sang augmente. Les deux types de lymphocytes, B et T, ont des mécanismes de défense différents.

étant dévolu à un antigène particulier. En cas d'infection par un micro-organisme déjà rencontré, ils seront immédiatement mobilisés pour repousser l'attaque de manière rapide et efficace. C'est sur cette propriété de mémoire immunitaire que repose la vaccination : exposé à une forme inactivée ou atténuée d'un agent pathogène, le système immunitaire réagit comme il le ferait pour un assaut réel et active des lymphocytes qui gardent en mémoire l'intrus pour mieux le combattre par la suite. Toutefois, lorsqu'un virus mute rapidement, comme c'est le cas pour la grippe, le système immunitaire peine à le reconnaître, de sorte que le vaccin doit être revu.

ANTICORPS
Substance produite par l'organisme en réaction à la présence d'un agent pathogène infiltré dans le corps. Grâce à la mémoire du système immunitaire, les anticorps reconnaissent les antigènes et les neutralisent.

Quand la machinerie déraille

Si notre équipement défensif est bien rodé, il n'est pas infaillible ! Il arrive que notre système immunitaire soit extrêmement sensible à des substances *a priori* inoffensives. Les allergies sont ainsi dues à un dérèglement du système immunitaire, qui surréagit à des substances de l'environnement qu'on nomme allergènes, comme les poils d'animaux, les pollens ou certains aliments. Bien que les allergènes soient inoffensifs, ils sont pris pour cible par notre système immunitaire, qui déclenche une réaction disproportionnée : selon le type d'allergène et l'endroit où la réaction se produit (nez, yeux, peau, gorge…), cela peut entraîner divers symptômes tels que rhume des foins, asthme, conjonctivite, démangeaisons cutanées, etc.

D'autres fois, le système immunitaire se met à attaquer l'organisme qu'il doit normalement protéger : nos cellules immunitaires ne font plus la différence entre le soi et le non-soi, et s'en prennent à des éléments de notre corps qui sont tolérés en temps normal. On parle là de maladies auto-immunes, qui touchent entre 5 % et 8 % de la population mondiale. À ce jour, au moins quatre-vingts maladies auto-immunes ont été identifiées, avec des symptômes très différents selon l'organe ciblé. Dans le diabète de type 1, par

Covid-19, un défi pour notre système immunitaire

Il apparaît que les symptômes varient énormément d'une personne à l'autre en cas d'infection par le Covid-19 : certaines sont dans un état sérieux tandis que d'autres développent une forme sans gravité ou n'ont même aucun symptôme. Ces différentes formes de la maladie s'expliquent par des réponses immunitaires très différentes. Comme pour toute infection, le corps reconnaît la présence d'un intrus et réagit en attaquant le virus : nos cellules sentinelles alertent d'autres cellules immunitaires en envoyant toutes sortes de messagers chimiques comme les cytokines. Mais, dans certaines formes graves de Covid-19, le système immunitaire s'emballe et produit un déferlement de cytokines qu'on appelle « orage cytokinique ». Cette réaction d'hyper-inflammation créerait des dommages sur nombre d'organes, dont les poumons. D'autres pistes se dessinent pour expliquer le lien entre immunité et formes graves de la maladie, mais les doutes restent nombreux. Une autre question qui préoccupe la communauté scientifique est celle de la durée de l'immunité protectrice chez les patients guéris. Les chercheurs le confirment, il est possible de contracter deux fois le virus, bien que les cas restent rares – une quinzaine ont été recensés dans le monde en octobre 2020. Parmi ces cas de réinfection, seul un (décrit par la revue *The Lancet*) a présenté des symptômes plus sévères la seconde fois. Selon des expériences menées par l'université d'Oxford en novembre dernier, il apparaît que les personnes atteintes par le virus seraient protégées contre une réinfection pendant au moins six mois. D'autres études suggèrent également l'existence d'une « immunité croisée » entre le SARS-CoV-2 et d'autres coronavirus responsables de simples rhumes ; autrement dit, il serait possible que des anticorps produits lors d'une infection par ces virus bénins aident à combattre le coronavirus pandémique. Plusieurs mois après son émergence, le Covid-19 est désormais bien décrit par de nombreux travaux scientifiques, mais il n'a de cesse de surprendre les chercheurs et de remettre en question nos certitudes. ●

exemple, les lymphocytes prennent pour cible les cellules du pancréas qui produisent l'insuline. Dans la sclérose en plaques, c'est le système nerveux central qui est atteint, tandis que la polyarthrite rhumatoïde touche les articulations. Le système immunitaire peut également endommager de nombreuses parties du corps, dont les articulations, la peau, les reins, le cœur : c'est le lupus.

Au cours des dernières décennies, la fréquence des allergies et des maladies auto-immunes a rapidement augmenté dans nos sociétés occidentales. Si les raisons sont encore à l'étude, de nombreux chercheurs incriminent notre environnement, trop propre voire aseptisé : nos habitudes de vie et notre hygiène accrue – les antibiotiques, la stérilisation, une moindre exposition aux animaux et à l'environnement… – ne permettraient pas à notre système immunitaire d'être suffisamment stimulé pendant l'enfance. D'autres études pointent également une influence du microbiote intestinal (voir *l'éléphant* nº 30) : si l'importance pour notre santé des milliards de bactéries logées dans nos intestins n'est plus à prouver, elles pourraient aussi aider à éduquer notre système immunitaire et nous protéger de certaines maladies auto-immunes.

> La fréquence des allergies et des maladies auto-immunes a rapidement augmenté dans nos sociétés occidentales.

À l'inverse des maladies traduisant une exagération de nos défenses, le déficit immunitaire se caractérise par leur affaiblissement. Il peut être causé par un défaut de certaines cellules du système immunitaire ou bien par des maladies comme le diabète, le cancer ou l'infection au VIH. Parmi les signes d'une immunité déficiente, on relève une fatigue persistante, des infections fréquentes (rhumes, infections urinaires…) et des blessures qui mettent du temps à cicatriser. Le système immunitaire perd également de son efficacité au fur et à mesure que l'on vieillit, ce qui explique la sensibilité des personnes âgées à certaines infections.

Aujourd'hui, de nombreux scientifiques se penchent sur la question des facteurs pouvant influencer la réponse immunitaire. Pour l'instant, les études ne font pas état de solution miracle pour stimuler l'immunité, ni pour prévenir une infection par un virus tel que le Covid-19. Le système immunitaire étant très complexe, il fait intervenir diverses molécules et cellules dont les interactions sont finement régulées, il est donc difficile d'agir efficacement sur tout ce petit monde. Ce qui est sûr, c'est que notre système immunitaire fonctionne mieux dans le cadre d'un mode de vie sain et équilibré. Alors que le stress affecte notre capacité à résister aux infections, le fait de bien dormir, de pratiquer une activité physique et d'adopter une alimentation diversifiée est associé à une meilleure vitalité de notre système immunitaire. Chez les personnes en bonne santé, il ne s'agirait donc pas de le « booster » mais plutôt de veiller à son bon équilibre. ●

VACCINATION
Elle consiste à injecter un agent infectieux, sous forme assez légère pour être inoffensif tout en stimulant une réponse immunitaire de l'organisme. Lors d'une prochaine exposition aux intrus, la réponse sera plus rapide. Chaque vaccin est spécifique, puisque les anticorps sont produits en réaction à un agent précis.

VIH
Virus de l'immunodéficience humaine. Il s'attaque aux cellules coordonnant le système immunitaire. Il est l'agent responsable du syndrome d'immunodéficience acquise (sida). Des traitements existent pour contrôler l'infection.

« Toutes les molécules biologiques dédiées à l'immunothérapie ont amélioré la prise en charge des patients »

Entretien avec
Lucienne Chatenoud

Professeure d'immunologie à l'université Paris-Descartes, cheffe du laboratoire d'immunologie biologique à l'hôpital Necker-Enfants malades, responsable d'une équipe de recherche à l'Institut Necker-Enfants malades

PROPOS RECUEILLIS PAR **SOPHIE VO**

Par des approches qui agissent sur le système immunitaire, des avancées importantes ont été réalisées pour traiter différentes maladies. En quoi consiste l'immunothérapie ?

On regroupe dans l'immunothérapie tout ce qui va générer et moduler des réponses immunitaires ayant une vocation thérapeutique. La définition est très vaste. Aujourd'hui, il existe deux grands types d'interventions thérapeutiques agissant sur le système immunitaire.

Il y a d'abord les médicaments dits immunosuppresseurs, utilisés depuis de nombreuses années en transplantation d'organes, en greffe de moelle osseuse et dans certaines maladies auto-immunes. Ce sont des molécules chimiques qui vont déprimer globalement le système immunitaire. Ces médicaments empêchent ainsi le rejet d'une greffe d'organe, mais en même temps ils limitent la capacité du système immunitaire à défendre l'individu contre les infections et

les tumeurs, d'où leurs effets secondaires. En transplantation, où il faut administrer ces médicaments de façon chronique pendant toute la vie des patients, cela peut engendrer l'apparition de maladies infectieuses, notamment virales, voire de tumeurs. C'est un type de traitement qui est indispensable quand on est face à des situations particulières ou à des maladies auto-immunes très graves et que l'on ne peut pas faire autrement, mais les effets secondaires sont très importants.

Puis il existe tout un autre versant de thérapeutiques immunologiques qui sont un peu plus « intelligentes ». Elles essaient de tirer parti de la manière dont le système immunitaire fonctionne en temps normal et utilisent ces mécanismes pour prévenir les maladies ou leur progression, voire les guérir. Ce sont souvent des immunothérapies utilisant des produits qui ne sont pas chimiques mais surtout biologiques, notamment des anticorps monoclonaux.

Aujourd'hui, ces thérapies peuvent-elles être utilisées dans le cas du cancer ?

Pour prendre l'exemple du cancer, l'immunothérapie s'est développée en clinique depuis six ou sept ans maintenant. Elle est fondée sur des anticorps qui vont reconnaître des récepteurs à la surface des lymphocytes et modifier leur activité. Au sein des tumeurs, les lymphocytes T sont comme « endormis » et n'attaquent pas les cellules cancéreuses : les anticorps vont les « réveiller » de façon très nette de manière à ce qu'ils puissent exercer leur action anti-tumorale. Ces thérapies ont été dirigées contre des tumeurs très envahissantes, en premier lieu les mélanomes avec métastases. Et on a vu que, même dans des cas graves, les patients peuvent vivre dans de bonnes conditions cliniques pendant des durées assez longues. L'immunothérapie, toute récente, permet à des malades d'être en rémission depuis qu'elle est mise en œuvre, c'est-à-dire depuis quatre à cinq ans. Il ne s'agit donc plus de thérapies expérimentales, et il y a d'ailleurs de nombreuses entreprises pharmaceutiques qui produisent ces anticorps. Aujourd'hui, certains d'entre eux (anti-PD-1 et anti-PD-L1) sont très utilisés, non seulement dans le mélanome mais aussi d'autres tumeurs comme celles du poumon. Ces thérapies fondées sur des anticorps sont passées dans la routine clinique.

Peut-on également traiter les maladies auto-immunes par ces approches ?

Il s'agit de maladies très importantes, surtout dans les pays industrialisés, où leur fréquence a beaucoup augmenté dans les trois à quatre dernières décennies. En temps normal, le système immunitaire doit pouvoir fonctionner pour nous défendre des infections et des tumeurs, mais sans se retourner de façon pathogène contre les organes de l'hôte qui l'héberge : c'est la définition de la tolérance immunitaire, ou « tolérance au soi ». Dans le cas des maladies auto-immunes, cette tolérance se rompt. L'organe qui est affecté est différent selon la maladie : ce sont les cellules bêta du pancréas, qui produisent l'insuline, dans le diabète insulino-dépendant, le système nerveux dans la sclérose en plaques ou bien la peau dans le psoriasis. Si les cibles sont différentes, les mécanismes immunopathologiques conduisant à la lésion sont très similaires. L'idée est donc d'apprendre au système immunitaire à être à nouveau tolérant vis-à-vis des constituants de l'organisme.

On sait que plus on utilise tôt ces produits, plus on a de chances d'interférer avec l'évolution de la maladie.

C'est ce qu'on a fait dans le cas du diabète insulino-dépendant, en utilisant des anticorps monoclonaux qui ciblent les lymphocytes T pour faire en sorte qu'ils reconnaissent à nouveau les organes du soi, mais sans les agresser. Les résultats ont été probants et l'anticorps développé (anti-CD3, dénommé Teplizumab) est aujourd'hui autorisé pour la prévention du diabète chez l'enfant et le jeune adulte. Si on prend le cas de la polyarthrite rhumatoïde, c'est avec les anticorps anti-TNF alpha que les choses ont commencé il y a de nombreuses années : comme leur nom l'indique, ils bloquent le TNF alpha, une cytokine qui est un médiateur important d'inflammation. Ces anticorps ont complètement changé la prise en charge des malades, avec une efficacité très importante comparée aux thérapeutiques conventionnelles. Aujourd'hui, on sait que plus on utilise tôt ces produits, plus on a de chances d'interférer avec l'évolution de la maladie. On cherche maintenant à trouver des « marqueurs » qui aideraient à détecter ce qu'on définit comme une pré-polyarthrite rhumatoïde, avant qu'il y ait des lésions articulaires importantes. C'est là où ces produits ont

Je pense qu'une des thérapies intéressantes pour traiter le Covid-19 est la sérothérapie, qui est une forme d'immunothérapie.

un effet vraiment remarquable. On peut ainsi quasiment guérir ces pathologies, ou du moins induire des rémissions à très long terme. Pour la sclérose en plaques, c'est plus compliqué car la maladie devient invalidante plus rapidement. Les traitements, toujours fondés sur des anticorps monoclonaux, sont assez lourds et peuvent avoir des effets secondaires importants. Pour les maladies inflammatoires de l'intestin, les anticorps dirigés contre le TNF ou d'autres cytokines sont utilisés avec de très bons résultats. Toutes ces molécules biologiques dédiées à l'immunothérapie ont amélioré de façon majeure la prise en charge des patients.

Qu'en est-il des allergies ?

Chez les personnes allergiques, il y a une réponse anormale vis-à-vis des allergènes. Il s'agit là aussi d'une rupture de la tolérance immunitaire. C'est un parallèle intéressant, mais, dans le cas des allergies, on est arrivé très tôt à développer une thérapie spécifique, qui induit une tolérance vis-à-vis des allergènes. C'est ce qu'on appelle habituellement la désensibilisation, c'est-à-dire qu'on donne, à petites doses et de façon répétée, les mêmes allergènes qui causent la pathologie de sorte que le système immunitaire s'éduque à les reconnaître d'une façon favorable, ne donnant pas lieu à une agression. L'individu va ainsi toujours répondre à l'allergène mais de façon non pathogène.

Que pensez-vous des approches immunologiques pour traiter le Covid-19 ?

Je pense qu'une des thérapies intéressantes pour traiter le Covid-19 est la sérothérapie, qui est une forme d'immunothérapie. Il s'agit de donner aux patients du plasma de sujets immunisés, qui ont guéri de la maladie. Dans ce plasma, vous avez des anticorps qui peuvent aider à lutter contre le virus. C'est la professeure Karine Lacombe, de l'hôpital Saint-Antoine, à Paris, qui a mené ces études, qui se poursuivent actuellement mais ont déjà montré que l'effet thérapeutique est très important. Chez des sujets hospitalisés avec des symptômes cliniques graves, les signes cliniques diminuent après quelques jours de traitement. On voit là, comme toujours dans les maladies infectieuses, que les anticorps spécifiques de l'agent infectieux ont un rôle très important. En dehors d'une vaccination, où il y aurait des anticorps qui protégeraient de l'infection, l'effet de la sérothérapie pourrait aider à l'élimination du virus dans le cas d'une maladie déjà déclarée. ●

pour retenir

LES 4 POINTS ESSENTIELS DU DOSSIER

- Composé d'organes spécialisés et de cellules circulant dans le sang ou résidant dans nos tissus, le système immunitaire nous protège des corps étrangers, bactéries ou virus pouvant nous nuire.

- La reconnaissance du « soi » (les éléments de notre corps) et du « non-soi » par les cellules immunitaires est essentielle au bon fonctionnement de notre système immunitaire.

- Les lymphocytes gardent en mémoire les agents infectieux déjà rencontrés : en cas de nouvelle infection, ils seront réactivés pour apporter une réponse immunitaire rapide et efficace.

- Lorsque le système immunitaire s'en prend à des éléments de notre corps qui sont tolérés en temps normal, on parle de maladies auto-immunes.

L'autrice vous conseille

- **Matt Richtel, *La Grande Histoire du système immunitaire* (Harper Collins, 2019)**
Dans ce livre pédagogique, le journaliste du *New York Times* Matt Richtel nous révèle les propriétés fascinantes du système immunitaire. On y découvre les récits de patients ayant souffert de maladies liées à l'immunité, mais aussi ceux des scientifiques qui ont révolutionné ce domaine.

- **Erik Orsenna, *La Vie, la Mort, la Vie. Louis Pasteur (1822-1895)* (Fayard, 2015)**
Il se trouve que l'écrivain occupe, à l'Académie française, le fauteuil de Louis Pasteur. Conscient de ne rien connaître de ce géant de la science qui a toute sa vie combattu les microbes, Erik Orsenna a fini par écrire sa biographie.

Prolonger le dossier avec...

... UNE ÉMISSION DE RADIO

- Sur France Culture, *La Méthode scientifique* : « Immunité : l'inné ou l'acquis ? » (mai 2020). Quels sont les mécanismes impliqués dans la réponse immunitaire innée et celle adaptative ? Comment la réaction immunitaire se met-elle en place pour combattre une infection virale ? Le médecin Alain Fischer et le professeur d'immunologie Éric Vivier nous expliquent les mécaniques immunitaires de façon à comprendre ce qui est à l'œuvre avec le Covid-19.

... UN CD

- *Le Système immunitaire* de Jean-François Bach (De Vive Voix, 2011). Ce médecin, chercheur et professeur émérite à l'université Paris-Descartes, décortique les complexités du système immunitaire normal ainsi que ses déficiences. Il tente notamment d'expliquer le développement massif, ces dernières décennies, des allergies et des maladies auto-immunes.

L'anecdote

Tous les êtres vivants sont dotés d'un système de défense pour se protéger des micro-organismes qui menacent leur survie. Si l'immunité innée existe chez toutes les espèces, des humains aux plantes en passant par les insectes, l'immunité adaptative serait propre aux vertébrés. Elle serait apparue il y a 450 millions d'années chez nos ancêtres, les poissons cartilagineux. C'est grâce à cette évolution que notre système immunitaire a aujourd'hui la capacité de garder en mémoire les pathogènes rencontrés.

Un monde de microbes

Nombre de points

/17

MICROCOSMOS 3

Parasite, bactérie, virus ? Attribuez à chacun de ces mots à la mode sa définition.

1. Micro-organisme vivant que l'on trouve dans tous les milieux, la plupart du temps unicellulaire et toujours procaryote (c'est-à-dire sans noyau, au contraire des organismes eucaryotes)
2. Organisme animal ou végétal qui ne peut vivre qu'aux dépens d'un organisme hôte d'une espèce différente, soit de manière permanente, soit pendant une phase de son cycle vital
3. A besoin d'être présent dans une cellule ; utilise le matériel génétique de celle-ci pour se répliquer ; fait partie des acaryotes, des organismes dépourvus de noyau, d'organites et de métabolisme

ELLES FONT PEUR 2

Parmi ces bactéries pathogènes pour l'être humain, lesquelles n'existent pas ?

1. Tréponèmes pâles
2. Salmonelles
3. Rickettsies
4. Pneumocoques
5. Méningocoques

LA PESTE OU LE CHOLÉRA 6

Les maladies non maîtrisées ont souvent inspiré les écrivains. Reliez chaque œuvre à son auteur :

1. *Les Lépreuses*
2. *Le Hussard sur le toit*
3. *Le Masque de la mort rouge*
4. *La Peste*
5. *Le Fléau*
6. *Les Animaux malades de la peste*

A. Stephen King
B. Jean de La Fontaine
C. Albert Camus
D. Edgar Allan Poe
E. Henry de Montherlant
F. Jean Giono

CHANGEMENT DE DÉCOR 2

Au Moyen Âge, que désignaient les immunités ?

1. Les confessions annuelles que l'on se devait de faire à Pâques
2. Des maladies impressionnantes provoquant des convulsions que rien ne pouvait faire cesser
3. Des privilèges accordés par le roi à une abbaye
4. Les grâces que l'on pouvait recevoir en marchant jusqu'à Compostelle ou Jérusalem

DÉMÊLER LE VRAI DU FAUX 4

A. L'intestin est le premier organe de défense immunitaire.
VRAI FAUX

B. La flore intestinale peut être affaiblie par la fatigue, la pollution, le stress.
VRAI FAUX

C. L'immunodéficience ne se manifeste pas chez les personnes de moins de 20 ans.
VRAI FAUX

D. Faire du vélo assure une meilleure performance du système immunitaire.
VRAI FAUX

Microcosmos : 1. bactérie ; 2. parasite ; 3. virus.
Elles font peur : malheureusement, elles existent toutes !
La peste ou le choléra : 1-E, 2-F, 3-D, 4-C, 5-A, 6-B.
Changement de décor : les immunités étaient des privilèges accordés par le roi à une abbaye, qui permettaient notamment à celle-ci d'être exemptée des impôts venant des agents royaux.
Vrai ou faux : A-vrai : plus de la moitié des cellules de défense de l'organisme sont situées dans notre intestin. B-vrai. C-faux. D-vrai : la pratique d'une activité comme le vélo ralentit le vieillissement des globules blancs, et donc celui du système immunitaire.